生态城市理论系列丛书

The Concepts and Methods
in the International Eco-city Practice
— Based on Case Database Construction and Analysis

国际生态城市实践中的理念与方法

——基于案例库构建与分析

张若曦　著

厦门大学出版社
XIAMEN UNIVERSITY PRESS
国家一级出版社
全国百佳图书出版单位

图书在版编目(CIP)数据

国际生态城市实践中的理念与方法：基于案例库构建与分析/张若曦著.—厦门：厦门大学出版社，2016.8
ISBN 978-7-5615-6014-3

Ⅰ.①国… Ⅱ.①张… Ⅲ.①生态城市-城市建设-研究-世界 Ⅳ.①C912.81②X21

中国版本图书馆 CIP 数据核字(2016)第 177465 号

出 版 人	蒋东明
责任编辑	眭 蔚
封面设计	李嘉彬
责任印制	许克华

出版发行	厦门大学出版社
社 址	厦门市软件园二期望海路 39 号
邮政编码	361008
总 编 办	0592-2182177 0592-2181406(传真)
营销中心	0592-2184458 0592-2181365
网 址	http://www.xmupress.com
邮 箱	xmupress@126.com
印 刷	厦门市明亮彩印有限公司

开本	787mm×1092mm 1/16
印张	15
字数	368 千字
版次	2016 年 8 月第 1 版
印次	2016 年 8 月第 1 次印刷
定价	48.00 元

本书如有印装质量问题请直接寄承印厂调换

厦门大学出版社
微信二维码

厦门大学出版社
微博二维码

序

我们生活的时代是一个从工业文明走向生态文明的时代。20世纪末,美国著名生态思想家托马斯·柏利在其《伟大的工作》(1999)一文中指出:"我们时代伟大的工作是呼唤生态纪的到来。在生态纪中,人类将生活在一个与广泛的生命共同体相互促进的关系之中。"

美国生物学家卡逊(R. Carson)于1962年出版《寂静的春天》,引起了世界对城市生态环境的破坏及生态保护意识的广泛关注和深入思考,并由此拉开了对生态文明的探索与追求的序幕。1971年,联合国在"人与生物圈计划(MAB)"中提出了"生态城市"概念,将城市作为以人类活动为中心的生态系统进行研究,并在1972年发表的《人类环境宣言》中提出必须对人类定居和城市化加以规划,实现社会、经济和环境的最大共同利益。

纵观世界城市的发展历史,城市的发展遵循的是历史规律而不是自然规律。它是一种趋势规律,既受客观因果规律的制约,但在更大的程度上取决于人的价值取向的选择作用。城市发展史,本质上就是人的思想发展史。城市的发展是一种可能性,它究竟成为什么样的"存在物"取决于人的生存方式——生活方式的发展与变化,取决于人对自己的生活方式的选择与谋划。人是通过干预城市的发展而实现对自己的超越,实现对自己的生存(存在)的谋划,显现自己的存在的。因此,城市的发展并没有自身的客观规律,它的发展只是人生活方式发展与变化轨迹的显现。

在工业社会,人类在建设和改造自己的生存环境与生活空间的同时,对自然资源和自然生态进行了大肆的掠夺和破坏,以致遭到了大自然的报复,产生了危及人类自身生存的各种"城市病",并也严重地伤害了自然主体,危及了与我们人类共同生活在地球之上的其他物种。我们所走过的城市建设之路,使我们清醒地认识到我们必须纠正自己以往那种不正确的生活方式和城市建设方式,必须以一种全新的生态文明的价值取向对自己的生活方式和城市建设的方向作出选择,以建成一个既是可持续的,又与生命共同体相互促进的可生活的社会。

城市规划从本质上说是一种社会批判性质的意识形态,它的基础是理性主义、理想主义、科学主义和人文主义,核心应该是人的生存和生活环境问题(包括自然、社会、经济制度和文化),即生活方式与生存环境的矛盾关系。城市规划的目的与作用是既要改革和完善人的生存环境,又要改革和完善人的生活方式;既以改善生存环境来适应生活方式发展的需要,又以变革生活方式来保护生存环境的可持续。以往的城市规划的发展思想重点在于前者,而今后的城市规划思想发展的重点应移向后者,即探索人类生存环境的可持续发展与生活方式的可持续发展。

动物的"生态智慧"在于"服从大自然的规律",改造自身以适应环境,并把这种适应性遗传给其后代使以"适者生存";而人类的"生态智慧"在于改造环境、创造人工环境以适应自身不断发展的需求,提高生存和生活质量,并传承于后代而"适于生存"。这就是人类的"理性"。但是人类的理性发展至今又出现了"自反性"的后果,促使人类进行反思而走向更高的理性,即与自然和谐共生的"生态智慧理性":自为十自律。这就是现代城市规划的发展史。当代的城市规划应当像其在历史上一直扮演的"社会批判"的角色那样,继续表达其对这个世界、这个时代和人类生存与生活关系的关心与理解,应当对生态文明的建设作出新的贡献。

本书是张若曦博士基于其博士论文整理而成,对中外生态城市理论发展的历史脉络进行了全面梳理,对形成生态城市理论的系统认识做了很好的基础性建构工作。通过借鉴国际生态城市案例的理论及应用经验,本书总结出能指导实践的生态城市共性实践原则及目标体系,并在此基础上对中外实践导引中的异同点进行了比较研究和解析,使论著更有针对性,以供中国城市实践借鉴。

当前,"生活、生产、生态"成为大众关注的热点,生态城市的建设是国家发展战略的重要组成部分,对国内外生态城市理论及规划设计的实践总结成为城市规划理论探索的一大亮点。该书的正式出版,无疑将对我国的生态城市的理论建设与实践具有很好的借鉴作用。

生态文明的建设,促使我们重新审察我们的价值取向和生活方式的选择,促使我们重新摆正人与自然的关系、人与人的关系,为人类的生活世界带来了新的曙光和新的起点。生态城市的理论探索与规划实践意义重大,生态城市建设功在千秋。

马武定
2016 年 7 月 2 日于厦门大学

前　言

在当今中国快速城市化发展进程中,城市生态转型已成为城市规划及政策引导的重要方向。在相关政策的推动下,生态城市理念引起了全国许多城市的高度关注,并形成了广泛、自发的生态城市规划实践。因此,如何切实、有效地为这股实践热潮进行引导,成为当前城市规划学科研究中所迫切需要解决的问题,也是本书的主要研究内容。

从中外生态城市研究的发展进程来看,国际生态城市研究起源较早,其广泛的实践探索比中国领先了近十年,迄今已积累了大量的实践经验。国际案例中系统性的共性实践策略对中国的实践引导具有重要的借鉴意义。因此,全球范围的国际生态城市实践案例研究成为本书关键的研究方法之一。

本书基于对生态城市理论发展的系统梳理,总结出生态城市的共性原则体系,并基于对全球生态城市建设案例的广泛调查研究,构建了包括195个国际实践案例在内的生态城市案例库。通过全面梳理实践案例的规划规模、发展类型及多样性的特点,将案例按照人口规模及发展类型进行分类,及对主流案例及非典型性案例归类,总结得出国际生态城市案例中的共性规划实践内容和共性实践原则目标体系。其中,针对生态城市共性实践原则及目标体系,结合理论研究中的共性规划原则及实践研究中的共性实践内容,提出自然-生态、社会-文化以及经济三个层面的共14项原则、47项规划目标。而基于对案例库共性规划实践内容的深入研究,本书针对土地利用、交通系统、景观生态与水系统以及能源系统四部分核心规划内容,系统归纳出国际生态城市实践案例中的主流规划理念、规划技术策略以及创新性的政策支持等多方面的实践经验。

基于生态城市实践原则及目标体系的构架,本书最终将系统性的国际实践策略依照中国规划实践进程的空间分层特点进行梳理。在复合的规划目标下,研究提出了指导中国生态城市实践的规划及政策导引,包括具体规划技术导引、城市管理政策、经济辅助政策和社会行为引导四个方面。同时,比照中国权威研究机构对中国实践的全面研究,本书深入分析了中外生态城市实践导引中的异同点并提出了33条对比解析,力图体现出中国实践研究的缺失内容及其中的差异原因,为中国生态城市实践提供参考。

本书的出版受到生态规划与绿色建筑教育部重点实验室(清华大学)开放研究基金(项目编号 2013U-5)、住房和城乡建设部软科学研究项目(项目编号 R12016109)、厦门大学中央高校基本科研业务费专项资金(项目编号 20720150107)及厦门大学校长基金项目(编号 20720150111)资助,亦受到清华大学尹稚教授、北京大学吕斌教授、厦门大学马武定教授的指导与大力支持,在此一并表示感谢!

作　者
2016 年 3 月

目 录

第**1**章

引 言

1.1 问题提出及研究背景

1.1.1 中国亟须解决快速城市化与自然的矛盾

1.中国处于快速城镇化发展时期

随着科技的迅猛发展及经济全球化的推进,中国进入了快速城镇化的发展时期,城镇化在党的十八大之后成为我国社会经济发展的重要战略。特别是从改革开放以来,我国城镇化经历了一个起点低、速度快的发展过程。1978—2013 年,城镇常住人口从 1.7 亿人增加到 7.3 亿人,城镇化率从 17.9% 提升到 53.7%,年均提高 1.02 个百分点;城市数量从 193 个增加到 658 个,建制镇数量从 2 173 个增加到 20 113 个。而目前,正是我国"十三五"规划进行新型城镇化发展的关键时期,在《国家新型城镇化规划(2014—2020 年)》[①]中提出,到 2020 年我国常住人口城镇化率将达到 60%,户籍人口城镇化率达到 45% 的重要指标(国务院,2014)。

与世界其他国家的城镇化发展速度相比,我国的增长速度惊人。研究显示,国家城镇化水平从 20% 提升到 40%,中国用了 22 年(1981—2003 年),而相比之下,日本用了 30 年(1925—1955 年),美国用了 60 年(1860—1920 年),德国用了 80 年(1785—1865 年),法国用了 100 年(1800—1900 年),英国则用了 120 年(1720—1840 年)(中国城市科学研究会,2009)。而根据世界城镇化发展普遍规律,我国仍处于城镇化率 30%～70% 的快速发展区

---

① http://www.gov.cn/gongbao/content/2014/content_2644805.htm

间,城镇化的快速推进,吸纳了大量农村劳动力转移就业,提高了城乡生产要素配置效率,推动了国民经济持续快速发展。但延续过去传统粗放的城化模式,会带来产业升级缓慢、资源环境恶化、社会矛盾增多等诸多风险,从而影响现代化进程。可见,中国未来将在持续的快速城镇化发展中迎来极大机遇,同时也面临着重大挑战。

2.城市扩张对土地资源造成压力

很长一段时间以来,我国的快速城镇化大量低效地消耗着土地资源,一些城市"摊大饼"式扩张,过分追求宽马路、大广场,新城新区、开发区和工业园区占地过大,建设用地粗放,建成区人口密度偏低,造成了"土地城镇化"快于人口城镇化的现状(国务院,2014)。

据统计,1996—2004年中国城镇化扩张的用地一半以上源于耕地(中国城市科学研究会,2009),1996—2012年,我国全国建设用地年均增加724万亩,其中城镇建设用地年均增加357万亩;2010—2012年,全国建设用地年均增加953万亩,其中城镇建设用地年均增加515万亩。2000—2011年,城镇建成区面积增长76.4%,远高于城镇人口50.5%的增长速度;农村人口减少1.33亿人,农村居民点用地却增加了3045万亩。一些地方过度依赖土地出让收入和土地抵押融资推进城镇建设,加剧土地粗放利用,也浪费了大量耕地资源(国务院,2014)。

而城镇化的扩张对我国土地生态环境的影响也不容乐观。1996—2004年我国水土流失面积达356万km²,盐渍化土地81.8万~100万km²,荒化、沙化土地分别占国土总面积的27%和18%,直接或间接遭"三废"污染土地已超过400万km²(中国城市科学研究会,2009)。2015年完成的全国生态环境十年(2000—2010年)变化调查评估结果显示,虽然全国森林、湿地、草原生态系统面积有所增加,土地沙化面积减少6%,石漠化面积减少4.7%,但自然海岸线长度减少10.5%,海岸带自然湿地减少14.9%,同时区域性、布局性、结构性的环境风险日益凸显(陈吉宁,2016)。

3.城市面临环境污染及资源匮乏问题

由于城镇化及工业化持续大量消耗化石燃料,大规模使用机动车,以及对污染空气、水等的垃圾及有害化学品控制不力,中国城市面临着严峻的环境挑战。世界银行2007年对中国585个城市的调查显示,仅有38%满足国家空气最低标准线,主要的污染物是粉尘、二氧化硫及汽车尾气(中国城市科学研究会,2009)。2015年以来,空气质量经治理总体呈改善趋势,但污染程度仍较高,部分地区冬季雾霾天气频发高发。据我国年度环境状况和环境保护目标完成情况的报告统计,2015年全国338个地级及以上城市中,有73个城市空气质量达标,仅占21.6%。虽然城市颗粒物年均浓度同比下降7.4%,但有78.4%的城市空气质量仍然超标,有45个城市可吸入颗粒物年均浓度超标一倍以上(陈吉宁,2016)。

此外,固体垃圾也是中国城市面临的重大挑战。约有2/3的中国城市被垃圾问题所困扰,大量有害废物未经处理直接进入环境中并不断累积,有些仅是简单填埋甚至直接暴露在郊区野外或是城市水体中,造成严重的环境污染,使城市黑臭水体大量存在。水质量的严重下降,也造成城市清洁水资源的大量短缺。据统计,我国668座城市中有420座城市存在不同程度缺水,其中136座城市严重缺水,日缺水量达1600万m³,年缺水量达60亿m³(中国城市科学研究会,2009)。目前,良好水体的保护形势仍十分严峻,2015年全国地表水Ⅰ类水质断面比例仅为2.8%,14个富营养化湖库无明显改善,近岸海域局部地区污染严重(陈吉宁,2016)。

可见,中国城市的生态环境和资源短缺问题已经十分严峻,并已成为中国城市未来可持续发展的重要制约因素和关键瓶颈。

1.1.2 生态城市规划是实现可持续发展的途径

1.低碳政策的发布推动可持续发展

从 1987 年《我们共同的未来》首次提出"可持续发展"概念,到 1992 年《21 世纪议程》和《里约热内卢宣言》的颁布,《联合国气候变化框架公约》和《联合国生物多样性公约》的签署,至 1997 年《京都议定书》的签订及 2005 年的正式生效,再到近年来联合国气候变化大会的持续召开,全球逐步对气候变化及"如何实现低碳可持续发展"表现出了热切关注。随着国际上对全球性气候变化危机认识的发展,以及相应的低碳经济转型需求,建设"低碳"和"生态"的人居社会已成为当前中国城市关键的政策需求。

中国近年来颁布并实施了一系列面向城镇可持续发展的重要法律法规及相关政策文件,形成了有利于可持续发展的政策环境,并陆续出台了一系列宏观的节能减排目标引导。例如,国务院在 2011 年颁布的"十二五"节能减排综合性工作方案中,公布了节能减排的主要目标,提出"低碳交通运输体系建设城市试点","推动建筑节能,制定并实施绿色建筑行动方案";同年,财政部及住房和城乡建设部在联合发布的《关于绿色重点小城镇试点示范的实施意见》中提出"突出绿色生态,保证重点工程",并在联合发布的《关于进一步推进可再生能源建筑应用的通知》中明确了"十二五"可再生能源建筑应用推广的目标,提出切实加大推广力度,加快可再生能源建筑领域大规模应用等相关政策引导。科技部在《国家"十二五"科学和技术发展规划》中提出,要强化并促进绿色城镇的关键技术创新,将"发展低碳城镇规划、绿色建筑设计、建筑节能等技术"作为推进重点领域的关键技术突破之一(中国城市科学研究会,2012)。住建部在 2011 年发布的《关于印发建筑业发展"十二五"规划的通知》中,也提出了要确立绿色建筑、绿色施工评价体系等节能发展目标,而同年发布的《住房和城乡建设部低碳生态试点城(镇)申报管理暂行办法》则正式开启了我国低碳生态城市的大力发展之路。国家相关部委也全面启动了低碳城市试点工作,积极出台相关政策引导全国范围的低碳生态城(镇)的试点建设。

目前,我国十三五规划进入新型城镇化发展的关键时期,低碳生态视角下的城乡规划成为进行新型城镇化建设的纲领性文件,也成为引导城市发展的基本依据和手段(中国城市科学研究会,2015)。2014 年,国务院印发《能源发展战略行动计划(2014—2020年)》[①],明确了低碳能源的发展战略,相关部委也随后发布了绿色生态试点示范、低碳减排、海绵城市等一系列相关政策。在新型城镇化政策规划方面,国家发改委、财政部、国土部、住建部等 11 个部委于 2014 年 7 月联合印发了《国家新型城镇化综合试点通知》[②],发改委于 2015 年 2 月发布了《低碳社区试点建设指南》[③],全面提出低碳建设模式的探

---

① http://www.gov.cn/zhengce/content/2014-11/19/content_9222.htm

② http://www.sdpc.gov.cn/gzdt/201502/t20150204_663081.html

③ http://www.sdpc.gov.cn/gzdt/201502/t20150225_665165.html

索;在低碳减排制度方面,发改委于 2014 年 8 月印发了《单位国内生产总值二氧化碳排放降低目标责任考核评估办法》[①],11 月公布了《国家应对气候变化规划(2014—2020年)》[②],提出促进可再生能源利用。国家财政部、发改委于 2015 年 1 月召开了全国节能减排财政政策综合示范工作会议[③],提出低碳减排的制度支持及综合示范指导。除此之外,各地方政府也积极出台了各项制度和行动方案,来进一步指引和推动着新型城镇化的低碳生态发展。

2.中国以生态城市建设落实可持续发展

生态文明下的城市规划正面临转型,包括理念的转变、内容的优化、技术的创新等,而低碳生态城市已经成为各地城市转型发展的模式。近年来,随着国家低碳政策的引导,新的环境污染条例,如水十条、土壤十条、海绵城市、综合管廊试点城市等新政策的发布,在相关部委及政策的引导推动下,我国的生态城市建设逐渐朝着从概念、理念向具体的实践落地趋势进行,大量的地方城市高度重视城市低碳生态发展,全国各地的生态城市建设如火如荼,大量涌现。据中国城市科学研究会(2012)统计表明,截至 2012 年 4 月,中国 287 个地级以上城市提出"低碳生态城市"相关发展目标,占地级市比例的 97.6%。以"低碳生态城市"为发展目标的城市增量上来说,1986—2003 年期间增速缓慢,每年增加的城市数目均在 10 个以下;2003 年以后每年基本以 20~40 个的数目在增加,表现出显著的数量变化,且增速表现出稳定的状态。而近年来从国内低碳城市实践来看,目前更多的城市践行低碳生态城市,从宜居小区、宜居村镇到生态文明试点城市等,从微观、中观、宏观尺度上积极摸索、探索和实践生态城市(中国城市科学研究会,2015)。

在生态文明建设与环境污染控制方面,国家发改委、财政部、国土资源部、水利部、农业部、国家林业局六部门于 2014 年 7 月联合印发了《关于开展生态文明先行示范区建设(第一批)的通知》[④],明确了全国共 57 个地区的示范实施。在海绵城市建设方面,继 2014 年习近平总书记的讲话指示后,各大部委发布的相关政策文件,从法律法规、技术指南、中央财政到试点等方面都在积极推动海绵城市的规划和建设,其中如住建部发布的《海绵城市建设技术指南——低影响开发雨水系统构建(试行)》[⑤],由财政部、住建部、水利部联合发布的《关于开展中央财政支持海绵城市建设试点工作的通知》[⑥]《关于组织申报 2015 年海绵城市建设试点城市的通知》[⑦]等,并于 2015 年确定了 16 个海绵城市建设试点城市。

1.1.3 规划仍需要综合理论与实践经验的引导

中国的生态城市研究在国际浪潮的推动下迅速发展,但迫切的建设需求,导致长时期内持续存在边探索、边实施的建设现状,相当一部分地区存在求快、求好的建设之风,造成了一

---

① http://www.sdpc.gov.cn/gzdt/201408/t20140815_622318.html
② http://www.sdpc.gov.cn/zcfb/zcfbtz/201411/t20141104_642612.html
③ http://jjs.mof.gov.cn/zhengwuxinxi/zhengcefagui/201106/t20110628_568103.html
④ http://www.sdpc.gov.cn/gzdt/201408/t20140804_621195.html
⑤ http://jst.jl.gov.cn/csjs/wjxx/201412/t20141222_1838207.html
⑥ http://jjs.mof.gov.cn/zhengwuxinxi/tongzhigonggao/201501/t20150115_1180280.html
⑦ http://jjs.mof.gov.cn/zhengwuxinxi/tongzhigonggao/201501/t20150121_1182677.html

定的财政和资源的浪费。因此,如何积极、正确地引导城市生态转型及生态城市建设,是中国政府及规划学界面临的一大挑战。

生态城市的建设成为未来发展的大势所趋,许多学科如生态学、环境科学、城市规划学等都从各自的专业背景出发,开展生态城市研究或生态城市规划(周岚,2010)。但因学科、专业的不同而相应地各有侧重及优缺点,李文婷等(2007)对此进行了如下总结:生态学主要以生态学和环境科学为理论基础,优点是侧重于生态系统各子系统之间时、空、量、构、序的安排,缺点是侧重于理论层面的研究,缺少可操作性,同时缺少对生态城市空间开发和利用的有效规划;环境工程学科主要以自然地理和环境科学为理论基础,优点是侧重于各环境要素的规划和自然生态单元的调控,缺点是缺少对规划各种要素的空间安排和控制,同时对生态城市内社会、经济系统规划偏弱;城市规划学主要以城市规划和生态学为基础,主要优点是通过对城市空间的法定调控来改善生态城市内部的关系,但传统城市规划学的缺点是对生态建设和环境污染控制内容较弱。

中国近年来生态城市研究著作也体现了相应的专业分布特点。《低碳生态城市理论与实践》(沈清基等,2012)主要对低碳生态城市规划建设的行动路线和制度保障进行深入研究阐述;以社会经济视角切入,《中国生态城市建设发展报告(2012—2015 年)》每年度的生态城市绿皮书研究主要探索了生态城市建设中各角色职能、责任与义务,对我国生态城市建设进行了分类考核评价;以环境保护管理出发,《新型生态城市系统构建技术》(温娟等,2013)提出了系统性构建生态城市的模式及技术;从经济管理学角度出发,《低碳生态城市发展的理论与实证研究》(关海玲,2012)提出了低碳生态城市的经济指标测算分析;《生态城市建设:理论与实证》(王彦鑫,2011)提出了生态城市建设的动力机制模型;从地景生态学的角度出发,《生态城市主义——尺度、流动与设计》(杨沛儒,2010)研究了生态城市在生态系统背景下的设计维度与具体内容。各专业领域通过专著出版表达了各自的理论观点和实践方法,将生态城市理念中融入了许多环境工程、生态工程角度的技术研究内容,在一定程度上反映了生态城市已从理论研究走向实践。

在引导生态城市实践中,实施的可操作性是关键要素。如何切实地规划和引导城市的发展、控制城市建设过程并进行有效的城市管理,均需城市规划学突破传统学科框架束缚,积极融入多学科综合优势中需重新审视及变革的内容。

1.2 研究目的及意义

本书研究试图通过广泛的理论研究和实践案例搜集分析,回答下列问题:全球生态城市实践具有什么共性特点,生态城市在规划选址、设计和实施中与常见的"一般"城市有何不同,生态城市的运作需要哪些支持,该如何借鉴国际案例引导中国的生态城市实践。

本书在回答问题的同时,期望实现三方面研究意义:

1.2.1 进行理论梳理，构建能够与实践对接的生态城市理论体系

虽然国内已进行了广泛的生态城市理论研究，也对生态城市理念及原则具有一定的共识，但尚未形成能够与实践对接的、成熟的理论体系。因此，本书试图通过全面梳理中外生态城市理论发展的历史脉络，形成对生态城市的系统认识，并通过借鉴国际生态城市案例中的理论应用经验，构建能与实践对接并最终能指导实践的生态城市理论体系。

1.2.2 构建国际生态城市案例库，全面系统地梳理规划实践策略

虽然国内对个别国际生态城市案例已熟知，但缺乏对全球生态城市实践的全面研究。因此，本书旨在通过广泛调查全球生态城市建设案例，构建案例库，从而实现对目前国际生态城市实践的规划规模、发展类型及其多样性的全面认识。通过深入的案例分析，旨在得出生态城市实践的主流共性特征、规划进程及规划策略，对生态城市的规划建设、环境及社会的可持续性，以及相关创新的政策推动力进行总结归纳。

1.2.3 结合理论系统与实践借鉴，提出中国生态城市的实践导引

本书旨在基于理论体系的构架，将国际实践策略进行系统化梳理，并结合中国的规划实践进程，形成用以指导中国生态城市实践的规划及政策导引。同时，通过深入对比分析中外实践导引中的异同点，试图使导引更具针对性，并以此提出对中国实践的建议。

1.3 研究概念辨析

1.3.1 "生态城市"的"理想说""环境说"和"系统说"

在国内外生态城市理论研究中，不少学者均对生态城市的概念提出了自己的理解（部分观点整理在表 1.1 中），虽然表述及在细节内容上有所不同，但认为生态城市是生态优化下的可持续城市系统已成为共识。对于规划学科来说，生态城市规划则是运用生态学原理及可持续发展原则进行城市规划建设的方法。

根据董宪军（2000）的研究，"生态城市"概念可划分为"理想说""环境说"和"系统说"三种类型。所谓"理想说"是完美化和理想化的概念，认为"生态城市"具有"未来性"，正如雷吉斯特曾提出的"生态城市追求人类和自然的健康与活力……这就是生态城市的全部内容，因为这足以指导我们的行动"。这种想法源于生态城市思想的原始发端于人类早期的生态聚居思想及一些理想城市模式的提出，如《理想国》、生态乌托邦及田园城市等。而"系统说"则相对被最为多数的人所接受，强调城市是一个复合生态系统，而生态城市则实现了包括自

然、经济、社会等方面在内的生态系统良性运行。邹涛(2009)认为从本质上来看,"理想说"是"系统说"认识的开端及实践的终点,但二者的观点基本是一致的,都强调了作为复合系统的协调、良性运转。

表 1.1 国外学者对生态城市的定义

时间	提出者	国外学者对生态城市的定义
1971	联合国教科文组织	生态城市是人类聚集区生态化发展下实现自然、城市与人有机融合的共生互惠结构,实现社会和谐、经济高效及生态良性循环
1982	杨尼斯基 Yanitsky	生态城市充分融合了自然与技术,最大限度地发挥人的创造力和生产力,保护城市环境质量和居民的身心健康,是实现生态良性循环,物质、能源和信息高效利用的理想城市模式
1987	雷吉斯特 Register	可持续的生态城市以外围环境最低的依赖度为自身提供生存能量,其居民产生"最低的生态足迹",无论是从污染角度,还是在土地使用、降低温室气体等各方面,生态城市与其环境是友好的,在生态学意义上实现了紧凑结构、活力、节能以及与自然的和谐共居
1997	罗斯兰德 Roseland	生态城市应该是多个理念集合的整体
2009	唐顿 Downton	一个生态城市是基于人类目的了为了优化生态圈运作而被其社区整合进生物圈进程的城市系统

资料来源:笔者统计整理。

"环境说"在国内较多被简单地与花园城市、环保城市及园林城市等概念等同,在国际上则可分为两类,一个是"城市中的生态学",该概念以城市生态学和景观生态学理论为主导,关注于城市自然生态系统中的自然生境和物种多样性保护等问题;另一类是"城市的生态学",则是将城市看作一个完整的生态系统,涉及了能量流、物质流等"生态流"理论。一定程度上,现在所广泛认同的"系统说"中所定义的"复合生态系统"概念源于此,受到可持续发展理论的影响和支持,认为城市内各系统的关系应具有综合的持续性和协调性(邹涛,2009)。

1.3.2 "生态城市"与可持续发展理论

当前"生态城市"的概念早已超出城市生态学的理论范围,在国际城市发展问题研究中广泛地用以表述城市的"可持续性"内涵。

自 20 世纪 70 年代开始至今,英文中"生态城市"包括 ecocity,eco-city,ecological city, sustainable city,eco-town,ecopolis,eco-municipality 以及 ecovillage 等表述。相比之下,"sustainable city"的表述在西方学术界的接受程度最高且最为规范,并广泛用于各技术专业类别的研究中。而"ecocity"、"eco-city"和"ecopolis"具明显的宣传性,其中"ecocity"及"ecopolis"被大量使用在环保和可持续发展的社会运动中;"eco-municipality"及"eco-town"的行政及社会性较浓,多被用以政府主导的可持续发展行动中;"ecological city"则最具生态学色彩,多用在城市生态系统研究中(邹涛,2009)。

受到国际气候变化应对合作的影响,可持续发展的理论和实践直接以"低碳""零碳"的概念表现在城市课题研究中。近年来出现的"低碳生态城市"理念,即强调了"生态城市"在气候变化应对中的政策色彩。如今,气候变化应对和保护生物多样性已成为可持续发展的两个主要部分,进一步使可持续发展与城市生态学在"生态城市"概念中紧密融合,使其具有更丰富的内涵和外延(邹涛,2009)。而在当前生态城市实践中,如何与理论结合是最为棘手的问题。

1.4 研究方法

1.4.1 文献及理论研究

通过大量阅读国内外相关出版专著,分析了解国内相应领域的研究内容进展及学科发展方向,梳理国外生态城市理论脉络及最新理论研究进展,掌握生态城市研究理论前沿及实践进展内容。本书涉及了大量不同的理论知识,尽可能深入地研究国内外生态城市理论、城市规划理论、城市生态学理论、景观生态学理论及社会经济等相关科学理论,研究难度较大,目的是获得系统的研究理论框架。通过大量相关学术文献、会议报告、政策文件、国际联盟及相关生态组织网站资源进行研究,广泛搜集实践案例资料。

1.4.2 实地田野调查

实地调研欧洲生态城市实践案例,走访当地相关的行政管理人员、规划师和市民,深入体验实践经验,其中的方法及观点推进了系统性思路的构架。

1.4.3 案例汇总研究:建立国际实践案例库

对全球195个案例进行了收集、整理、归类和分析。研究所选取的案例至少满足了以下条件之一:①被近年国内外生态城市规划及环境相关文献所大量引用的案例;②持续地在当地可持续发展上进行着多样的创新尝试的案例,包括规划理念、城市土地利用、交通组织、生态环境、水资源及能源管理等方面;③受到相关国家项目或国际合作项目的政策及技术支持的案例。同时,参考了英国威斯敏斯特大学(University of Westminster)Simon Joss等学者于2009年、2011年发表的国际生态城市案例名录。根据上述条件虽无法涵盖所有的国际生态城市实践项目,特别是位于小语种国家的或者尚未受到国际认知的部分,但在大量的资料搜集支持下,本研究的汇总名录可以说较全面综合地涵盖了国际上所报道的主流案例。

1.4.4 案例分析研究：对案例库的整合归纳与应用借鉴

将各案例进行整理和归类分析，进行的分类包括：①项目性质（传统规划技术实践；概念规划及社会参与示范；城市经济开发；高技高耗资；高效能源技术示范；综合规划实践示范）；②人口规模（1 万人以下；1 万～10 万人；10 万～100 万人；100 万人以上）；③发展类型（新城建设；新区扩建；城市改造）。试图以此总结出生态城市实践的两方面共性特点，一是实践案例所制定的生态城市规划目标；二是其所采用的规划实施途径，并对中国的生态城市实践提出有意义的借鉴内容。

1.5 研究内容及框架

本书通过生态城市理论梳理及对全球生态城市建设案例的广泛调查研究，试图总结出国际实践的共性经验策略，为中国的生态城市规划实践提供借鉴引导。本书共包括三个部分、七个章节，具体内容如下：

在第 1 章及第 2 章中，分析了本书研究的理论及实践研究背景。理论研究方面，全面梳理了中外生态城市理论发展的历史脉络，总结生态城市理论中的共性原则；实践研究方面，构建包括 195 个国际实践的案例库，进行案例的规模及类型分类，以及主流及非典型性归类，提出生态城市的共性实践原则及目标体系。

在第 3 章至第 6 章中，针对生态城市的土地利用、交通系统、景观生态与水系统以及能源系统四部分核心规划内容，总结国际案例实践中各部分的共性理念及规划策略，系统归纳其中的规划技术措施及创新性的政策等方面内容。

在第 7 章中，基于第 2 章提出的理论体系构架，将第 3 章至第 6 章中的实践策略依照中国规划实践进程的空间分层特点进行梳理，形成用以指导中国生态城市实践的规划及政策导引。比照中外实践导引中的异同点，提出共 33 条中外对比解析，有助于更清晰地了解中外实践研究之间的差距，从而更有针对性地进行中国生态城市实践引导。

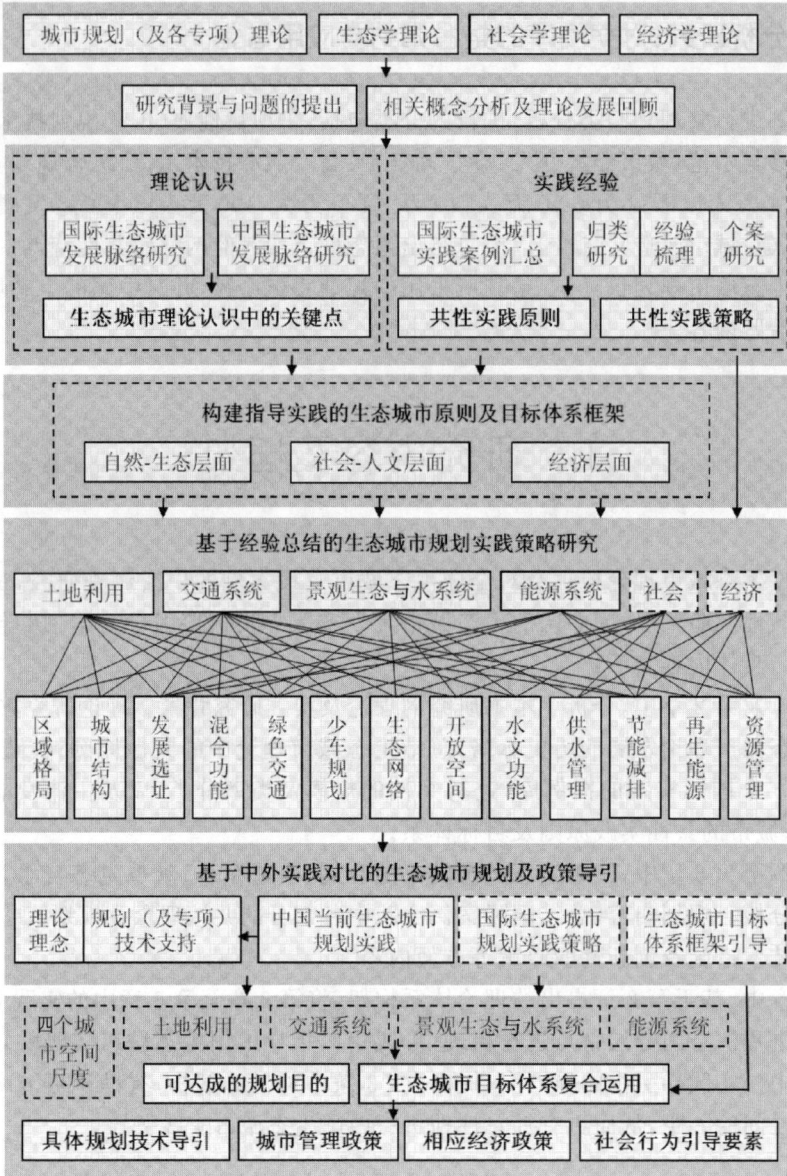

图 1.1　研究框架

第 2 章

理论结合实践的国际生态城市研究

中国近年来生态城市规划实践的蓬勃开展,与全球的城市化蔓延及气候变化考验下的日趋严峻的城市环境课题有着密切的关联。"生态城市"理念起源于 19 世纪人类对理想城市模式的思考,并随着 20 世纪城市生态学、景观生态学、可持续发展理论等系统技术及理论体系的逐渐出现,融入多学科的先进理念及规划方法,生态城市理论体系不断得到延续、拓展和完善,并逐步从理想化的愿景向具体的实践探索转变。本章试图通过将生态城市理论认识与实践原则总结进行结合,构建出指导生态城市实践的原则体系。理论研究,通过对生态城市理论的历史脉络进行系统整理,总结出理论认识的关键点;实践研究,基于 195 个国际生态城市规划实践案例的汇总梳理,对案例库资料进行系统的分类分析,总结出国际生态城市的共性实践内容和原则架构。

2.1 生态城市研究的历史脉络

2.1.1 国际脉络:从田园城市到生态城市

城市发展与自然环境的关系起源很早,人类在早期城市规划及建设中就已将整合自然因子或生态原则充分体现在人类聚落的选址、选材及与其周围自然环境的资源条件限制和潜力的密切关系中。而在现代,各个特定时代下的规划思想和城市社会的演变,均积极地推进了城市生态观的形成和发展。

1.生态思想发源期(19 世纪 60 年代—20 世纪 50 年代)

工业革命以后,大规模工业生产带来了公共卫生、住房、交通、社会冲突等日益严峻的问题,人们开始寻找能与自然环境获得较好协调的理想城市形态。德国生物学家海克尔(E.

Haeckel)于 1866 年首次提出"生态"(oekologie)的说法,开启了研究生物与其生存环境之间相互关系的先河。此后积极引发了一系列对人类自身及所生活的城市与区域自然环境之间相互关系的思考。霍华德(Howard)、盖迪斯(Geddes)等一批学者纷纷提出新的城市发展理念及理想城市的模式,代表性的思想与理论包括"田园城市""带状城市""光辉城市""指状城市""有机疏散理论"等。其共同特点是试图将生态学原理应用于解决城市问题上,将城市作为一个有机体,有效分散中心城市功能,为人们提供兼具城乡优点的聚居环境。这些理论和模型为城市规划与生态的结合奠定了基础。

2.生态意识觉醒期(20 世纪 60 年代—20 世纪 70 年代初)

二战之后,大规模的资源掠夺引发了世界上第一次环境问题的高潮,发生了众多环境公害事件,包括空气污染的伦敦烟雾事件[①](1952)、环境污染引起食物中毒的日本水俣事件[②](1953—1961)、富山事件[③](1931—1972)等(周岚等,2010)。这些公害事件促使大量学者纷纷提出对全球环境恶化的担忧,20 世纪 60 年代开始出现了大量著作,如《寂静的春天》《人口爆炸》《增长的极限》《只有一个地球》及《生命的蓝图》,旨在引起人类社会对城市生态环境破坏及生态保护意识的广泛关注和深入思考。

自 1969 年麦克哈格(Macharg)在《设计结合自然》中提出结合自然的生态设计方法开始,此后全球进入了探索城市未来发展模式的高潮阶段。联合国 1971 年在"人与生物圈计划(MAB)"中提出了生态城市概念,将城市作为以人类活动为中心的生态系统进行研究;1972 年在《人类环境宣言》中提出必须对人类定居和城市化加以规划,实现社会、经济和环境的共同最大利益。随后逐步建立了"国际自然和自然资源保护同盟""世界野生生物基金会""联合国环境规划署"等一系列国际性环境保护组织(周岚等,2010)。这个阶段的发展体现了全球生态意识的觉醒,开始将保护、治理生态环境作为全人类的共同责任。

3.城市生态演进期(20 世纪 70 年代中期—20 世纪 80 年代)

卡伦巴(Callenbach)在其 1975 年出版的小说《生态乌托邦》中提出了理想城市模式,雷吉斯特(Register)则于同年成立了城市生态学研究会,提出"重建与自然相平衡的城市"。此后陆续出现了将城市发展与生态问题结合的相关理论研究著作,如《当代城市生态学》《马丘比丘宪章》和《城市形态和自然过程》,开始探讨生态要素与人类城市空间营造的关系,关注不同的城市规划、发展方式所产生的生态效应差异。随着 1987 年《我们共同的未来》中提出了"可持续发展"的概念,人类的生态观也因而得到了整体提升,突出人类与自然、前人发展和后人发展之间相协调的思考,成为当今世界经济和社会发展的重要原则。

4.蓬勃交流应用期(20 世纪 90 年代)

20 世纪 90 年代,以追求人与自然和谐为目标的城市生态运动在全球蓬勃开展,可持续发展也成为全球共识。1990 年由雷吉斯特成立的城市生态学研究会在伯克利(Berkeley)召

---

① 发生在英国首都伦敦。由于冬季居民取暖使用的燃煤中含硫量高,排出大量 SO_2 和烟尘,生成硫酸,这些强危害物被居民吸入,导致居民大量死亡(周岚,2010)。

② 发生在日本北九州南部的熊本县水俣。当地化肥厂的有毒废水废渣排入海中,居民食用了被有机汞污染的海鲜,导致大量居民由于汞中毒而患病和死亡(周岚,2010)。

③ 发生于日本富山县神通川流域等七条河流流域。当地炼锌厂将含镉废水排入河中,居民食用了含镉的米和水导致骨骼疼痛,甚至死亡(周岚,2010)。

开了第一届国际生态城市研讨会,带动了全球广泛的生态城市学术研究交流与实践探索,带动了全球学术团体对生态及可持续的关注及研究。1992 年联合国在环境与发展大会上,明确了全球可持续发展的核心理念和战略行动计划,并签署了《联合国气候变化框架公约》等法律文件。《21 世纪议程》的制定体现了人类对环境与发展问题的新认识,反映了各国对可持续发展的共识和政治承诺,是人类社会转变传统发展模式及开展全球可持续发展的里程碑(周岚等,2010)。

5.经验指导实践期(21 世纪初至今)

2000 年以来,全球越来越多的城市在政策引导下,以《21 世纪议程》为基础提出了当地的可持续建设目标,积极将生态城市理念融入实践发展中。而由各级政策支持下的生态城市研究项目也纷纷展开,试图探索并示范以合理的城市规划和设计方法实现城市与自然的和谐,其成功经验也成为全球生态城市建设实践的重要指导,其中最早开始实践并成为典型的是欧盟引导下的欧洲各国,包括 2002 年欧盟第五框架下开展欧盟生态城市项目、2005 年欧盟第六框架下开展欧盟协奏曲项目等,其中的试点案例遍布欧洲各个国家,涵盖了多种社会背景、地理气候与生态条件及建设规模和形态等,可为全球不同的生态城市均提供较全面的经验参考。在这个阶段的著作也多以指导实践为目的,介绍成熟的案例经验,如《绿色城市主义:学习欧洲城市》、《生态城市的规划与建设》、《生态城市:一个生活更好的地方》(第一册)、《生态城市:如何实现》(第二册)及《生态城市前沿:美国波特兰成长的挑战和经验》等。

可见,国际生态城市研究从早期的理想理念构建、应对生态环境危机、探索解决途径逐步走向了建设实践及全球性的经验分享与借鉴。在应对气候变化的全球背景下,形成了将全球城市发展纳入可持续发展的良性循环中,并将生态城市建设提升到了全人类共同关注的责任高度。

2.1.2 中国脉络:从天人合一到生态城市

我国古代就将天、地、人看作是统一的整体,人与自然的关系也因此被称为"天人关系"。这种自然观认为,人类在自身发展的同时也应尊重大自然的规律,与自然建立起和谐发展的关系,其中最具代表性的如《易经》中的"天人合一"理念。这种人与自然统一的原则在我国古代城市规划和建设中产生了很大的影响,体现出了古朴的生态价值理论(鞠美庭等,2007)。

而我国现代的生态城市研究和建设,既体现出对我国传统文化的继承,又体现出对国际生态城市研究和建设成果借鉴的特点。在 20 世纪 80 年代初,我国生态、经济、地理及城市规划等多个学科开始对国际城市生态学研究产生广泛关注,这极大地促进了我国的城市生态学发展和生态城市理论与建设的研究,主要包括了生态城市理论、指标体系、建设规划与设计、建设模式和实施途径以及针对相关专项的研究等(盛学良等,2001)。

1.概念发源期(20 世纪 70 年代—20 世纪 80 年代)

自 1971 年中国加入联合国教科文组织的"人与生物圈计划(MAB)"开始,城市生态学概念被引入中国。中国生态学会于 1979 年成立,并陆续召开了多个全国性的城市生态学术会议。学者也纷纷对系统理论进行探索,如马世骏(1984)指出城市是典型的"社会-经济-自然"的复合生态系统,为生态学、地理学参与城市生态研究提供了理论指导。同时期也出现了相关文献著作,如1983年黄树业最早在《武汉城市环境空间布局刍议》中使用了"生态城市"一词,1987年叶岱夫在《试论现代生态城市集聚生产力的表现》中讨论了生态城市的核心概念。而规划界首次直接涉及"生态城市"内容的实践则是在1986年,由黄光宇等主持开展的乐山市总体规划。同期代表实践还有中科院主持的宜春"生态市"项目。这个时期是城市生态概念在中国的发源阶段,开始引起学界的广泛关注及探索,为之后生态城市规划理论的形成及快速发展奠定了基础。

2.理念探索期(20世纪90年代)

在20世纪90年代理念探索期中,以1992年联合国环境发展大会的理念为基础,我国1994年通过的《中国21世纪议程》广泛引起学界对新城市模式的向往,提出了如山水城市、园林城市、花园城市及生态城市等大量的城市理念。在这个阶段,学界对"生态城市"概念从非专业的讨论逐渐转变为专业研究,对后来城市生态规划方法产生了积极影响,并形成了若干颇具影响的学术文献,奠定了有关概念和定义的基本形式和内容,实现了从抽象概念向具象概念的转变。

3.推广应用期(2000—2008年)

21世纪开始,"生态城市"理论研究的文献数量增加,以"生态城市"为题名的专著或译本的出版进入一个小高潮,各专业领域学者的研究和实践成果在基本概念层面确定了基调,出现了一些日后被引用频次极高的文献(邹涛,2009)。2003年国家环保局发布的生态市指标的统一导致其后创建生态市的热潮,与此同时,2005年《京都议定书》生效后全球对碳减排问题的热切关注形成了世界上建设"零碳生态城"的浪潮,这两个事件均对于我国"生态城市"研究领域的拓展起到了十分重要的推动作用。这一时期,城市规划设计领域更深入地将生态思想融入城市问题的探索,并尝试通过学科交叉的研究方法具体探索城市生态规划或测度方法,开始讨论现行规划体制与这方面探索实践的冲突与结合的问题。城市规划设计领域通过跨学科研究展开城市生态规划的工作成为此一时期的一个重要变化。

4.实践探索期(2009—2012年)

这一时期,对生态城市问题相关研究的大格局出现了某些调整,上一阶段各专业领域通过专著出版已把各自的理论观点和实践方法进行了表达,融入的许多环境工程、生态工程角度的技术研究内容都与生态城市的主题挂钩,这从一方面反映了生态城市从理论走向实践的一种必然。中国大量城市提出了建设"生态城市"的目标并付诸实施,但在建设中面临各种各样的理念与实践之间的偏差与衔接的难题。而在全球低碳政策大趋势的影响下,中国提出了多项促进节能减排的战略政策,该理念贯彻在各行各业中,住房和城乡建设部大力促进了城镇化建设中的低碳化,以中国城市科学研究会为主导的国内学界开始在政策浪潮的推动下,在生态城市理念基础之上,提出了"低碳生态城市"概念,在实施层面大量关注,并在城市规划中强调具体技术的应用。自2009年开始,中国城市科学研究会开展了多项相关课题研究,在全国范围内推广低碳生态城市(镇)的试点建设,并编著了《中国低碳生态城市发展战略》以及每年度的《中国低碳生态城市发展报告》,更新介绍国内的实践进展及国内外的领先技术。除此之外,国内大量学者也纷纷编著了指导生态城市实践的相关著作,提出规划理念的同时,进一步丰富了对具体建设实践的指导措施,如《低碳时代的生态城市规划与建设》《生态城市建设:理论与实证》及《低碳生态城市理论与实践》等。

2.1.3 生态城市研究中理论认识的关键点

国内外不少学者对生态城市的原则提出了定义,既有基于理论构架的理解,如杨尼斯基(1987)提出:生态城市的设计包括自然地理层面、社会-功能层面以及文化-意识层面。乌托邦、花园城等理想城概念介于第一和第二层面之间,第三层面则是对人与环境关系的历史、社会和文化意识渊源的研究(黄肇义等,2001)。也有基于规划实践目标的理解,如欧盟生态城市项目(2005)基于实践指导,提出实现与自然系统均衡发展的城市,使城市的交通、物流、水循环、聚落结构都与可持续发展的总目标一致。实现新型的"紧凑城市",生态城市由紧凑发展、步行优先、功能混合的城市组团和邻里社区组成,共同构成与公交系统高度协同的多中心的城市结构。生态城市通过经良好设计、富有吸引力的公共空间,及系统化的绿地体系,体现更适于居住和生活的特征等。

综合中外生态城市理论及实践发展研究,国际生态城市理论认识中的共性关键点可总结概括为三个层面,即自然-生态层面、社会-人文层面和经济层面。

自然-生态层面具体包括了六项原则:对自然环境的尊重最大化、对自然环境的损害最小化、对基础原料和初级能源的消耗最小化、对土地的需求(特别是对未开垦土地)最小化、城市和区域物质流的互动最优化以及对交通的需求最小化。主要体现了对城市建设中与自然生态环境相关的五方面关注,即关注人类、城市、区域与自然的平衡关系,关注城市生态环境的保护,关注可持续发展及气候变化的应对问题,关注生态要素与城市空间营造的关系,关注不同的土地利用、交通组织及城市规划发展趋势所产生的生态效益差异。

社会-人文层面共包括六项原则:满足基本需求及人文关怀的城市结构、对人类健康的损害最小化、精神健康和社区认同最大化、对人类活动的尊重最大化、创建良好的城市管理框架以及可持续发展意识最大化。主要体现了对城市作为人类居住聚集地,应满足人类物质性需求及社会性需求的功能的关注,包括:关注人类对良好的居住环境及城市功能的需求,关注对无污染、接近自然、有益于健康的城市环境的营造,关注人类对在城市中参与各种重要活动的便捷可达性的需求,关注人类对精神健康及认同感的需求,关注城市管理中的公众参与、社会引导及开放式互动。

经济层面共包括两项原则:实现多元化、抗危机并且创新的地方经济,以及减少总生命周期的成本(生产力最大化)。主要体现了对城市经济和产业聚集功能方面的关注:关注地方产业结构的转型,关注实现地方可持续发展和创新的经济增长环境,关注城市资源的循环及城市成本效益的最大化。

表 2.1　国际生态城市实践研究中的共性原则梳理

生态城市原则		相关规划内容及措施	涉及学科
自然-生态层面	对自然环境的尊重最大化	城市与自然取得平衡;城市空间与自然区域融合,构建城市生态网络;基于本地气候及地理环境的城市布局及建筑设计	景观生态系统、土地利用、建筑设计
	对自然环境的损害最小化	减少温室气体排放;保护生态功能及生物多样性;实现城市生态系统的修复与重建;修复河道湿地,恢复城市的自然水文功能,形成自净闭合的水循环	能源管理、景观生态系统、水系统
	对基础原料和初级能源的消耗最小化	实现自给型的城市农业生产,保障食品安全;化石能源消耗最小化;依赖清洁的可持续能源;合理使用再生水;设计低能耗建筑	景观生态系统、能源管理、水系统、建筑设计、城市管理
	对土地的需求(特别是对未开垦土地)最小化	在合适地段进行紧凑开发;进行棕地治理及重建;拥有合适的城市密度,实现城市空间紧凑与分散的平衡;实现高效的混合土地利用	土地利用、景观生态系统
	城市和区域物质流的互动最优化	城市与区域自然环境要素紧密连接;最优化步行、骑自行车和公共交通	景观生态系统、土地利用、交通
	对交通的需求最小化	公共交通导向型发展;小网格城市形态,通过公共交通及短距离步行即可到达公共服务设施;职住平衡,实现半小时内的通勤出行	交通、土地利用
社会-人文层面	满足基本需求及人文关怀的城市结构	拥有宜人尺度及城市风格;拥有近距离的大规模自然绿色空间;具有良好的社区公共设施服务;拥有大量社会交往空间	土地利用、景观生态系统、建筑设计
	对人类健康的损害最小化	具有生物气候舒适性;减少机动交通;治理环境污染;收集并处理有毒气体、污水及固体废弃物	景观生态系统、土地利用、交通、废弃物管理
	精神健康和社区认同最大化	拥有健康、安全和幸福;具有文化识别性及社会多样性;居民参与社区决策,具有高度认同感与主人翁意识	土地利用、城市管理
	对人类活动的尊重最大化	实现良好的可达性;拥有良好的城市公共空间网络;非机动交通网络的邻里连接	土地利用、交通
	创建良好的城市管理框架	公众参与城市建设和管理;社会、政治及商业活动与开发都受生态环境现状的制约;开放式的信息交互平台,获取市民反馈及意见	城市管理
	可持续发展意识最大化	拥有可持续的生活方式:倡导绿色出行、节约能源与水资源以及垃圾分类	城市管理
经济层面	实现多元化、抗危机并且创新的地方经济	拥有强大、明确的本地支柱产业;形成环保经济	城市管理、能源管理
	减少总生命周期的成本(生产力最大化)	减少城市生态足迹;鼓励回收再利用,实现城市资源循环利用及能源管理	能源管理、废弃物管理、城市管理

资料来源:笔者研究并整理。

2.2 生态城市规划的相关理论基础

与生态城市规划相关的理论很多,从更准确的意义上来讲,应将各种设计生态城市规划的理论看成一个复杂的规划理论系统,进行简单的分类,主要包括城市形态理论、生态交通理论、环境限制理论、景观生态理论以及生态经济理论。在此仅对各理论进行简要介绍,在后文章节中具体涉及时将进行详细阐述。

2.2.1 城市形态理论

空间是城市环境与各种活动的载体,而城市空间形态与规划管理也是生态城市规划的核心内容。现代城市规划自诞生起,就不断地探索着可持续的城市形态,如霍华德的"田园城市理论"、沙里宁的"有机疏散理论"等都是这方面的早期代表理论。20 世纪 90 年代以后,随着生态保护意识的迅速增强,有关生态型城市的空间形态与管理的理论众多,其中最为人们熟知的就是紧凑城市、新城市主义、精明增长、增长管理等(周岚等,2010)。

格迪斯的城市区域自然观念与霍华德及其田园城市规划论述约处于同一时期且相互呼应。不论是以理论、规划研究或实验性案例所提出的观点,这些 20 世纪现代规划史早期的论述,都强调要以区域的角度出发,解决城市向周边环境无止境扩张蔓延所衍生出来的问题,并提出城市应反向纳入自然,建立复合的城乡区域空间(张莉,2010)。格迪斯的观念影响了芒福德及其所主导的美国区域规划学会 RPAA(Regional Planning Association of America),提出倡导"生态区域"的观念,反对集中式的大城市发展,认为城市发展必须以自然地形与地理特征为先决条件来形成架构(杨沛儒,2010)。

在针对限制城市空间蔓延的理论中,"紧凑城市"理论被广泛应用在欧洲城市规划中,而"增长管理"则自 20 世纪 80 年代中期起正式出现在美国一些州对城市开发行为进行调控的一系列法规和政策中。这些均是有效控制城市蔓延、引导城市合理增长并促进可持续发展的代表理论,也是生态城市规划的重要相关理论,在一定程度上提供了有计划、高效并节约资源的城市空间发展模式。这些理论所提倡的核心思想具有很高的相似性,总结归纳起来主要包括以下几点:促进城市的再发展及中心区的二次开发,进行旧城复兴,建设卫星城镇;促进对地方归属感和农田等自然文化资源的保护,限制农村地区的大量开发;优先发展公共交通,在公交节点集中进行城市开发,并以适宜的步行距离为半径的地区作为基本发展单元,减少车流量,增加社区的可步行性;实现更高的城市密度和功能混合的用地布局,设计适合各社会阶层的多类型住宅,塑造具有居住、商业和就业、公共活动的混合紧凑型的邻里居住社区,通过提供多种交通方式、多种就业、多样住宅促进近期和远期的生态完整性等(牟振华,2007;钟海燕,2006;周岚等,2010)。

2.2.2 生态交通理论

生态化的城市交通系统是基于生态学理论,在考虑交通环境承载力等生态极限的约束条件和满足交通发展需求的前提下,通过确定合理的交通结构和土地利用模式,最大限度地降低城市交通所产生的环境污染和土地、能源等的资源消耗问题,实现城市生态交通系统总体效率的最大化(李晓燕等,2006)。结合公共交通、紧凑城市主义,并在城市土地利用规划中进行生态考虑。生态交通的主要代表理论包括 TOD 理念、土地利用及交通一体化规划等,成为近几年来欧美实施城市可持续发展的主要集成政策及规划概念。共同理念即是通过采用公交导向型发展的城市交通模式,对区域的土地使用模式进行重组,能够促进形成城市土地混合使用空间,进一步改变原有以城市机动道路系统为骨干的城市空间结构,因此是发展生态规划中极具潜力的方向之一(谭春华,2007)。

2.2.3 环境限制理论

在 20 世纪 60 年代,由于受到社会批判与环境思潮所影响,城市规划与生态学及环境科学的融合越来越显著,此时生态规划开始引入英美传统的自然资源保护研究方法,即将重要的自然资源内容及空间选址等因子以数据量化的方式进行计划。将区域环境视为一个包括土地、大气空间、水域和各种能源、资源等诸多因子的环境容量系统,在量化之外还加入对地理空间的分析,如土地空间使用的分布模式,以此作为城市规划的重点依据,也是生态城市规划的重要内容(马光等,1999;张瑜,2007)。从而在对土地、水与生物资源的利用时避免过度干扰而超过系统的容量(马光等,1999),科学定性与定量地确定环境容量,建立环境质量的最优化控制模型,定量描述污染源对控制点的贡献,即确定环境质量各因子之间限制值,以地方环境质量目标为约束条件,从而可确定各项因子的数量及位置(周岚等,2010)。比较典型的生态环境容量理论有逾渗理论、中位值理论、生态足迹理论等。

2.2.4 景观生态理论

景观生态理论是运用生态系统的原理和研究方法,研究景观的功能结构、动态变化和景观要素之间的相互作用(周岚等,2010)。景观生态理论包括生态进化与生态演替理论、空间分异性与生物多样性理论、景观异质性与异质共生理论、岛屿生物地理与空间镶嵌理论、尺度效应与自然等级组织理论、生物地球化学与景观地球化学理论、生态建设与生态区位理论等等。斑块(嵌块体)-走廊(廊道)-基质(本底)理论是最为人们所熟知的生态景观理论,强调景观是一个由不同生态系统有机地衔接组成的镶嵌体,从而形成复合的、多样化、可循环的生态格局。该理论的研究角度侧重于"生态学的空间化"(spatializing ecology),并隐含着成为"空间的生态学"(spatial ecology)之意图,特别关注受到人为影响与改变下的自然系统形式、功能运作与空间模式(杨沛儒,2010)。此外,绿色基础设施理论也是景观生态学中非常重要的一部分,将基础设施理解为构筑生态城市的空间环境、支撑生态城市可持续运营的重要载体(周岚等,2010)。

2.2.5 生态经济理论

生态经济理论的研究目标是建立一个可持续发展的生态经济复合系统,使其既可获得较高的经济效益,同时又有利于自然循环的良性发展。该研究多围绕以下两个基本问题展开:一是生态与经济间的协同关系,包括生态系统的经济价值、可持续经济系统的生态特征、影响生态变化的社会经济因素以及生态经济复合系统的矛盾运动规律等内容;二是如何实现生态与经济的协同发展,包括如何明确经济发展的环境边界,实现生态与经济协同发展的手段与方法,由生态、技术和经济系统所构成的复合系统的结构、功能、行为、运行机制及其规律性。而循环经济理论作为最典型的生态经济理论,最初构思是希望借鉴自然生态系统的物质循环与能量交换规律——以生态学规律取代原有的机械论规律,重构人类社会的经济系统,本质上是仿真学在经济领域的应用。经过四十余年的理论与实践探索,循环经济目前成为一种以资源高效利用和循环利用为核心,以"3R"为原则(即减量化、再使用、再循环),以低消耗、低排放、高效率为基本特征,以生态产业链为发展载体,以清洁生产为重要手段,通过把经济活动组织成一个"资源-产品-再生资源"的反馈式流程,达到实现物质资源的有效利用和经济与生态可持续发展目标的经济发展模式(黄献明,2006)。

2.3 国际生态城市实践研究综述

2.3.1 国际近期的生态城市实践项目

近年来生态城市实践在国际上的大范围实施,同全球各国、地方政府和相关组织所主导的生态城市研究项目的推动紧密相关。根据研究汇总(表2.2),近年来国际组织的实践项目基本集中在欧洲和亚洲,但相比而言,欧洲由于较早开始实践,因此其实践的系统性、成熟度远远超过亚洲整体水平。

欧洲案例中最被国内研究所熟知的是欧盟第五框架研究项目中的"生态城市研究项目"(EU ECOCITY Research Project),即"生态城市——基于可持续交通的城市结构发展"。该项目于2002—2005年实施,选取欧洲范围内7个案例,综合采用了多种可持续规划策略,旨在研究生态城市发展中可能遇到的障碍及成功要素,并进行系统总结。项目重点关注于城市可持续交通、城市结构、能源和材料流,以及社会、经济发展等方面,研究取得了很好的成效,成为较早受到广泛借鉴的国际经验。

欧盟第六和第七框架研究项目下的"欧盟协奏曲项目"(EU CONCERTO Programme)于2005—2010年实施,旨在通过技术创新的推动,实践城市能源高效策略和可再生能源系统,促进欧洲可持续城市的发展。该项目规模较大,共资助了包括18个子项目的45个社区的城市可持续实践,其中每个子项目的规划实施理念各不相同:ACT 2项目旨在推动新建设和改建中的大规模的能源高效集成及主流的可再生能源系统应用;CONCERTO AL

PIANO项目尝试在建筑中融入一系列生态技术和措施；CLASS 1 项目旨在加强生态建筑、可再生能源供应和智能能源管理系统中的技术发展；CRRESCENDO 项目旨在在住宅及其能源基础设施中进行可持续示范；ECO-CITY 项目旨在实现并展示能源减量上的创新；ECOSTILER 项目旨在通过使用和集成本地能源资源，激励能源高效社区的实践；ENERGY IN MINDS 项目旨在展示建筑上的可再生能源及能源高效措施示范；EU GREEN SOLAR CITIES 项目旨在在大规模城市重建区推广能源高效建筑和可持续能源；HOLISTIC 项目旨在社区中推广可持续技术的综合应用；POLYCITY 项目旨在在大型城市区域进行能源优化及可再生能源使用的示范；REMINING-LOWEX 项目旨在根据低能耗原则重建煤矿区，并改造成为可持续社区；EU RENAISSANCE 项目旨在进行新兴和可持续社区中的可再生能源行动示范；SEMS 项目旨在通过可持续的智能管理结构，对可再生能源、能源高效策略、社区中的关键因素以及广泛的技术集成进行综合管理；SERVE 项目旨在通过实施可持续能源行动以建设可持续区域；SESAC 项目旨在通过欧洲先进城市的可持续能源系统示范，实现本地经济增长与 CO_2 的减排；SORCER 项目旨在进行最大化使用可持续能源的能源高效住宅区示范；STACCATO 项目旨在在典型既有住宅中进行可持续能源示范；TETRA ENER 项目旨在通过优化供需平衡来减少住宅及办公社区对外的能源需求。

除此之外，欧洲的研究项目还包括"欧洲活力低碳少车社区研究［Europe's Vibrant New Low Car(bon) Communities］"、法国生态城市项目以及英国生态城镇项目。"欧洲活力低碳少车社区研究"是交通和发展政策研究所（Institute for Transportation& Development Policy，ITDP）于 2011 年对欧洲新建可持续社区进行的案例研究，其中 8 个案例均采用精明城市和交通规划及设计方法，实现了开车需求的最小化、健康及可持续交通模式的最大化。法国生态城市项目是针对法国未来将有大幅度人口增长的 13 个城市进行的既有城市转型实践，为可持续发展和经济增长提供创新的城市空间及经济环境。英国生态城镇项目则旨在解决英国全国性的住房短缺问题，项目初期包括了 4 个新生态镇的规划建设。

近年来，亚洲和非洲逐渐成为生态城市大规模建设的"主战场"。非洲虽然受到外来资金资助开始进行生态城市建设，但多以开发项目为主，而亚洲不论是单个项目的建设规模、建设数量还是建设的速度均位于全球前列，与此同时也逐渐开始了自主性研究。除中国之外，亚洲的生态城市研究项目共 4 个，包括日本生态城市项目、印度尼西亚生态经济城市项目、印度生态城市项目以及德里-孟买廊道生态城市项目。日本生态城市项目是早期的"生态城镇"项目的延续和拓展，在 2009 年选取了 13 个城市进行生态规划。印度尼西亚生态经济城市项目是基于世界银行生态经济城市项目，于 2009 年启动，具体包括 5 个城市地区，旨在通过规划实现快速城市化下的城市可持续性及生态适应力。印度生态城市项目共包括 6 个城市，旨在在已建成城市中进行多种改造，以改善公共环境、公共交通以及城市管理等。德里-孟买廊道生态城市项目为与日本合作项目，基于日本生态城镇模型建设，现包括 4 个城市，远期还将规划 11 个投资区和 13 个工业区。而印度政府除此之外还在 2008 年发布了"太阳能城市发展"计划，由美国及日本支持，旨在资助 60 个城市实现至少降低 10% 的能源需求量。印度于 2011 年实施了"太阳城"项目，对 36 个城市制定了相应的规划原则，并与美国能源部门合作进行 8 个"接近零能源"的卫星镇建设。

表 2.2　国际组织的主要实践项目研究汇总表

项目名称	简介
欧盟"生态城市研究项目"（EU ECOCITY Research Project 2002—2005）	"生态城市——基于可持续交通的城市结构发展"研究项目（2002—2005）旨在研究生态城市发展中可能遇到的障碍及成功要素。包括欧洲 7 个案例[①]。案例综合采用了多种可持续措施,关注交通问题的同时,也研究了城市结构、能源和材料流,以及社会、经济发展等方面
欧盟协奏曲项目（EU CONCERTO Programme 2005—2010）	协奏曲项目是欧盟第六和第七框架研究项目的一部分,由欧盟发起并进行资助,旨在推动能源高效措施和可再生能源系统的实施,通过技术创新来促进欧洲可持续城市的发展,并设立基金以支持更多的欧洲可持续能源政策。共包括欧洲 18 个子项目[②]的 45 个社区[③]。欧盟在其新的能源绿皮书中称该项目为推进欧洲能源政策做出了极大的贡献
EU ACT 2 项目[④]	旨在推动新建和改建建筑的能源高效集成及主流的可再生能源系统应用[⑤]
EU CONCERTO AL PIANO 项目	规划建设一个零化石燃料住区,尝试在建筑中融入一系列生态技术和措施,研究其所带来的问题和结果,包括从法律及经济问题到用后评估[⑥]
EU CLASS 1 项目	项目将加强三方面的能源使用要求以促进技术的发展:生态建筑、可再生能源供应和智能能源管理系统,并确立极低能耗房屋与生物质能和太阳能光热可再生能源供应相结合的经济和环境优势[⑦]
EU CRRESCENDO 项目	项目即"在城市中进行合理的和可再生的能源策略整合,从而确保既有和新建住宅的最佳生活质量",旨在示范将可持续性融入住宅及其能源基础设施中[⑧]
EU ECO-CITY 项目[⑨]	旨在实现并展示能源减量上的创新措施[⑩]

[①]　分别是奥地利 Bad Ischl、西班牙 Barcelona Trinita Nova、匈牙利 Györ、芬兰 Tampere、斯洛伐克 Trnava、德国 Tübingen 以及意大利 Umbertide。

[②]　18 个子项目分别是 ACT 2,CLASS 1,CONCERTOAL PIANO,CRRESCENDO,ECO-CITY,ECOSTILER,ENERGY IN MINDS,GREEN SOLARCITIES,HOLISTIC,POLYCITY,REMINING-LOWEX,RENAISSANCE,SEMS,SERVE,SESAC,SORCER,STACCATO,TETRA ENER。

[③]　选取社区均位于地理位置良好的区域,拥有明确的社会和决策结构,并且其能源结构能够通过规划改善,既有城市新区也有城中的既有社区。各社区通过推进当地能源政策,在示范区综合采用建筑能源使用策略,发展创新及高效的技术,在能源问题上建立知识、技术及意识体系,以达到三方面可持续社区的目标:建筑及改造项目的能源高效;使用可再生能源资源;发展冷热电联产系统。

[④]　是"欧盟协奏曲项目"（EU CONCERTO Programme 2005—2010）的子项目之一,下同。

[⑤]　参与的城市项目共两个,分别是法国 Nantes 及德国 Hannover。

[⑥]　参与项目为意大利 Alessandria。

[⑦]　参与的社区项目为丹麦 Stenløse。

[⑧]　参与的城市项目共 4 个,分别是英国 Milton Keynes、法国 Ajaccio、荷兰 Almere 以及西班牙巴塞罗那的 Viladecans。

[⑨]　是"欧盟协奏曲项目"（EU CONCERTO Programme 2005—2010）的子项目之一,区别于欧盟生态城市研究项目（EU ECOCITY Research Project 2002—2005）。

[⑩]　参与的城市项目共 4 个,分别是丹麦 Helsingør 联合瑞典 Helsingborg、挪威 Trondheim、西班牙 Tudela 以及斯洛伐克 Zilina。

续表

项目名称	简介
EU ECOSTILER 项目	旨在通过使用和集成本地能源资源,激励能源高效社区的实践。项目均采用了沼气和区域供热系统①
EU ENERGY IN MINDS 项目	旨在展示在建筑中通过可再生能源的使用及加强能源高效措施,实现20%～30%的化石能源消耗减少量和CO_2减排量②
EU GREEN SOLARCITIES 项目	通过在大规模城市重建区推广能源高效建筑和可持续能源,以此推动气候保护意识及方法的转变③
EU HOLISTIC 项目	旨在在社区中推广可持续技术的综合应用④
EU POLYCITY 项目	旨在三个大型城市区域进行能源优化及可再生能源使用的示范⑤
EU REMINING-LOWEX 项目	旨在通过基于低能耗原则的需求及供应的整合,将欧洲煤矿区域改造重建成为可持续社区⑥
EU RENAISSANCE 项目	新兴和可持续社区中的可再生能源行动,基于五个领域进行能源目标的考量:创新的技术发展研究;能源政策、财政和商业解决方案以及社会经济问题;能效设计和监控;沟通及宣传;课程及工具培训⑦
EU SEMS 项目	旨在通过可持续的智能管理结构,对可再生能源、能源高效策略、社区中的关键因素以及广泛的技术集成进行综合管理⑧
EU SERVE 项目	旨在通过实施可持续能源行动以建设可持续区域,包括既有建筑的能源升级,可再生供热系统的安装,建设生态村庄及建设区域供热系统⑨
EU SESAC 项目	进行先进城市可持续能源系统的试验,旨在同时实现本地经济增长与CO_2减排。在新建筑开发项目及既有建筑的改造上运用创新的能源措施,关注于能源节约以及在电力、供热和制冷上采用可再生能源⑩
EU SORCER 项目	旨在进行最大化使用可持续能源的能源高效住宅区示范⑪
EU STACCATO 项目	旨在典型既有住宅中进行可持续能源技术示范⑫
EU TETRA ENER 项目	旨在引入创意的住宅及办公社区,通过能效改善、可再生资源使用,以及需求监控和管理应用以优化供需平衡来减少对外的能源需求⑬

① 参与的社区项目共 3 个,分别是丹麦 Måbjerg、荷兰 Amsterdam New West 以及英国伦敦 Lambeth。

② 参与的城市项目共 4 个,分别是奥地利 Weiz 和 Gleisdorf、捷克 Zlín、德国 Neckarsulm 及瑞典 Falkenberg。

③ 参与城市项目共两个,分别是奥地利萨尔茨堡的 Lehen 社区以及丹麦哥本哈根的 Valby 社区。

④ 参与的城市项目共 3 个,分别是奥地利维也纳 Mödling 社区、瑞士 Neuchâtel 以及爱尔兰 Dundalk。

⑤ 参与的城市项目共 3 个,分别是德国 Ostfildern、意大利 Torino 以及西班牙巴塞罗那 Cerdanyola del Vallès。

⑥ 参与的城市项目共两个,分别是荷兰 Heerlen 及斯洛文尼亚 Zagorje。

⑦ 参与的城市项目共两个,分别是法国 Lyon 和西班牙 Zaragoza。

⑧ 参与的城市项目共 4 个,分别是奥地利 Tulln、德国 Weilerbach、卢森堡 Redange 以及波兰 Słubice。

⑨ 参与项目是爱尔兰 Serve region。

⑩ 参与的城市项目共 3 个,分别是法国 Grenoble、荷兰 Delft 以及瑞典 Växjö。

⑪ 参与的社区项目共两个,分别是丹麦 Hillerød 以及荷兰 Apeldoorn。

⑫ 参与的城市项目共 3 个,分别是保加利亚 Sofia、荷兰阿姆斯特丹 Het Breed 以及匈牙利布达佩斯 Óbuda。

⑬ 参与项目为瑞士的 Geneva。

续表

项目名称	简介
欧洲活力低碳少车社区研究[①]	是欧洲交通和发展政策研究所(ITDP)[②]于 2011 年对欧洲新建可持续社区的研究,共包括八个社区[③]。案例共同点是采用精明城市和交通规划及设计方法——"推拉"结合的策略:"推"是减少私人汽车使用,"拉"是改善非机动交通、公共交通和各种形式的机动车共享的吸引力,使得产生更少的污染和温室气体排放。该策略可被推广到所有的城市发展中,实现开车需求最小化、健康及可持续交通模式最大化
法国生态城市项目[④]	属于法国全国性"城市可持续规划"的一部分,主要针对人口大于 10 万,并且在 2025 年前将会有近 30% 人口增长率的城市。规划关注的是:既有城市转型;推动实现可持续发展和经济增长的环境和经济创新;支持中央政府和参与城市的合作
英国生态城镇项目[⑤]	2009 年英国政府宣布启动新生态镇建设项目,以解决全国性的住房短缺问题。建设过程预计将实现 30% 的温室气体减排
日本生态城市项目	2009 年日本政府在总共 82 个申请中选取了 13 个建设生态城市[⑥]。选取基于各城市的可持续活动追踪记录及其未来规划。该项目相比早期"生态城镇"项目主要关注工业废物和气体减排问题来说,范围更广
印度尼西亚生态经济城市项目[⑦]	基于世界银行生态经济城市项目,启动于 2009 年,共包括 5 个城市[⑧]。规划旨在实现面对城市化增长的城市的可持续性及适应力
印度生态城市项目	旨在对已建成城市进行改造。项目中 6 个城市[⑨]的特点包括:改善公共空间的卫生环境;使公共交通更加高效可持续;改善城市管理;改善旅游设施和条件。该项目与德国可持续咨询机构共同合作开发
德里-孟买廊道生态城市项目[⑩]	规划包括 4 个生态友好社区[⑪],共耗资 900 亿美元,由印度和日本共同支付。还与美国能源部门合作建设 8 个"接近零能源"的卫星镇

资料来源:笔者整理。

---

① Europe's Vibrant New Low Car(bon) Communities(ITDP,2011)。

② Institute for Transportation& Development Policy(ITDP)。

③ 8 个社区分别是德国 Vauban 和 Stellwerk 60,荷兰 GWL Terrein 和 Houten,瑞典 Hammarby Sjöstad 和 Västra Hamnen,瑞士 Sihlcity,英国 Greenwich Millennium Village。

④ French ÉcoCités,项目共包括 13 个城市,分别是 Bordeaux,Clermont-Ferrand,Grenoble,Marseille,Metz,Montpellier,Nantes/Saint-Nazaire,Nice,Pays Haut Val D'Alzette,Plaine Commune,Rennes,Strasbourg/Kehl,Territoire de la Côte Quest(TC0)-La Réunion。

⑤ English Eco-Towns,第一期包括 4 个城镇,分别是 North West Bicester,Rackheath,St. Austell 和 Whitehill-Bordon。均是规划选址于现有城镇附近的新区,利用现有公共交通网络优势。政府共资助 6 250 万英镑用于建设,规划将在 5 年内为 3 万居民提供住宅,并创造 2 000 个新职位。

⑥ 分别是 Chiyoda,Iida,Kitakyushu,Kyoto,Minamata,Miyakojima,Obihiro,Sakai,Shimokawa,Toyama,Toyota,Yokohama,Yusuhara。

⑦ Indonesian Eco 2 Cities Programme。

⑧ 分别是 Jakarta,Surabaya,Makassar,Palembang,Balikpapan。

⑨ 分别是 Kottayam,Puri,Thanjavur,Tirupati,Ujjain,Vrindavan。

⑩ Delhi-Mumbai Corridor Eco-Cities。

⑪ 包括廊道内的 Changodar,Dahej,Manesar Bawal,Shendra。项目还将规划 11 个投资区和 13 个工业区。设计基于日本生态镇模型,规划关键措施包括紧凑、垂直开发,高效的公共交通系统,使用数字技术形成智能网络,从而更好地管理市政基础设施,污水循环供工业使用,工业垃圾再利用,绿色空间,自行车道以及以易达的服务、活动形成社区感。

2.3.2 195 个国际生态城市实践案例

受到国际生态城市实践研究热潮的推动,近年来全球出现了大量生态城市建设实践,包括了不同地域、不同规模、不同发展类型以及不同实施策略等丰富多样的案例。我们据研究汇总,创建了包括 195 个国际生态城市实践案例的案例库(不包括中国)(表 2.3),将国际生态城市实践案例根据不同国家地区分类,归纳了各案例的项目发展背景、主要实施途径以及相关数据等关键规划内容。案例库的地域分布如图 2.1 所示。

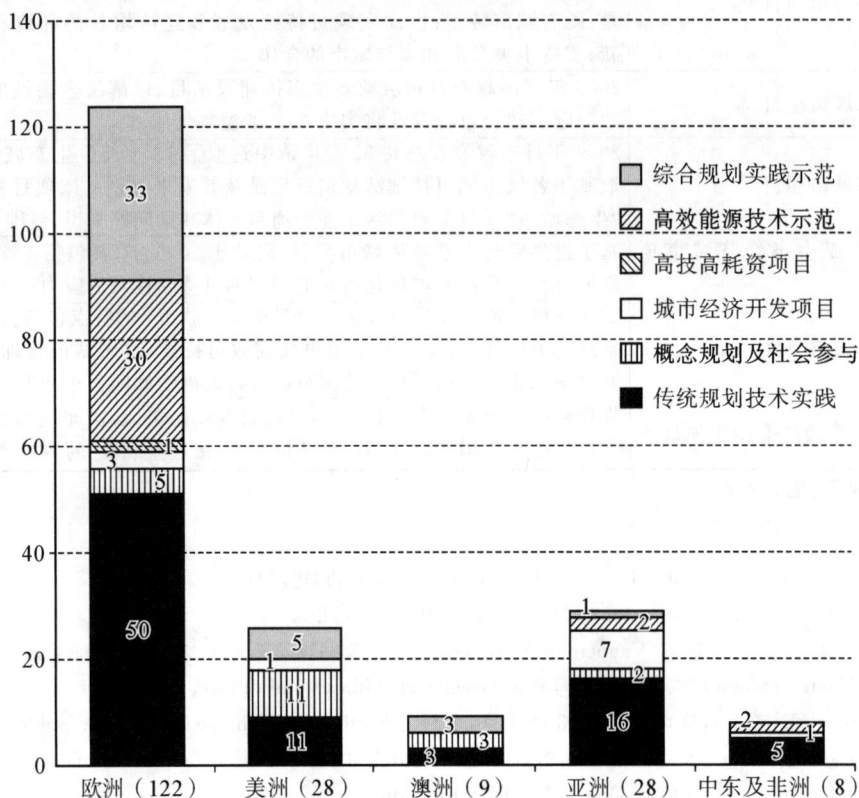

图 2.1　国际生态城市实践案例汇总分析图

资料来源:笔者研究并自绘。

表 2.3　国际生态城市实践案例库

国家	序号	项目/城市名称	人口规模	形成特点	简介
欧洲					
奥地利	1	巴德伊舍 Bad Ischl, Austria	约 2 000 人	新区扩建	"欧盟协奏曲：生态城市"研究项目之一。围绕现有火车站新建社区,具有较高密度,采用太阳能建筑,步行中心,城市设计考虑气候,保留开放空间
	2	格拉茨 Graz, Austria	约 29 万人	城市改造	基于"本地 21 世纪议程"可持续项目,设定了一系列环保、交通、能源等目标,1995 年宣布为生态城市,1996 年获"欧洲可持续城市"称号。自 2005 年以来,公交巴士以废物提取的生物油供能。在可再生能源和环境技术方面领先,有超过 150 家绿色企业加入本地的生态技术网络中,被称为"绿色技术谷"。其生态项目旨在促进公司减少能源使用而节约运行成本,已受到其他奥地利城市的效仿。于 2008 年制定了 2020 年新能源使用和气候保护目标
	3	雷亨（萨尔茨堡） Lehen, Salzburg, Austria	约 3 200 人	新区扩建	"欧盟协奏曲：绿色太阳能城市"项目之一。是邻近萨尔茨堡城市中心的旧基础设施用地重建项目,包括 400 户新公寓以及社会和经济设施。该项目规划了占地 2 000 m^2 的大规模太阳能热电厂,通过光热设备产能将与新旧建筑中的太阳能板产能结合。除了提供照明和空调能源,太阳能还将融入城市的区域供热网络,并将基于太阳能网络建设一个热泵,可实现更多的热转换,并增加了该太阳能厂的效能。太阳能策略还结合了大范围的能源高效措施,如低能耗住宅设计以及交通管理、绿地规划等
	4	默德灵 Mödling, Vienna, Austria	约 3 600 人	新区扩建	"欧盟协奏曲 HOLISTIC"项目之一。距维也纳 14 km 的小镇,多数居民在维也纳工作,目标是 2010 年实现 CO_2 减排 50%（相比 1990 年水平）,通过能源高效和使用可再生能源措施实现每年减排 11%。该项目的主要措施是采用热电联产厂,其中两个基于木质燃气,一个基于沼气。这些与太阳能光电系统的结合可持续地增加该地区的可再生能源供应
	5	林茨太阳城 Solar City Linz-Pichling, Austria	约 3 000 人	新区扩建	20 世纪 90 年代早期建设的生态友好型太阳城。实现最低能源标准住宅,太阳能可满足 50% 的热水需求,区域供热网络为所有建筑供热。规划气候友好型布局、雨水管理系统、无车区、慢行交通友好设计等

续表

国家	序号	项目/城市名称	人口规模	形成特点	简介
	6	图尔恩 Tulln,Austria	约1.5万人	城市改造	"欧盟协奏曲SEMS"项目之一。多年来持续致力于可持续的温室气体减排。规划了生物质能区域供热系统,大部分的电力供应来自水电,政府鼓励并支持私人安装太阳能集热器。通过住宅等建筑的改造,降低了对区域供热系统的需求,并实现连接新建筑而不需增加锅炉的热力。此外,将安装基于生物油的废热发电装置。通过利用周边农业资源,区域产生的生物燃料用于拖拉机和农用车,并将用于生产热力和电力。还通过安装太阳能集热板增加其可再生能源产出,并将采用分散能源管理系统以更好地实施综合策略,该系统增加能效至少5%,并且在理论上能达到25%
	7	维也纳 Vienna,Austria	约208万人	城市改造	是世界上最早开始绿带实践的城市之一。其紧凑城市形态、城市生态网络构建、公共交通、汽车控制、城市中心区步行街系统等均成为范例。通过采取温和城市更新的措施,对城市历史街区进行重建而不损坏建筑或让居民搬迁
	8	瓦兹和格来斯多夫 Weiz and Gleisdorf,Austria	约1.4万人	城市改造	"欧盟协奏曲:意识能源"项目之一。该规划由两个镇组成,该区域拥有奥地利最高密度的太阳能光热和光电系统,其原理是拥有越多的太阳能热容量,则温室气体排放量会越少。在超过700栋建筑进行能源调查,并在最需要的建筑采取能源高效改善计划,其他建筑将改造以进行更好的能源利用。将在70户住宅安装太阳能集热器,并将建设一个木质燃烧区域供热系统。此外,在许多家庭采用太阳能和生物质能结合的方式,实现了100%使用可再生能源资源
保加利亚	9	黑海花园 Black Sea Gardens,Bulgaria	约2 km² (540英亩)	新城建设	旨在成为"世界上第一个碳中和的高级度假胜地",耗资78 000万英镑。在海岸融合当地环境规划5个系列小镇,采用电动车的公共交通,禁止私人小汽车进入。该项目由于资金不足于2009年停止,且因为开发占用了生态保护用地而受到当地环保协会的反对
	10	索非亚 Sofia,Bulgaria	400户	城市改造	"欧盟协奏曲STACCATO"项目之一。作为保加利亚首都,气候冬冷夏热,项目街区的老混凝土建筑热效应差。改造项目通过增加隔热层及替换窗户,实现供热能源使用下降50%。通过安装遮阳板,使街区内不需安装制冷系统。在建筑屋顶安装太阳能集热器提供热水,并建设备用的燃气锅炉,使该街区的热水供应与区域供热系统分离,同样显著地提高了区域供热系统的效能

续表

国家	序号	项目/城市名称	人口规模	形成特点	简介
塞浦路斯	11	奈波利斯智能生态城 Neapolis Smart EcoCity(Paphos),Cyprus	约 1.1 km²	新区扩建	规划建设"智能可持续社区",旨在成为"地中海东部最创新的智能生态城市",得到私人基金资助超过 20 亿英镑。混合利用设计包括:住宅;办公及商业设施;研究发展中心;医院;文化设施;生态公园等。规划旨在实现"碳中立",绿化区域占 70%的土地覆盖。建设中 25%的能源需求来源于本地可再生资源。预计在 2024 年建设完成
捷克	12	兹林 Zlín,Czech	约 1 900 人	城市改造	"欧盟协奏曲 ENERGY IN MINDS"项目之一。作为原工业和制造业中心,城市在能源节约和可持续利用上已进行长期努力,还尝试了创新的隔热技术及覆土住宅,显著降低了能源需求。规划建了太阳能光热、光电设施,并在公共废物站建立了沼气联产厂,有机废物将有约 3.2 kW·h/kg的热价值,通过燃烧,该沼气厂每年将产能 2.88 GW·h。规划还广泛进行了能源检查计划及能源高效示范活动
丹麦	13	凯隆堡 Kalundborg,Denmark	3 500 户	新区扩建	最早提出生态共生园理念。有 20 家企业及多家其他工厂入住,利用清洁煤炭厂的副产品和海水再生运作。新的生态质能炼油厂将与供电站共生,该供电站在 2020 年前将实现采用 50%的可再生能源
丹麦	14	赫尔辛格 Helsingør,Denmark/Helsingborg,Sweden	约 7 000 人	新区扩建	"欧盟协奏曲:生态城市"项目之一。两个城市位于河对岸,居民往来频繁,城市间也进行了长期的合作。Helsingør,目标是新生态住宅的总能源消耗比现有标准减少 30%,包括供热、热水、照明、通风和制冷,90%的区域供热将基于天然气和废物的废热发电。规划建设新的生物质能锅炉,将燃烧木屑,产能输出为 5 MW。将在 2.5 万平方米的行政建筑、学校等公共建筑进行能源使用示范。规划远期将对海港水岸进行大量重建
丹麦	15	希勒勒 Hillerød,Denmark	约 6 000 人	新区扩建	"欧盟协奏曲 SORCER"项目之一。规划将建设一个零 CO_2 社区,超过 7.8 万 m² 的生态住宅实现仅为当前能源高效标准 1/4 的目标。项目将采用可再生资源的整合来产能。燃烧生物质能产生电力和供热,将产生 500 kW 热量。规划还将大量投资太阳能,3 000 m² 的太阳热能站将与区域供热网络连接。大量技术被用于补充主要的可再生资源,包括风能、太阳能光电、热泵和低能耗区域照明。规划还将实施一套能源数据收集系统,将每个住宅的能源使用信息收集到中央计算机中,将以此提出针对性的能源建议,同时居民也能够监管其能源消耗情况

续表

国家	序号	项目/城市名称	人口规模	形成特点	简介
	16	马布里尔 Måbjerg, Denmark	约1万人	城市改造	"欧盟协奏曲 ECOSTILER"项目之一。规划将建成世界最大的生物能源站,燃烧农业废料,并将此用于热电联产站,供热输出足够为1.05万栋建筑供能。每年的沼气产量将接近1 800万立方米或128 500 MW·h。项目的主要优势在于能降低释放到土地和地表水中的剩余营养物,特别是磷和氮。通过阻断这些释放,利用农业废品产生能源,使项目周边地区变得更可持续发展
	17	斯汀吕舍 Stenløse, Denmark	约2 000人	新城建设	"欧盟协奏曲 CLASS 1"项目之一。规划将建成一个442户住宅的新社区,采用被动住宅或极低能耗建筑。这些建筑每年的热需求仅为15 kW·h/m²。该新区的能源将通过生物质能燃烧热电联产站供应,在单独住宅中也将安装热泵,提供空间加热或地热。太阳能系统将提供夏天的热水供应。生物质能的热电联产站和太阳能热水供应被认为是非常创新的举措。新区将采用智能的能源管理系统
	18	瓦尔比 (哥本哈根) Valby (Copenhagen), Denmark	约4 000人	城市改造	"欧盟协奏曲:GREEN SOLARCITIES"项目之一。规划关键在于重塑旧啤酒厂和旧农贸市场,以能源高效及可持续能源的原则进行新建住宅及既有建筑改造,并安装太阳能板。总计将建设600户低能耗住宅,其能源标准为比普通住宅降低30%的能耗量。生态建筑项目将会与大规模的可再生能源使用结合。规划将建设一个创新的生物质能气化热电站,通过燃烧木球产能(木球的能源利用率是木屑的5～6倍)。所有新建项目将会通过网络社区能源管理系统进行联系和监控
芬兰	19	生态维基 Eko-Viikki, Helsinki, Finland	约1 700人	新区扩建	芬兰环境部指定的生态社区试点,进行高标准的绿色建筑建设、太阳能利用和自然通风及区域供热网络等生态实践,其雨洪设计、花园生物多样性设计、分配花园及城市湿地等景观生态方面也为典范
	20	坦佩雷 Tampere, Finland	约1.3万人	新区扩建	"欧盟协奏曲:生态城市"研究项目之一。有着步行尺度及混合功能中心的新城市住宅区域。进行生态雨洪设计,建筑利用可再生能源,未来将会通电车或轻轨线

续表

国家	序号	项目/ 城市名称	人口 规模	形成 特点	简介
法国	21	阿雅克修 Ajaccio,France	约 2 000 人	城市改造	"欧盟协奏曲 cRRescendo"项目之一。项目旨在改造城市旧建筑的建筑能效,包括在受保护的城市历史中心。共有 250 栋建筑安装了双层玻璃窗,并有 565 户住宅采用了其他能源高效措施。规划还建设了两栋高环保品质的新建筑。据统计,采用综合措施的生态建筑每年将在社区中减排 4 000 t CO_2。通过采用多联产设备为办公建筑供热和制冷,采用当地专利的太阳能通风系统。住宅的热水和通风均采用太阳能,可节约 20% 的能耗。对建设者、施工者及使用者培训,建设"零能耗"住宅的同时要求行为、设计与技术的改变
	22	查朗河畔索恩 Chalon-sur-Sa-one,France	180 户	新区扩建	将农场区改建为新生态社区,鼓励步行、骑自行车及公共交通。中心供热站和灰水系统降低了能源和水的消耗
	23	格勒诺布尔 Grenoble,France	约 3.5 万人	新区扩建	"欧盟协奏曲 SESAC"项目之一。是一个具有高密度人口的紧凑城镇,但污染严重。规划选取两个区,采取低能耗规划、清洁交通、智能建筑,减轻能源消耗及鼓励可再生能源使用,利用太阳能光热板为 435 户新生态住宅单元供能,9 个天然气的微热电联产站将提供一半的供热能源需求及所有的供电需求。具有高环保质量(HEQ)的学校将采用木结构及绿化屋顶,并在办公和购物中心屋顶建设 1 000 m² 的光电站,输出为 100 kW。60 栋新生态建筑将采用区域供热及太阳能光热板,旧建筑将通过生物质能供电。还将建设一个 2.7 MW 的微型水电站,并定期举行活动以提高公众对能源保护重要性的觉醒。新建筑的供热需求将减少 44%,其他能源需求将降低 23%
	24	里昂 Lyon,France	约 4 000 人	新区扩建	"欧盟协奏曲 RENAISSANCE"项目之一。规划在三个大型新住宅街区利用高效能源及可再生能源,包括共 620 户住宅和超过 1.5 万 m² 办公建筑,实现传统能源消耗比标准实践降低 77%。项目采用多联产设备,包括约 800 m² 太阳能光热板、1 800 m² 光电板以及 3 个木质燃烧锅炉,以天然气作为备用。这些资源将提供该项目所有建筑的供热及热水需求,实现可持续能源资源占所有能源需求的 80%。项目还在技术构成及社会问题上示范了创新方法,技术上包括太阳能被动和低能耗设计、超高水平的可再生能源资源和综合监控系统;社会问题上包括渐进式的步骤、私人合作、社会融合、促进和培训活动以及社会监管。该项目在社区层面上的经验已融入政府能源策略咨询中

续表

国家	序号	项目/城市名称	人口规模	形成特点	简介
	25	南特 Nantes,France	约1.3万人	新区扩建	"欧盟协奏曲 ACT 2"项目之一。项目通过改造实现城市混合的可持续能源使用,并重塑主要的建筑和公共空间。当地采用垃圾焚烧的区域供热,为16 500户住宅提供能源,并以生物质能站功能的区域网络供应新建筑建设的供热及热水。规划将广泛采用太阳能光热、光电及热泵系统,将结合停车场及购物中心来建设法国最大的太阳能光电站。项目还采用了被动式的能源策略,例如不使用主动制冷系统,并对可再生能源生产进行补助
	26	波尔多 Bordeaux,France	2万户,1.5万个职位	新区扩建	法国生态城市项目之一。实现控制城市蔓延和中心城区更新。拓展了共约16平方英里范围,规划包括2万户新住宅单元,1.5万个职位,改善城市流域的生态环境
	27	克莱蒙费朗 Clermont-Ferrand,France	1 000户,3 000个职位	城市改造	法国生态城市项目之一。被称为"城市实验室",集中对50英亩的内城区域进行更新和加密,包括规划1 000户新住宅单元,增加3 000个职位,以及通过新建区域级火车站来改善通勤交通基础设施
	28	格勒诺布尔 Grenoble,France	2 000户	城市改造	法国生态城市项目之一。在城市中心规划1 800～2 000个家庭公寓(包括20%的社会住房),进行本地可持续能源生产,整合74英亩的研究及大学设施
	29	马赛 Marseille,France	1.4万户,2万个职位	新区扩建	法国生态城市项目之一。规划改善公共交通,提供1.4万个新住宅单元(包括20%～30%的社会住房),并增加2万个职位(环境技术方面)
	30	梅茨 Metz:ÉcoCité128,France	8 000户,5 000个新职位	新区扩建	法国生态城市项目之一。对865英亩的退役空军基地 BA128 的更新,旨在连接周边8个聚集区域。规划包括建设一个新文化中心、8 000套新公寓,对既有建筑的改造,以及增加5 000个新职位
	31	蒙彼利埃 Montpellier,France	31个社区	新区扩建	法国生态城市项目之一。作为法国发展最快的城市,该项目旨在连接城市与海岸之间的8公里廊道上的4个城镇共31个社区。核心要点是在2020年之前通过5条电车线路实现公共交通的拓展,并推动混合利用的加密化以及城市农业

续表

国家	序号	项目/城市名称	人口规模	形成特点	简介
	32	南特/圣纳泽尔:生态都市 Nantes/Saint-Nazaire: Éco-métropole, France	3 000 户,1.5 万个新职位	新区扩建	法国生态城市项目之一。项目旨在连接 Loire 河沿岸的 17 个项目,包括:保护湿地和河流生境;改善水质量;加强公园用地的再生;建设 3 000 套新公寓;包含 1.5 万个新职位的 247 英亩新区建设
	33	尼斯:蔚蓝海岸的生态城市 Nice: ÉcoCité Nice Côte d'Azur, France	2.5 万户,3 万~5 万个新职位	新区扩建	法国生态城市项目之一。旨在改善基础设施、生态环境和社会-经济活动的综合性,并分别指出自然方面(洪水)和技术方面的风险。规划包括 556 英亩范围内的 2.5 万个新公寓建设,以及在生态工厂中的 3 万~5 万个新职位
	34	贝尔瓦尔 Pays Haut Val D' Alzette: ÉcoCité Esch/Belval, France	5 000 个新职位	新区扩建	法国生态城市项目之一。项目旨在沿与卢森堡的交界创造一个"生态集结"。与原有煤炭或钢铁工业区所形成的长期的社会-经济背景相反,项目旨在形成一个新的文化认同感,在 882 英亩棕地上进行更新规划,并创造 5 000 个新职位
	35	平原社区 Plaine Commune, France	4.4 万个新职位	新区扩建	法国生态城市项目之一。对两个旧工业区的整合及更新,规划在 667 英亩范围内创造 4.4 万个新职位及新的住宅单元,其中近 20% 为既有建筑的改建,同时对水及土地生态环境进行改善
	36	雷恩 Rennes, France	4 万个新职位	新区扩建	法国生态城市项目之一。旨在保护周边的环境和农业资源,并通过建设公共交通来改善该区域和更大范围城市群区域的连接,规划将创造 4 万个新职位
	37	斯特拉斯堡 Strasbourg/Kehl, France	1.7 万户	新区扩建	法国生态城市项目之一。包括与德国交界的莱茵河岸的共 24 个项目,规划 1.7 万个新住宅单元并拓展电车线路。项目基于生态城市的 6 个标准(可持续交通、城市生态、后碳化都市、混合利用发展、社会-经济吸引力、空间保护)
	38	西海岸:法属热带群岛 Territoire de la Côte Ouest (TCO)-La Réunion: ÉcoCité insulaire et tropicale (French Territories), France	海岛	新区扩建	法国生态城市项目之一。旨在发展卫星社区,关注城市的加密化、无车化的公共交通发展,以及营造有吸引力的公共空间

续表

国家	序号	项目/城市名称	人口规模	形成特点	简介
德国	39	柏林 Berlin,Germany	约340万人	城市改造	城市促进填充式发展,更高效地使用城市中心废弃和未充分开发的土地。利用绿带控制城市增长,广泛进行城市生态网络建设。公共交通网络发达,设计了领先的大型复合公共交通枢纽。广泛进行汽车共享活动和自行车道网络建设
	40	埃朗根 Erlangen, Germany	约10万人	城市改造	该大学城被认为是欧洲最生态友好的城市之一。从20世纪80年代开始颁布了系列政策以引进更环境友好的交通和能源系统。城市电车网络得到拓展,一些区域被规划成步行专用区,并建立了广泛的自行车网络,使当地自行车使用率高达75%
	41	弗莱堡 Freiburg, Germany	约22万人	城市改造;新区扩建	在20世纪70年代,就被称为德国的"生态首都"。在1986年,城市进行了可持续城市的总体规划,实施基于环境可持续的能源供应、能源高效利用和公共交通项目。在1996年就提出气候保护关注,2007年重新确定CO_2减排目标为到2030年比1992年水平减少40%。由于完善的公共交通,全市无车居民超过35%。一些社区通过隔热和空气流系统的设计进行了被动式能源住宅的实验,Rieselfeld住宅区是高密度可持续社区的范例
	42	沃邦 Vauban, Freiburg, Germany	2 000户,41公顷	新区扩建	"欧洲活力低碳少车社区研究"项目之一。在弗莱堡黑森林山脚下规划了2 000座低能住宅,被称为"模范可持续街区"。是一个少车的棕地改造项目,规划了无停车位的住宅街道,将停车位从主要的住宅单元中分离开并进行限制。居民参与了规划并设计自己的住宅,因此产生了多样和丰富的建筑风格,并有强烈的社区感。由于较高的密度,高标准的热绝缘和太阳能的使用,可再生木质区域供热,广泛的绿地空间和社区花园,该项目吸引了许多规划设计界人士前来参观
	43	汉堡-哈堡 Hamburg-Harburg,Germany	约20万人	新区扩建	汉堡在2011年获得年度"欧洲绿色首都"的称号。该港口为大规模的生态城市改建项目,是第一个获得LEED认证的欧洲大型城市开发项目。规划改造原有的港口设施并创造新的办公及居住空间。通过使用可再生能源,应用能源节约技术和材料,大部分采用屋顶绿化,规划实现到2020年温室气体减排40%,到2050年减排80%(相比2010年水平)

续表

国家	序号	项目/ 城市名称	人口 规模	形成 特点	简介
	44	翰慕 Hamm, Germany	约 18 万人	城市改造	在 1990 年被区域政府选做可持续政策规划的模范城市,而成为德国生态城市的先锋。该镇实施了广泛的可持续交通体系,包括自行车、电动公交车等,并因在当地政策制定时开发商和公众的投票权而闻名
	45	汉诺威 Hannover, Germany	约 12.7 万人	城市改造	"欧盟协奏曲 ACT 2"项目之一。建筑能源效能是主要考虑的内容,规划改造了 400 户公寓,并安装了可持续能源设备。规划目标节约能源实现比最小标准少 25%。示范项目的改造包括基于生物质能的集中式区域供热系统,并改善建筑立面及屋顶的隔热等。规划安装了德国最大的太阳能装置,以燃气锅炉为备用,为全市最大的露天泳池提供加热。并建设木质燃料中心,以提供住宅和商业可再生燃料供应
	46	海德堡 Heidelberg, Germany	约 15 万人	城市改造	海德堡是德国推行城市能源高效和节约的先锋城市之一。通过执行严格的 CO_2 监控计划,实现了到 2000 年公共建筑 CO_2 排放比 1993 年减排达 35%。在那之后,实施了更多强有力的措施以鼓励居民和私人公司的减排。在 2003 年获得了"可持续欧洲城市"的称号
	47	慕尼黑 Munich, Germany	约 134 万人	城市改造	慕尼黑通过对旧城整体格局、重要街区、历史场所和建筑等元素的保护,实施了旧城中心保护更新设计,全步行及无车化改造,与现代城市生活空间融合,并充分结合了复合的地下公共交通枢纽,使其成为极具吸引力的公共场所。其大型城市公园——英国花园与城市生态网络的建设,改善城市生态环境的同时也为市民提供了良好的休闲娱乐空间,并与广泛的自行车道网络结合,极大地促进了非机动交通的出行率
	48	内卡苏尔姆 Neckarsulm, Germany	约 9 800 人	新区扩建	"欧盟协奏曲 ENERGY IN MINDS"项目之一。自 2004 年起采用德国密度最高的太阳能光热和光伏系统(每个居民 0.35 m² 光热及 114 W 光电)。实施能源保护和生态能源供应计划,并设立能源部门,提供能源节约措施。太阳能光热系统与地下大容量存储设备连接,900 户住宅 50% 的供热需求由太阳能供应。采用有机郎肯循环的联合发电站,并与一个 6 MW 的木质燃烧炉一起成为中央供热站。预计 CO_2 减排约 55%

续表

国家	序号	项目/城市名称	人口规模	形成特点	简介
	49	东芬得恩 Ostfildern, Scharnhauser Park, Stuttgart, Germany	约7 500人	新区扩建	"欧盟协奏曲POLYCITY"项目之一。在旧美军基地上建设的低能耗生态社区,包含工作场地、居住区和绿色区域。电力和热能均通过木质燃烧联产站及6.3 MW生物质能联产单元供应。此外,设计了200 m² 的太阳热能站和屋顶太阳能光电板。总计17.8万m² 的新住宅和商业建筑电力需求的80%由可再生能源供应。各种住宅将按照高能源效能标准建设,包括先进的通风设备,优化的隔热、低温供热和供冷系统,以及最大限度利用自然光的设计。规划将建设公共能源管理系统,在社区中将实现能源的供需平衡
	50	斯特尔沃克60 Stellwerk 60, Cologne, Germany	700户,6公顷	新区扩建	"欧洲活力低碳少车社区研究"项目之一。对城市中的一个旧铁路修理厂重建为新无车住宅区,接近既有服务及公共交通线路,与城市中心距离在自行车范围内
	51	图宾根 Tübingen, Germany	约8.5万人	新区扩建	"欧盟协奏曲:生态城市"研究项目之一。总体规划大规模市民参与,并在公共交通站点周边进行加密和填充式住宅建设以解决住宅紧缺问题。规划了高质量的行人友好的公共空间,并广泛采取了交通镇静措施和无车区的设施。规划还采用了区域供热系统、太阳能板及生物质能站
	52	威勒巴赫 Weilerbach, Germany	约1.8万人	城市改造	"欧盟协奏曲SEMS"项目之一。规划目标是2015年通过实现CO_2中和成为一个零排放村庄,100%通过可再生能源供热和电。使用4 MW的风涡轮机利用风能,2.5 MW太阳能电站利用太阳能,居民住宅太阳能电板产生电能1 MW,及通过热泵利用地热能源。这些可持续资源将与一个2.2 MW的生物质能联产站结合,该联产站将燃烧木片和使用过的植物油。一个当地小公司将在区域中收集这些废物并送到能源设施站。该规划还有个重要因素是采用专门的分散能源管理系统,将监控能源消耗,并将管理路灯和公共建筑的能源供应
匈牙利	53	杰尔 Györ, Hungary	约13万人	新区扩建	"欧盟协奏曲:生态城市"项目之一。该长期发展规划目标是在靠近城市中心和多瑙河的一个100公顷的前工业用地上建设10个新社区,提供约6 000户新住宅和商业设施。住宅比城市平均密度大,采用了被动式太阳能系统。在交通稳静化措施中融入了自行车道网络。"绿色手指"生态廊道连接了住宅区域和多瑙河,提供了公共娱乐空间,并可用以收集雨水

续表

国家	序号	项目/ 城市名称	人口 规模	形成 特点	简介
	54	欧布达(布达佩斯) Obuda (Budapest), Hungary	约 3 000 人	城市改造	"欧盟协奏曲 STACCATO"项目之一。项目关注通过优化建筑隔热来减少能源损耗,包括在屋顶和整个建筑立面增加隔热层,更换窗户,并更新建筑的供热系统。该措施预计将节省该区域 70% 的能源。项目同时还将采取可再生能源措施,如安装太阳能集热器供应住宅热水,并以燃气锅炉作备用。这意味着依赖化石能源的区域供热系统在夏天仅需热水的情况下将不需运行
冰岛	55	雷克雅未克 Reykjavik, Iceland	约 12 万人	城市改造	冰岛制定了到 2050 年前实现摆脱化石能源,全国 100% 电力基于可再生资源生产的目标。作为冰岛的首都,拥有全国一半的人口,采取的措施主要关注于公共交通,公交巴士转换为使用氢技术。从 2003 年开始,全市建设了氢气站网络,并尝试应用在普通汽车中
意大利	56	亚历山德里亚 Alessandria, Italy	约 9 500 人	新区扩建	"欧盟协奏曲 CONCERTO AL PIANO"项目之一。目标是实现零化石燃料。规划实施了"5Ps"计划,包括:过程,依照综合途径;项目,设计以实现可再生能源网络和城市转型;产品,生物质能和太阳能的结合;表现,检测过程的能效;推广,确保区域居民均了解进程。规划建设一个生态村庄,新建 104 栋老人住宅、健康中心和幼儿园,翻修 300 户社会住宅单元及其他建筑。通过多联产设备和太阳能供能,每年将产能 1 665 MW·h。生物质能将用作区域供热系统,并通过多联产的整合提供电力和制冷。通过燃烧木质燃料和太阳能的供热输出每年将产能 6 030 MW·h。规划同时采用了多种其他措施,包括雨水灌溉、灰水再利用和更生态友好的废物管理实践,甚至为居民提供太阳能电动车
	57	费拉拉 Ferrara,Italy	约 13 万人	城市改造	关注于建设"城市生态转型"区域,通过采用领先的技术创新,规划完成一套高效的废物循环系统,包含废物分类及回收。在 2003 年获得"欧洲可持续城市"称号
	58	赛格拉特 Segrate/Milano Santa　Monica (Milan),Italy	2 000 户	新区扩建	米兰以"生物建筑"为概念的新社区,推崇城市景观与周围环境的紧密连接与和谐。该紧凑社区仅占总面积的 10%,剩余地区被发展为增强生态多样性的绿色空间。以太阳能为新建筑提供电力及供热需求

续表

国家	序号	项目/城市名称	人口规模	形成特点	简介
	59	托里诺 Torino,Italy	约 2 500 人	新区扩建	"欧盟协奏曲 POLYCITY"项目之一。基于 30 个社会住宅街区和高层商业建筑,规划扩建了 8.7 万 m² 区域,包括 758 栋住宅。项目中同时采用了可再生能源和能源高效措施。在 11 个社会住宅街区屋顶安装的太阳能光电集热器,总容量 170 kW,是意大利城市地区最大规模的太阳能利用区之一。还同时采用了区域供热、天然气废热发电,并在建筑中增加隔热,使用双层玻璃和共用区高效照明。当地供求集成将通过能源控制和监管系统进行管理,通过建立能源消耗数据库,将所有不同的措施联系起来,通过区域能源生产网络进行管理,极大地改善了该示范项目的可持续性
	60	温贝尔蒂德 Umbertide,Italy	约 1 300 人	新区扩建	"欧盟协奏曲 ECO-CITY"研究项目之一。围绕与历史古城连接的本地地铁站周边进行新区规划,为 1 300 人提供住宅。规划旨在减少当地对私人小汽车的高度依赖。城市空间设计基于生态气候,促进城市舒适性
卢森堡	61	雷当恩 Redange, Luxembourg	约 1.4 万人	城市改造	"欧盟协奏曲 SEMS"项目之一。项目是一个有着十个村庄的农业区,旨在实现 100% 的可再生能源供能。规划的核心举措是通过分布式能源管理系统对能源供应网络进行重组,涉及当地能源公司、能源园及当地能源部门。通过新软件系统、培训,对不同能源网络进行调查和优化,以及安装和连接新的能源生产、存储和消耗单元,实现能源管理的综合转换。将安装至少 50 个太阳能光热单元以提供住宅热水,并进行区域生物质能的总体规划,包括建设四个沼气热电联产站,采用农业废料、家庭废物和能源作物,之后还将尝试采用木屑。规划还将进行 250 户的住宅改造,以实现提高 30% 的能效
荷兰	62	阿尔梅勒 Almere, Netherlands	约 35 万人	城市改造; 新区扩建	"欧盟协奏曲 cRRescendo"项目之一。是荷兰最新的城市,预计到 2030 年将拥有 35 万人口,该规划基于七项当地准则,包括:营造生态、社会和经济的多样性;空间与环境融合;授权给公民;支持持续的技术创新。2007 年完成了建设高密度、混合利用城市中心的填充式发展。基于生物质能和太阳能的热电联产设备将为 1 000 栋住宅供应 100% 的电力和 80% 的热能。当地的太阳能岛满足部分区域供热需求,部分采用太阳能光电系统,能源高效能措施使其比国家标准效能高 42%,并将建设被动式住宅。在 2011 年建设的新碳中和街区,包括 4 300 户住宅(30% 为可支付或作为社会租用房)、10 英亩的办公场所及生态教育中心,可持续能源为采用风能和太阳能光电

续表

国家	序号	项目/城市名称	人口规模	形成特点	简介
	63	阿姆斯特丹西部新区 Amsterdam New West, Netherlands	约 7.5 万人	城市改造	"欧盟协奏曲 ECOSTILER"项目之一。规划旨在对 20 世纪 60 年代建设的街区进行生态改造,共 300 栋住宅,并为 5 万套住宅提供了改造范例。措施包括执行严格的建筑外形改善和隔热,升级供热系统及家庭热水供应系统,在屋顶安装太阳能光电板,并安装双层玻璃窗。规划建设了一个新的沼气站,把废物转变成能源,并通过连接区域供热系统,使废物的能源转换效率从 50% 增加到 90%,减少甲烷的排放量。通过公众参与,确定了每栋更新建筑应实现 CO_2 减排 70% 的目标。该目标通过隔热、连接热泵或区域供热,以及集体购买绿色电能的综合措施可实现
	64	查德布克(阿陪尔顿) Zuidbroek, Apeldoorn, Netherlands	约 3 500 人	新城建设	"欧盟协奏曲 SORCER"项目之一。规划的城市新区(Zuidbroek)将在 2020 年实现碳中和。主要的可再生能源是采用污水处理中的污泥产生沼气,从而为一个 1.5 MW 电力输出的热电联产站供能,为区域供热系统提供电力和热能。之后将通过安装 1 000 个太阳能光电集热器增加可再生容量。目标是显著降低由于社区化石能源使用而产生的 CO_2 排放。新建筑将提高 20% 的能效,通过热计量表为居民提供能源消耗信息,并将建立相关网站
	65	代尔夫特 Delft, Netherlands	约 1 600 人	城市改造	"欧盟协奏曲 SESAC"项目之一。该项目主要特征之一是利用废水的余热,使用燃气热泵增加温度后再将热能返回到当地的区域供热网络中。在示范住宅建筑立面安装太阳能光电板以增加可再生能源使用。新建建筑基于生态建筑原则,并整合到区域供热系统中
	66	EVA 兰斯梅尔(哥伦布) EVA Lanxmeer Culemborg, Netherlands	约 0.24 km²	新城建设	邻近乌特勒支的小城,于 2009 年建设完成。社区参与已成为该地区发展的基本准则;居民和使用者与当地政府及当地可持续基金组织一起,在设计管理的所有阶段均共同做出贡献。规划包括大约 250 户住宅、办公空间、城市农场以及一个生态教育中心。旨在形成材料和能源的闭合循环,以及实现可持续水管理和可再生能源。当地住宅无论在建筑形式或是所有权模式上均有多样类型,并鼓励家庭工作空间。住宅体现能源高效性,大部分有太阳能热水及电力系统,场地里还建设有生物燃气生产站

续表

国家	序号	项目/ 城市名称	人口 规模	形成 特点	简介
	67	GWL 特海恩 GWL Terrein, Amsterdam, Netherlands	约0.06 km²	新区扩建	"欧洲活力低碳少车社区研究"项目之一。是一个无车的棕地改造项目,采取限制停车位、汽车共享及良好的公交可达性。项目选址于城市边缘的城市水厂旧址,也是电车终点站。当地居民参与了项目的设计和开发,希望推动新的开发模式,关注于无车式生活、资源再利用、节约能源和水以及社区凝聚力。高效能建筑设计及可持续的交通有效地降低了居民的碳足迹
	68	海尔伦 Heerlen, Neth- erlands	约3 500 人	城市改造	"欧盟协奏曲 REMINING-LOWEX"项目之一。城市旧煤矿区在废弃后被地热加热的地表水所覆盖,水深不同温度也不同,项目结合新区域供热网络为建筑进行供热和制冷。通过液压管道系统将水输送到复合功能的城市中心,水的能源通过地板的热聚集供热。建筑采用了太阳能板的遮阳板,会根据太阳位置而调整。规划旨在短期实现 CO_2 减排 50%,可再生能源供应量增长 60%。示范项目包括 440 栋新住宅、5.7 万 m² 的非住宅新建筑、8.45 m² 的非住宅既有建筑
	69	阿姆斯特丹 Het Breed, Am- sterdam, Neth- erlands	约3 200 人	城市改造	"欧盟协奏曲 STACCATO"项目之一。规划将改造 1 172 栋住宅;升级并采用区域供热系统,优化建筑隔热,使用双层玻璃窗。将可持续能源整合入能源供应系统中来降低空间供热和住宅热水的耗能需求
	70	豪藤 Houten, Utrecht, Netherlands	约8.2 km²	新城建设	"欧洲活力低碳少车社区研究"项目之一。整个城市均以自行车和行人优先为设计前提,规划了良好的公交可达性,两个火车站周边均通过环路连接,城市其余部分大范围覆盖了总长 129 km 的自行车道网络。共有 31 个住宅区,汽车只能通过环路接近。实施公共自行车和汽车共享,并通过教育项目推广自行车。该案例体现了创新设计不仅局限于城市街区,也同样可以在整个城市应用
	71	鹿特丹 Nieuw Terbregge (Rotterdam), Netherlands	约3 000 人	新区扩建	该鹿特丹新社区受到欧盟基金项目 RESTART (Tenewable Strategies and Technology Applications for Regenerating Towns)支持,始于 20 世纪 90 年代中期,旨在降低至少 25% 的碳排放量,并促进高质量的生活。规划了 860 户能源高效利用的住宅;同时使用了分离及集中式可再生能源技术及领先的灰水循环系统

续表

国家	序号	项目/ 城市名称	人口 规模	形成 特点	简介
挪威	72	奥斯陆 Oslo,Norway	约 52 万人	城市改造	是欧洲城市可持续实践的先锋之一,制定了一系列可持续发展规划,包括土地利用规划、公共交通系统及交通控制、综合自行车战略、街道利用设计原则、文化遗产保护战略、排水和水质量总体规划、城市环境监测、城市森林系统规划、城市噪音控制规划、气候和能源战略、低温室气体排放和改善空气质量指导等,建立了全市的碳足迹监控系统。通过采用多种成熟的混合燃料技术使得公共交通更具环境可持续性,并成功地规划了综合循环系统。在 2003 年,获得"欧洲可持续城市"称号,在其海港区域的重建中进行了更多可持续实践。政府在新的《城市环境政策文件 2011—2026》中,承诺到 2050 年实现温室气体中和
	73	特隆赫姆 Trondheim, Norway	约 7 600 人	新区扩建	"欧盟协奏曲:生态城市"项目之一。更新住宅及公共建筑,根据可持续标准设计新建筑,并进行能源和水消耗的监控,使用太阳能和生物电厂,废物转化为能源的系统效率达 75%。该地区的电力供应将更加高效并且更加依赖可再生资源。地表资源和海水热泵,以及生物质能和沼气锅炉将帮助实现目标。区域供热系统将通过燃烧当地废物作为能源来源,并将覆盖新生态住宅
	74	布隆瑟茨 Brøset (Trond-heim),Norway	约 0.35 km² (86 英亩)	新区扩建	入选挪威政府的"未来城市"项目,是在特隆赫姆市郊旧医院地段上重建的新住宅街区。该碳中立社区规划建设 1 500~2 500 户新住宅。目标是居民碳排放量减少为 3t/(年·人)[挪威平均为 8~11 t/(年·人)],预计将在 2015 年建设完成
波兰	75	索比册 Słubice,Poland	约 2 万人	城市改造	"欧盟协奏曲 SEMS"项目之一。项目将进行生物质能总体规划,将燃煤供热系统转换为生物质能系统和纯电力能源生产。示范项目包括在公共建筑中建设一个 200 kW 的木屑燃烧供热系统,及对公共建筑进行隔热和双层玻璃窗改造,以达到欧盟标准。能源节约示范除了实施生物质能燃烧系统之外,还将选取 20 户住宅、商业建筑及公共办公建筑,旨在减少公共建筑 30%的能源需求,降低全镇 10%的能源需求。在社区中,太阳能光电设备的安装将结合木质燃烧炉,以实现完全通过可持续能源满足建筑需求。大量发展风能,建设 10 个 1.3 MW 的涡轮机,其电能供应将通过能源管理系统连接网络

续表

国家	序号	项目/城市名称	人口规模	形成特点	简介
葡萄牙	76	马塔-塞辛布拉 Mata de Sesimbra, Portugal	5 000 户	新城建设	规划为混合利用、零碳、零垃圾的海滨度假胜地,容纳 3 万居民,建设耗资 11 亿英镑。受到 Bio Regional 的认可,成为全球第一个"一个星球社区(One Planet Community)"项目规划,包含可持续公共交通系统、免费的巴士和汽车俱乐部,50% 的食物产于本地。项目尝试推广生态旅游,5.3 km² 的场地内有 4.8 km² 松树及橡树森林。现在该项目已完成总体规划
	77	普兰尼特谷 PlanIT Valley (Porto), Portugal	约 22.5 万人	新区扩建	项目占地 4 000 英亩,旨在在城市尺度采用高科技创新的能源更新、水资源分布和废物管理。在建设及使用中都将采用传感技术来实现能源及资源的高效利用。当地住宅将使用正常住宅 50% 的能源及 20% 的水
爱尔兰	78	卡隆巴丽斯 Clonburris, Dublin, Republic of Ireland	1.5 万户	新城建设	都柏林的一个新区,规划关注于多项技术创新的实施及在居民中鼓励行为的改变。在建设阶段采用可循环的可持续材料。高效能及可再生能源将成为所有新建筑的标准要求。为所有居民提供分配农园以鼓励当地食品生产,并将进一步促进可持续的生活方式,例如以自然晾干方式取代烘干机。改善公共交通,在 2016 年以前增加两个新的铁路站,并建设两条连接都柏林市的新地铁线路
	79	邓多克 Dundalk, Republic of Ireland	约 1 万人	城市改造	"欧盟协奏曲 HOLISTIC"项目之一。是爱尔兰第一个可持续能源区,2010 年已实现 20% 可再生供热、20% 可再生电力以及 40% 建筑能效改善。其中一个主要的可再生技术是为区域中的住宅和商业建筑提供生物质能的区域供热。该系统将燃烧木屑产热,远期将鼓励当地农民种植能源作物。项目还采用了风电,在原有 0.8 MW 的风涡轮机基础上安装第二个 1.8 MW 的风涡轮机。同时将通过对既有住宅和商业建筑的改造以改善其能效,而新住宅将以高于现有标准 30% 的标准进行建设
	80	索夫区域 Serve region, Republic of Ireland	约 4 000 人	新区扩建	"欧盟协奏曲 SERVE"项目之一。该项目致力于改善农村环境的可持续能源,通过与当地居民共同发展一个可持续能源区域。采用的综合可持续能源改造项目包括在住宅中安装高能效的木火炉和锅炉,或采用微型风力发电设备和太阳能光电板。在 500 栋建筑中改善隔热,并采用现代的能源控制系统。规划还新建了一个生态村庄,包括 132 栋减能 40% 的高能效标准的住宅,并通过爱尔兰第一个基于可再生电力的区域供热系统。通过安装一个 1 MW 的生物质能锅炉为住宅供热

续表

国家	序号	项目/城市名称	人口规模	形成特点	简介
斯洛伐克	81	特尔纳瓦生态城（布拉迪斯拉发）Trnava，Bratislava，Slovakia	约7万人	新区扩建	"欧盟协奏曲:ECO-CITY"项目之一。项目旨在重建当地镇中心。作为历史性的中心,其对建成环境的空间及技术上的改造均受到保护法令的限制。规划主要关注于树木种植、重建河流活力、交通镇静及步行化措施。主要的目标是形成行人友好型的环境。前工业用地被重新改造用于新住宅建设
斯洛文尼亚	82	扎戈列 Zagorje，Slovenia	约1万人	新区扩建	"欧盟协奏曲 REMINING-LOWEX"项目之一。规划采用废弃煤矿水的地热能源为青年中心和小学供热,并将为商业建筑和规划的泳池提供制冷的能源来源。利用这个资源的同时,还将逐步改善矿区并治理污染。规划将通过增加生物质能燃烧容量和废热发电来优化其供热系统。目标是比标准国家可再生能源供应提高60%。通过改善隔热和新窗户改造住宅建筑,并连接入生物质能网络中,实现降低能耗70%
西班牙	83	巴塞罗那特瑞尼塔生态城 Barcelona Trinita Nova，Spain	1 045 户	新区扩建	"欧盟协奏曲:ECO-CITY"项目之一。早在1999年就提出对该市郊区域的改建需求,当地居民提出需按照生态友好的原则进行更新,极大地影响了该规划。现存状况较差的旧建筑被新的高效能、高密度住宅所取代,旧建筑材料被循环再利用。连接城市其他区域的公共交通得到改善
	84	萨达纽拉（巴塞罗那）Cerdanyola del Vallès，Barcelona，Spain	约1万人	新城建设	"欧盟协奏曲 POLYCITY"项目之一。在大规模新城市区实施高能效电力生产系统示范。规划建设三个天然气供热装置,每个输出为11.5 MW,生产电力及提供热水。该热能还回流到冷却装置为空调系统提供冷水。此外,还将建设一个2 000 m² 的太阳能集热场,及燃烧废木料的 1 MW 的生物质能站。规划还将以最高点能效标准进行建筑示范,包括自然通风及照明,太阳能板、优化的隔热以及建筑管理系统
	85	洛格罗尼奥 Ecociudad Logroño（Montecorvo），Spain	3 000 户	新区扩建	旨在依靠太阳能和风能来实现 CO_2 中立足迹。紧凑的城市格局仅占用56公顷总场地的10%,并与周围环境有着紧密联系,剩余区域将形成生态公园,将同时作为公共空间和可再生能源生产场地,生产的可再生能源预计每年可减少大约 6000 t 的 CO_2 排放量

续表

国家	序号	项目/ 城市名称	人口 规模	形成 特点	简介
	86	图德拉 Tudela,Spain	约2 400人	新区扩建	"欧盟协奏曲:生态城市"项目之一。采取综合的能源管理,关注改善能源效能及可再生能源替换,设计了一个包含风、太阳能光电板和热能的混合能源系统,安装4 000 m² 的太阳能光电设备、2 000 m² 的太阳能集热器,并将建设容量为4 MW 的风能场。除了改建大量既有建筑,同时以可持续建筑标准建设新社区,350 栋生态建筑将设计为生态气候建筑,具有被动太阳供热及集热式的能源储存。新建筑将通过一套复杂的监控和需求供应系统实现能源的高效利用
	87	维拉德坎斯 Viladecans, Spain	约6 400人	新区扩建	"欧盟协奏曲 cRRescendo"项目之一。该海岸社区经历了人口的快速增长和规划缺失阶段。规划重在增加新区的结构性,并更经济高效地将能源方法融入社区中。太阳能板总覆盖面积达4 500 m²,将为2 100 户新公寓供应4 000 m³ 热水。这些综合措施节省了56% 的能源。热电联产站将为3 000 户住宅供能,并将实现1/4 的产能源于可持续资源:生物质能、太阳和风
	88	萨拉戈萨 Zaragoza,Spain	约4 000人	城市改造	"欧盟协奏曲 RENAISSANCE"项目之一。既包括既有街区改造也包括新区规划。在旧区 El Picarral,358 栋住宅的屋顶及内部优化隔热,节约了44% 的供热需求及22% 的电力使用。将安装20 kW 的太阳能光电设备。在范德思帕提拉新区,采取了大范围的能源高效措施,包括综合隔热、特殊窗户、被动要素,以及更高效的供热及制冷系统。项目能耗在开始将是国家标准的70%,之后将达到30%。可再生能源通过生物质能燃烧供能,并在原军事用地上建设风力发电场。整个萨拉戈萨地区预计 CO_2 减排将达70%
	89	范德思帕提拉 生态城 Ecociudad Valdespartera (Zaragoza),Spain	9 500 户	新区扩建	旨在将废弃的军事基地转换改造为社会住宅和公共设施。该新区将满足当前西班牙可持续建筑标准,设计将融合周围环境的特色。建筑朝向太阳以充分利用自然热量并有利于使用太阳能板;灰水用以灌溉花园;垂直的风屏障用以阻挡盛行风。在城市中规划多条生态廊道,由本地物种组成的绿色空间散布在密的街道网络中,改善了微气候以及水分涵养。在2011 年开通了新的电车线路连接城市中心

续表

国家	序号	项目/ 城市名称	人口 规模	形成 特点	简介
瑞典	90	法尔肯贝里 Falkenberg, Sweden	约 2 万人	新区扩建	"欧盟协奏曲 ENERGY IN MINDS"项目之一。项目将建设 500 m^2 太阳能光热板,将优化现有的生物燃料区域供热网络。该网络通过建设两个小规模的供热系统得到拓展并多覆盖两个村庄。将建设五个新的风力涡轮机,将有助于利用风能发电满足长期的总电力需求。规划改造之一是将 100 栋住宅的燃油锅炉换为燃烧木球,并实施高能源标准的新住宅建设,同时大量利用太阳能光热设备
	91	格伦斯洛夫 Glumslöv, Sweden	约 2 000 人	城市改造	闻名于"自加热"住宅,该住宅是通过设计和绝缘技术来获得并保存热量。电力和温水是通过可再生能源获得,主要是太阳能板。每套住宅的能源消耗量仅是一个完整正常住宅的一半。该"被动住宅"系统已成为一个模型受到其他城市和地区的效仿
	92	哥德堡 Gothenburg, Sweden	约 50 万人	城市改造	在 2009 年提出通过规划转型为"超可持续城市",以适应 2020 年之前的显著的人口增长。规划目标是同时实现绿色及城市发展,避免城市蔓延。稠密、相互连接的城市景观包括种植本地食物的屋顶花园、智能的水及能源回收街道,以及太阳能板和风车。设想将零碳的"个人快速交通"系统与防雨的自行车"高速路"结合。在 2009 年,90% 的公寓街区及商业建筑与区域能源供热网络连接
	93	哈马碧新城(斯德哥尔摩) Hammarby Sjöstad（Stockholm）,Sweden	约 2.4 万人,160 公顷	新区扩建	"欧洲活力低碳少车社区研究"项目之一。该棕地可持续重建项目规划了混合利用、汽车共享、自行车共享,良好的公交可达性和高内质量的自行车基础设施,采用了可持续的资源使用、生态设计和低碳交通。规划关键在于以环境目标塑造发展规划,并融合到土地利用、交通、建筑材料、能源、水和污水以及固体废弃物中。提供自由换乘的公交和生物燃料汽车。大部分建筑采用太阳能板,该区域实施了水和废物循环系统。项目预计在 2017 年完成

续表

国家	序号	项目/ 城市名称	人口 规模	形成 特点	简介
	94	赫尔辛堡 Helsingborg, Sweden/ Helsingør（Den- mark）（联合）	约 7 000 人	新区扩建	"欧盟协奏曲:生态城市"项目之一。在赫尔辛堡,目标是人均总能源消耗到 2010 年减少 4%（相比 1990 年水平）,相同时间区域供热和电力系统中的化石能源使用量减少 20%。家庭和服务部分的能源使用必须再降低 7%。而市政建筑和住宅的能源使用必须减少 15%（相比 1998 年水平）。一系列示范措施是为老年人建设 50 栋 14 层的生态住宅,其隔热将超过现有标准,高质量双层玻璃,热恢复通风,并与区域供热系统连接。另外还将建设 440 栋生态住宅、64 栋新的联排住宅,以及改造约 250 套公寓。可再生能源将由位于海港区的一个 2 MW 的风力涡轮机供应,同时市政废物将被用于生产沼气
	95	马尔默 Malmö,Sweden	约 28.5 万人	新区扩建	随着 20 世纪 90 年代快速的经济衰退,马尔默着手根据可持续原则对 Bo 01 的港口区域进行重建,改造成一个"气候""太阳能""生态"城市。住宅通过改造实现能源效率提高 35%;建设了新自行车系统以及可持续公共交通系统;引入大量的太阳能光热及光电设备。城市目标是到 2020 年实现"碳中和",并到 2030 年 100% 使用可再生能源。马尔默被广泛地认为是改造式生态城市的典范。2009 年,马尔默由于其可持续发展获得联合国人居项目奖项,2010 年 Bo 01 及西部海港项目获得另一国际组织奖项
	96	斯德哥尔摩 Stockholm, Sweden	约 78.3 万人	城市改造; 新区扩建	被广泛认为是可持续的城市典范,其城市规划明确地体现了紧凑发展的原则,大量的旧工业场地被作为城市未来开发用地,并与公共交通规划紧密衔接。长期制定空间发展规划、气候与能源规划、交通分析及控制、步行环境规划、城市水计划、绿色建筑实践等一系列规划政策,从各方面促进了城市的高效及可持续。在 2007 年制定了"愿景斯德哥尔摩 2030"计划,对 2030 年的城市未来发展做出预期及描述,并通过一系列项目实施引导城市成为"世界级的斯德哥尔摩"。计划建设一系列高密度、高可达性的公交社区,满足远期的人口增长及产业发展需求。城市在 2010 年获得"欧洲绿色首都"称号

续表

国家	序号	项目/ 城市名称	人口 规模	形成 特点	简介
	97	斯德哥尔摩皇家海港 Stockholm Royal Seaport,Sweden	约2.36 km²	新区扩建	该棕地可持续重建项目,2009年入选克林顿气候倡议机构的"气候积极发展项目"。建设始于2010年并预计在2025年完成。规划将提供1万户住宅及3万个工作岗位。该海港目标在2030年前摆脱化石能源。虽然引入太阳能和生物质能厂,但主要关注于提高能源效能,包括一套智能输电系统。可持续公共交通包括引入生物气公交,提供电动车充电站以及为行人和自行车规划新线路。为了减少港口碳排放,停泊船只能够接入电力网络系统以取代柴油的使用。场地上最大的现有建筑是一个煤气厂,将改造成一个新的文化中心。是继哈马碧新城之后斯德哥尔摩的又一重要的可持续示范项目
	98	西港 Västra Hamnen,Sweden	约1.75 km²	新区扩建	"欧洲活力低碳少车社区研究"项目之一。将工业园改造成关注可持续生活的活力街区。项目包括混合利用、高质量的自行车和人行基础设施,良好的交通可达性和汽车分享,并实施了严格的汽车管理。旨在成为环境与高密度建成区融合的典范,该街区的规划、建筑和建造都依照生态途径进行。该区的第一阶段改造项目是Bo 01,规划旨在创建一个新的现代混合利用社区,建设依照一系列准则,例如建筑质量、材料选择、能源消耗、可持续交通、绿化问题及技术性的基础设施。Bo 01为街区开发之后的阶段设立了模范。马尔默大学的西部海港校区于1998年开始使用,三年后开放了Bo 01社区,这两个里程碑标志着马尔默新城市社区的开始
	99	维克舍 Växjö,Sweden	约5.6万人	城市改造	作为欧洲最绿色城市之一,20年来持续进行着可持续城市创新项目,包括三个主要领域:转换为可再生能源,改善能源效能,以及在居民中鼓励生活行为的改变。近年来,创新领域拓展到废物处理,有机废物能源化生产,以及改善公共交通。城市政府以"生态预算"的形式将可持续议程融入所有政策部门工作中。在2010年采用了一套新的"环保项目",设定了17个环境目标,对每个目标实施责任分配,并以量化指标对过程进行评价。监控领域包括化石燃料和能源消耗、废物管理、本地食物资源、公共交通和自行车、生物多样性,以及干净空气和水。在2009年实现了人均碳排放减少34%(相比1993年水平),2015年实现减排55%

续表

国家	序号	项目/ 城市名称	人口 规模	形成 特点	简介
瑞士	100	巴耶桥 Välle Broar, Växjö,Sweden	约2 500人	新城建设	"欧盟协奏曲 ENERGY IN MINDS"项目之一。新区建设包括 400 栋高效能住宅和商业建筑,通过林业废材料供热,耗能将会比国家标准低 30%到 40%,其中 90%的能源将来自可再生资源。新住宅设计为低能耗的木质建筑,使用并将安装单独的计量表,是瑞典最早一批使用预制木板建设的多层住宅建筑。有些高层木质住宅未建设供热系统,而是依赖区域供热系统的热水进行热恢复,该区域供热系统由生物能源供能,在某些区域也提供制冷。除了碳高效之外,这些建筑本身就是低碳的。规划将重建一个厌氧消化池并将其扩展为多联产设备
	101	日内瓦 Geneva, Switz-erland	12 栋建筑	城市改造	"欧盟协奏曲 TETRA ENER"项目之一。规划充分利用日内瓦湖作为建筑供热和制冷的能源资源。规划整修位于最具国际化地段的 7 栋建筑并另建设 5 栋,以充分利用可持续能源资源。通过建设 6 km 的水管网络,将湖水通过水泵系统抽到示范建筑中。对于既有建筑,通过专门的控制策略(恒定水流速度,可变温度)使得该直接制冷方法节约了大量的电能损耗。而在新建筑中则安装了先进系统,例如制冷屋顶或热敏混凝土板,通过采用热泵和直接制冷来提高使用效能。该水管网络同时还可以降低饮用水消耗量,在循环水返回湖中时将用于灌溉该区域的绿色空间。该项目是充分利用当地资源进行可持续资源利用的典范
	102	纳沙泰尔 Neuchâtel, Switzerland	约 1.5 km^2, 4 700 人	城市改造	"欧盟协奏曲 HOLISTIC"项目之一。规划以太阳能、风能和水电能为主要要素。建设了两个太阳能光伏站,并充分利用纳沙泰尔湖的资源产生水电,利用风场产能 4 MW。规划在区域供热系统中使用废水热能,而精明需求管理则使该系统更加高效,已实施在一所新医院项目中。另外精明供热系统也在其他 50 栋建筑中采用。翻修 18 世纪的大学建筑,并在所有新建筑的设计和建设中充分融入了节能原则。该项目通过能源生产和消耗措施,降低了 23%非可再生能源使用量,同时可持续地增加可再生能源使用。而旧建筑改造贡献最大,减少了超过 2/3 的能源需求

续表

国家	序号	项目/城市名称	人口规模	形成特点	简介
	103	苏黎世 Zürich, Switzerland	约 36.9 万人	城市改造；新区扩建	苏黎世州实施了严格的紧凑发展策略，大量的旧工业场地被重建，规划确定了其中 11 个作为城市重要的未来发展用地。城市公共交通网络集成化完善并持续拓展，进行大量的城市街道系统改造以减少机动交通的影响，使电车及公交车具有优先权
	104	苏黎世斯尔城 Sihlcity, Zürich, Switzerland	约 0.04 km²	新区扩建	"欧洲活力低碳少车社区研究"项目之一。是由棕地改造的新的无住宅的大型商业和零售项目。规划制定了严格的停车控制政策，以及更完善的公共交通，改善自行车和行人基础设施，并实施了可持续的宅配服务
英国	105	阿伯丁 Aberdeen, United Kingdom	约 21.4 万人	城市改造	首个施行"气候变化应对规划"的苏格兰城市。在 2008 年制定了可持续建筑标准；在 2020 年前实现 CO_2 排放量减少 42%。项目旨在发展促进可持续发展的战略及政策，在社会中宣传气候变化意识，通过举行城市活动，例如减少塑料袋使用、家庭种树等，使社会参与到保护和改善城市环境的行动中
	106	贝丁顿零耗能发展区（Bed ZED, the Beddington Zero Energy Development), United Kingdom	82 户，20 个公司	新区扩建	旨在将技术创新与行为改变进行结合：建筑加强隔热和通风系统，同时鼓励能源节约、本地食物、可持续交通以及废物循环等。太阳能和风能自产，在 2007 年，该社区居民消费比该区域平均水平低 45% 的能源和 50% 的水
	107	考文垂 Coventry, United Kingdom	约 30 万人	城市改造	2010 年制定了《低碳考文垂 2020》，确定了城市未来的交通、能源、就业、本地食品经济、气候变化、建成环境、资源效能和废物管理的愿景。在公共场所设置了 18 个电力站，并在乡下设置了几个氢燃料站。在 2011 年设立欧盟生活实验室网络（EnoLL）分部，成为国际低碳创新的实验示范
	108	伦敦爱丽芬城堡 Elephant & Castle(London), United Kingdom	约 0.7 km²	城市改造	在伦敦内城的重建项目，总开发预计耗资 15 亿英镑，耗时 10 年完成。规划为碳中和社区，通过冷热电联产系统供能，规划住宅（25% 以上可支付）、零售中心等，改善当地的公共空间和公共交通基础设施。该项目 2009 年入选克林顿气候倡议机构的"气候积极发展项目"

续表

国家	序号	项目/城市名称	人口规模	形成特点	简介
	109	格拉斯哥 Glasgow, United Kingdom	约 59 万人	城市改造	2010 年"可持续格拉斯哥"宣布在 10 年内建设成为欧洲最可持续的城市之一。目标在 2020 年之前实现 CO_2 减排 30%，增强本地经济并解决燃料紧缺问题。规划建设全英国最大的区域供热网络，充分利用城市废弃物及工业余热等低碳资源，并建立风能发电区。制定的《2010 气候变化策略和行动计划》中包括环保教育、能源、废物循环、交通、可持续开发、文化及自然遗产、水及建成环境
	110	格林威治千禧村 Greenwich Millennium Village (London), United Kingdom	2900 户，29 公顷	新区扩建	"欧洲活力低碳少车社区研究"项目之一。英国政府在 1997 年制定《千年社区》，规划将欧洲最大的旧煤气厂改造为新住宅区。项目制定了一系列标准，包括能源高效、水消耗、公共交通、建筑缺陷、循环及健康和社区安全。目标通过使用现代的材料和建造技术，以及太阳能和风能的可持续能源，减少建筑中 80% 的能源使用。旨在通过给予自行车和行人优先权、提供高质量的公共交通以及控制停车位来控制人们对小汽车的依赖
	111	哈纳姆霍尔 Hanham Hall (Bristol), United Kingdom	170 ～ 220 户	新区扩建	在医院旧址上的规划重建。通过社区生物质能燃烧站供应热水和电力；废物在附近的回收中心进行收集分类；规划农业分配花园；提供汽车共享服务。规划旨在通过鼓励居民在能源使用、公共交通、废物收集和食物运输上的行为改变，来实现碳排放的减少
	112	兰贝斯 Lambeth, United Kingdom	1 万人	新区扩建	"欧盟协奏曲 ECOSTILER"项目之一。项目示范了城市风能生产。垂直的风力涡轮机被安装在需要进行能效改造的社会住宅街区。该涡轮机拥有 10～30 kW 的最高输出。项目的可再生能源混合在于同时安装太阳能光热和光电设备，并采用热电联产设备为一个新社区的供热系统提供电力和热能。规划的多联产设备将结合热电联产设计与智能负荷管理技术，提高系统的整体效能。总体目标是通过能源高效措施和可再生能源的使用，实现降低 25% 的供热需求及 83% 的 CO_2 排放
	113	曼彻斯特 Manchester, United Kingdom	约 48.4 万人	城市改造	2008 年提出了生态城市倡议后，设置了一系列政策措施进行推动。制定了《面对气候变化的17 条准则》，并在 2009 年制定出实施计划，当地机构提出到 2020 年全市减排 30%～50%

续表

国家	序号	项目/ 城市名称	人口 规模	形成 特点	简介
	114	米尔顿凯恩斯 Milton Keynes, United Kingdom	约 3 800 人	新区扩建	"欧盟协奏曲 cRRescendo"项目之一。该项目在英国已被认为是能源先锋。项目包括 7 个住宅区,总共 650 栋住宅,将通过燃气热电联产设备覆盖 15 栋建筑屋顶的太阳能光电板和地源热泵联合供能。项目旨在通过智能能源管理系统为居民提供住宅信息以控制能耗。得益于可再生能源供应和能源节约,项目建筑的 CO_2 产生量仅为相同住宅的一半
	115	万家利恩(伦敦) One Gallions (London), United Kingdom	260 户	新区扩建	受到伦敦发展部的支持及多个研究机构的共同开发,作为"一个星球生活"(One Planet Living)项目受到 Bio Regional 资助。该新住宅区中包括约 20% 的社会住房和 15% 的共有住宅,设计旨在最小化碳排放和废物,并降低家庭耗水量。与研究机构合作,Bio Regional 同样在 2010 年设计并建设了住宅与商业街区,同样采用"一个星球生活"原则。建筑采用不同的可持续本地建材,接近 50% 的能源由地段上能源通过生物质能燃烧站和太阳能光电产生
	116	伦敦皇家港口 Royal Albert Basin(London), United King- dom	约 0.2 km^2	新区扩建	选址于皇家港口的重建区,受到伦敦发展部 7 200 万英镑资助,以改建既有建筑、提供废物基础设施、分布式能源供应(包括热电联产中心)以及棕地修复。规划目标是创建一个包括新河滨公共空间和区域港口历史文化的混合利用社区。该项目入选克林顿气候倡议机构的"气候积极发展项目"
	117	圣戴维斯 St.Davids,Unit- ed Kingdom	约 1 800 人	城市改造	是英国最小的城市。在 20 世纪 80 年代末期受到经济衰退影响后,开始由生态城市组织引导专注于环境可持续的创新以及生态旅游,并成为英国第一个碳中和城市,实验并实施了一系列太阳能供热及光电技术,以及水涵养和循环系统等。2006 年开始为机动车提供生物柴油,并长期开展系列生态教育和旅游项目
	118	泰晤士 Thames Gate- way（London）, United King- dom	约 160 万 人	新区扩建	是欧洲最大的重建项目,包含城市、棕地和绿色空间,并根据经济、社会和环境可持续标准开发。在 2010 年,当地可持续发展机构发起了一个跨机构的研究和创新中心,以支持该区域的发展。规划至 2011 年已完成 1.6 万户住宅和提供 1.4 万个职位的商业空间
	119	比斯特西北新区 North West Bic- ester, United Kingdom	5 000 户	新区扩建	英国生态城镇项目之一。建在既有村镇边缘,规划的 5 000 户住宅中有 1 500 户为可支付住宅。将建设一个可持续能源中心

续表

国家	序号	项目/城市名称	人口规模	形成特点	简介
	120	热克汉斯 Rackheath, United Kingdom	4 000 户	新区扩建	英国生态城镇项目之一。该生态社区是既有村庄的扩张,选址于二战时期的旧机场。项目规划了 4 000 个推广低碳生活的新建筑
	121	圣奥斯特尔 St.Austell, United Kingdom	5 000 户	新区扩建	英国生态城镇项目之一。由政府资助 950 万英镑,旨在将 6 个废旧瓷器黏土矿基地重建为可持续社区。规划包括 5 000 个碳中和住宅、商业设施,可持续的交通系统以及绿地等。到 2011 年,当地已有接近 2.2 万人口
	122	怀特西尔-伯邓 Whitehill-Bordon, United Kingdom	5 500 户	新区扩建	英国生态城镇项目之一。该碳中和社区在 230 公顷的旧军事基地上规划 5 500 户新住宅及两所新学校。该项目预计将在 2026 年完成
美洲					
巴西	123	库里蒂巴 Curitiba,Brazil	大于 150 万人	城市改造	发起于 20 世纪 70 年代,作为最早的生态城之一拥有长期的国际声誉。主要以其领先的综合公交系统而闻名,增加了公共交通的同时降低了机动交通的堵塞。之后领先采用了一个基于激励的循环系统(食物与可回收品的交换系统)以及公共教育。城市拓展了公园及绿地系统,旨在增强城市生活的环境、社会及文化的多元化。近期正考虑采用地下公共交通系统。在 2010 年,该城市获得了"全球可持续城市奖"
	124	岩石布兰卡 Pedra Branca (Palhoça), Brazil	约 3 万人	新区扩建	由私人开发商建设,在 2005 年决定以可持续的方式拓展该住宅区。新的紧凑街区将容纳 3 万居民,并包括 200 万平方米的商业发展区。建筑为 4~12 层,被公园及自行车道所围绕。能源将大部分为水电能源,并在单栋建筑采用太阳能板。采用 LED 街灯并循环利用雨水。项目自 2009 开始受克林顿气候倡议机构的"气候积极发展项目"支持
加拿大	125	维多利亚绿色码头 Dockside Green (Victoria),Canada	约 0.06 km²	新区扩建	在棕地上建设的碳中和社区,包括住宅、办公、商业及轻工业。重建策略由维多利亚市与当地社区共同设计。建筑将采用被动式太阳能设计,采用环境友好材料,具有能源星级认证等,在景观区采用感应的太阳能灯,并将建设木质生物质能气化厂。所有污水将就地处理,水将回收冲厕或本地灌溉。通过采用绿色屋顶和绿色水道使雨水流失量最少化。项目于 2009 年入选克林顿气候倡议机构的"气候积极发展项目"

续表

国家	序号	项目/ 城市名称	人口 规模	形成 特点	简介
	126	多伦多 Toronto, Canada	约 250 万人	城市改造	在 20 世纪 90 年代初，由城市环境办公室发起了可持续项目，主要关注温室气体的减排。该项目在 2007 年形成"气候变化行动计划"。到 2009 年，达到 40％的温室气体减排（相比 1990 年水平），因此获得了加拿大政府颁布的"污染防御奖"。当前规划为到 2050 年减少 80％的温室气体排放量。其他显著的措施包括在 2010 年以法律形式规定所有新建筑均采用绿化屋顶。其中重建海岸棕地地段成为一个混合利用可持续社区的规划，于 2009 年入选克林顿气候倡议机构的"气候积极发展项目"。2009 年采用了新的"能源使生活变绿"可持续能源策略。城市在 2010 年实施了"多伦多绿色生活"会员卡，为环境友好的产品和服务打折，大约一万居民及 250 家当地企业已经加入。在 2011 年被选为加拿大最可持续的大城市
	127	温哥华 Vancouver, Canada	约 57 万人	城市改造	在 2008 年，城市采用了《生态密度章程》，并在之后两年以政策及公众参与确定未来城市规划的方向。该章程的主要原则是可持续性、可支付性和宜居性。在实践上，所有新开发建设都必须满足 LEED 标准。此外，待发展的土地将会被重新分区，可保证具有大量的绿色空间。该章程被用在发展未来行动计划中。在 2010 年，城市实施其"最绿色城市"措施，目标在 2020 年之前成为世界最可持续的城市，降低 33％的温室气体排放（相比 2007 年水平），并降低居民的生态足迹（维持与 2006 年相同水平）。同年温哥华奥林匹克村受到 LEED 社区发展的铂金认证。2011 年被评为加拿大最可持续的城市
厄瓜多尔	128	卡拉克兹湾 Bahía de Caráquez, Ecua- dor	约 3 万人	新城建设	在 1998 年地震过后城市急需重建，区域政府与日本环保非营利组织合作，采用生态城市发展模型进行规划。主要的特点包括领先的废物循环系统（包括有机废物）、塑料循环站、周围地区长期农场、处理废水的湿地，以及提供环保培训的社区学校、生态城市信息中心、可再生能源示范住宅。之后还在城市周围进行了一项大规模的重建造林项目
	129	洛哈 Loja, Ecuador	约 140 万人	城市改造	作为厄瓜多尔省首都，多年来遭受了严重的空气和水体污染，并有长期的废物管理问题。1996 年开始施行可持续的生态转型项目以降低空气和水污染，包括采用低污染公共巴士；所有新建建筑要求包含至少 20％的绿地，并在城市内部及周边实施重新造林项目。同样以其领先的废物管理和循环系统而闻名：采取强制性的废物分离及循环政策（包括有机废物），并通过实施罚款政策，实现了循环率高达 95％

续表

国家	序号	项目/ 城市名称	人口 规模	形成 特点	简介
巴拿马	130	巴拿马太平洋城 Panama Pacifico (Panama City)，Panama	约 14 km²	新区扩建	该混合利用新区规划于横跨巴拿马运河的旧飞机基地。该项目于 2009 年入选克林顿气候倡议机构的"气候积极发展项目"。旨在成为重要的国际商务中心，包括零售区、高尔夫场以及两万户新住宅，全都建在一个保留下来的热带景观中。绿色廊道将管理雨洪径流并提供接近开放空间的机会。商务园的建筑隔热良好，采用 LED 路灯。住宅设计将避免阳光的暴晒，采用低水耗厕所。紧凑的社区中心包括混合利用建筑，减少出行需求。该项目需要建设 40 年
美国	131	亚历山大 Alexandria，Virginia，USA	约 14 万人	城市改造	2007 年，与当地规划研究机构共同合作，形成"生态城市亚历山大"项目，通过对当地环境行为调查、国际最佳案例借鉴，以及居民等社会群体的协商，在 2008 年完成了《生态城市章程》。确定规划目标为改善生活质量、土地覆盖及开放空间、水资源、空气质量、交通、能源、绿色建筑、固体废弃物、环境及健康，以及建立对未知环境威胁的恢复力。2009 年形成了更详细的《环境行动计划 2030》，包含了长期目标及行动，2011 年形成《能源及气候变化行动计划》。在生态城市框架下，城市已经改善了空气质量，扩展了循环项目，开放新公园，引入 LEED 建设规范及可再生能源的使用，并定期组织活动以提高公众对环境问题的意识
	132	阿科桑蒂 Arcosanti，USA	约 5 000 人	新城建设	该自称为"实验镇"的项目基于建筑师 Paolo Soleri 为实现其"生态建筑学"理念的愿景，于 1970 年开始在亚利桑那沙漠中建设，将建筑与生态结合。创新包括结合环境景观的平面布局以及阶梯形温室。该场地主要作为教育中心供建筑系学生及参观者使用。基金仍规划建设一个大型坡式的温室构筑物，用以吸收利用太阳能及生产食物
	133	自行车城 Bicycle City，USA	约 0.65 km² (160 英亩)	新区扩建	即美国式的"无车城市"概念。强调将环保和社会可持续的城市和社区与自行车和步行进行紧密融合的愿景。该项目比起实际规划来说具有更多的概念性，已成为美国既有城市中进行新观点和政策改变的推动者。在 2010 年，第一个"自行车城"开始在南加州的 Lexington 镇建设，除了广泛的自行车和步行网络外，该无车发展区还进行了新的住宅社区及社区中心的建设以及对自然的保护

续表

国家	序号	项目/ 城市名称	人口 规模	形成 特点	简介
	134	剑桥 Cambridge, USA	约 10.1 万 人	城市改造	在 1992 年对城市扩展制定了一个发展政策规划及管理未来发展的框架,之后在 2001 及 2006 年分别对该规划进行了改进,增加了土地利用控制,鼓励公共交通,建设可支付的高密度住宅,促进生物技术产业发展,进行综合城市设计,拓展城市公共公园网络系统,增加环境规划和监管,鼓励建筑 LEED 认证
	135	佛罗里达 Destiny Flori- da,USA	约 25 万人	新城建设	该规划于 2008 年启动,旨在成为"美国式的第一个生态可持续城市",为居民提供一种环保可持续的生活方式。基于项目研究,到 2050 年佛罗里达州的人口将会翻倍,而城市蔓延将会取代大部分现存的绿地空间,该项目承诺将形成充分保留绿地空间的城市环境。将有 64 平方英里范围基于"4Cs"原则得到保护,即保护(conservation)、郊区(countryside)、中心(centres)和廊道(corridors)。该项目成为克林顿气候倡议机构的 16 个"气候积极发展项目"之一。提出到 2050 年 CO_2 减排 80%(相比 1990 年相当规模的美国城市水平),至少 50% 的能源需求将会由当地的可再生资源提供
	136	伊萨卡得生态村 Eco Village at Ithaca,USA	100 户	新城建设	为其居民推广更可持续的生活方式,并成为教育模范。旨在通过平衡健康、社会富足的生活模式与环境可持续性,展示不同于主流的美国城市生活的替代方式。除了住宅单元外,规划还包括有机农场、绿色空间、办公及教育中心。建设的项目包括风力发电站、生态废水处理及灰水循环系统、生物燃料生产等
	137	丹佛市郊 Geos, Denver, USA	约 0.1 km²	新城建设	位于丹佛市郊,是科罗拉多州第一个可持续的综合社区,旨在创建一个"强调邻里和技术使用重要性的创新规划社区"。社区依赖本地可再生能源,住宅建筑采用了太阳能技术、热恢复通风系统,并利用地热能源提供夏天的制冷及冬天的供暖。规划采用绿色廊道、植树街道,以及高效灌溉、可渗透铺地、过滤公园和雨水花园,旨在促进户外活动和减少雨洪径流
	138	格林堡 Greensburg, Greentown, USA	约 800 人	新区扩建	在 2007 年遭龙卷风破坏后,当地居民决定将该地区重建为一个可持续的生态镇。该植草屋面社区从社区外获得基金以支持该可持续发展创新项目。当地政府规定全市建筑应按照 LEED 标准建设,通过风能农场提供电力。当地组织了一个"生态住宅链"概念,12 栋模范住宅根据不同的价格、规模和满足不同绿色生活选择的能源效能特征而建。该城镇同时寻求其生态旅游产业的发展

续表

国家	序号	项目/城市名称	人口规模	形成特点	简介
	139	克里夫兰:绿色城市蓝色湖 Green City Blue Lake Initiative (GCBLI), Cleveland, USA	约190万人	城市改造	该项目是"生态克里夫兰"的延续。"生态克里夫兰"项目于1992年启动,旨在推广城区的可持续重建,抵制城市蔓延及保护俄亥俄东北(North East Ohio)田园地区的开放空间和生境。规划关注11个领域的可持续实践:水,能源,经济和可持续产业,区域食品系统,土地及保护,交通,绿色建筑和社区发展,健康,艺术,教育,以及"精神"。克里夫兰地区现有4个LEED社区发展项目。该项目的"可持续克里夫兰2019"倡议提出了"为所有人营造良好的经济、社会及环境",提出了10年计划
	140	费城绿色村 Green Village, Philadelphia, USA	未知	新城建设	是一个旨在推广"绿色市场"概念的可持续社区发展项目,目标是消除城市贫富差距。虽然具体范围还未确定,但当地非营利组织在2008年将该项目视为费城第一个"城市生态村(UEV)"。该重建规划将采用可再生能源,保护、净化和回收利用水资源,并为城市农业提供空间,实现包容性和多样性
	141	西雅图伊瑟阔高地 Issaquah Highlands(near Seattle), USA	约8.9 km²(2 200英亩)	新城建设	该混合利用的"城市村庄"是根据"新城市主义"原则政府及开发商联合开发的项目。原则内容包括环境可持续,行人友好设计,社会多样性,社区价值/社会作用,以及高质量的公共建筑及空间,并为居民提供了环保教育和支持,旨在实现每个住宅获得"Built Green"能效4星水平,所有公共和商业建筑满足LEED标准。城市政府还资助了该地区中的一个能源示范和碳中立的"Z住宅"
	142	丹佛,生活城市 Living City Denver, USA	16栋建筑	城市改造	非营利组织"生活城市街区(Living City Block)"2010年成立于科罗拉多的丹佛,旨在通过"一次一个街区使城市变得更加可持续"。丹佛的"LoDo"(lower downtown,"更低的市中心"的缩写)区域被选作实验项目。居民及建筑所有者负责并支付建筑的改造费用,而市政府负责并支付可持续街道和公共场所的改造费用。直到2012年夏天,该项目旨在降低50%的能源使用(相比2010年水平)。通过推广多种可再生方式实现了能源的高效能,包括屋顶太阳能板、风车及地热;能源可以供整个街区分享。该非营利组织希望通过在美国选取其他混合利用地段来复制该项目

续表

国家	序号	项目/ 城市名称	人口 规模	形成 特点	简介
	143	华盛顿 Living City DC 14th & U, Washington DC, USA	两个相邻 城市街区	城市改造	基于"Living City Denver LoDo"模型,该项目规划更新重建混合利用的华盛顿城市社区,旨在吸引建筑及商业所有者、居民、公众和社区机构,以及市政府。目标是将该地区转变为一个能源和资源高效的典范,并保存现有建筑。采用的规划措施有绿化屋顶、绿色雨洪基础设施和有机的社区绿化等,在 2013 年实现能源使用量减少 50%,到 2015 年减少 75%
	144	密苏里绿色影响区 Missouri Green Impact Zone, USA	150 个街区	城市改造	该项目是堪萨斯城的 150 个街区区域。在 2011 年全市失业率为 11.7%,而部分该项目地区则高达 50%。该项目的目的是通过创造职业和改进能源效能来加强当地社区。将可持续性作为改变的催化剂,措施包括住宅改建和气候防护项目、职业培训和分配,及健康和财富项目。项目目的不单是阻止地区的衰退,同时也转变成为一个繁荣、可持续的社区
	145	纽约 PlaNYC(New York City), USA	约 817 万人	城市改造; 新区扩建	该项目是纽约市 2007 年提出的 2030 年的长期愿景,又称为"Pla NYC 2030",协助纽约以更可持续的方式发展并应对气候变化挑战。虽然纽约市的平均能源消耗和 CO_2 排放低于美国全国平均水平,但仍占了全球温室气体排放总量的近 0.25%。规划在协助城市降低排放的同时也应对 2030 年的预计 90 万的新人口增长及基础设施升级的挑战。该规划在 2011 年得到拓展,覆盖了可持续住宅、可持续社区、公园及公共空间、公共交通的改善,棕地治理、降低能源使用及温室气体排放,以及加强交通网络,将会总计至 2030 年避免大约 5 000 万 t 温室气体的排放,并制定了到 2017 年在纽约共 5 个区内新种植 100 万棵树的目标
	146	波特兰 Portland, USA	大于 50 万人(都市群地区超过 100 万人)	城市改造	波特兰多年来均入选最绿色的美国城市评比。早期的成就包括一套综合的公共交通系统和城市中心的步行系统。成立综合规划及可持续办公室,关注主要领域包括能源效能、废物管理以及绿色建筑设计。新建筑需要遵守严格规范,设计建筑材料和温室气体排放,因此成为拥有最多 LEED 认证建筑的美国城市。城市及区域政府均关注其强有力的土地利用规划,包括在城市内部及周围建立大量的绿色区域以控制城市扩张

续表

国家	序号	项目/城市名称	人口规模	形成特点	简介
	147	劳埃德路口 Lloyd Crossing, Portland, USA	市中心的一个街区	新区扩建	劳埃德街区位于波特兰市中心,在2001年制定了未来20年的发展战略,将指导该区重建为一个混合利用的宜居住宅社区,包括商业、娱乐、医疗、住宅、开放空间和文化交流。劳埃德路口是其中的一个街区,位于城市更新区域,在2004年进行了可持续设计规划,基于恢复人类入驻前的场地生态功能为理念,以"未开发前的标准"为衡量准则,创新地通过该城市重建,缓解现有环境影响并将场地的许多生态品质恢复到相当于一个54英亩的成熟松树林的水平。野生动物生境、水和使用质量,以及能源消耗是该规划主要的三方面目标。规划恢复25%~30%的树木覆盖率,包括绿色街道、屋顶花园和生境廊道;通过雨水收集和废水再利用实现减少饮用水消耗62%,场地用水100%使用再生水;充分使用社区所能接收到的太阳能。该规划的另一个目标是减少场地的CO_2排放至未开发前的水平并制定碳中和战略
	148	西雅图 Seattle 2030 District, USA	市中心的一个街区	城市改造	是一个协助当地公司满足"西雅图2030挑战"的项目,建立于2011年。目前包括5个主要的市中心资产所有者、两个城市部门,以及工程和设计公司。"西雅图2030挑战"在管理新建或改造住宅的能源控制上有明确的目标:化石能源使用量立减60%(在2010年),2030年前完全碳中立;温室气体排放和耗水量立减50%。对既有住宅的要求较少:化石能源、温室气体排放以及耗水量均立减10%,到2030年提高到50%
	149	柔纳公园 Sonoma Mountain Village (Rohnert Park), USA	约1 700户,以及大于60万 m² 商业	新区扩建	建于200英亩的废弃工业用地上的城市新社区,旨在通过综合使用领先技术建设城市可持续发展区,同时满足其居民和企业的需求。采用的可持续模型为Bio Regional的"一个星球社区"。规划包括"5分钟生活模式"概念,所有公共设施位于5分钟步行距离内,因此减低了碳排放量并改善了职住平衡。规划包含了企业聚集以吸引新兴可持续企业,以及一系列的面向居民的可持续教育和活动项目。2011年提供了700个新职位,并获得LEED社区发展的铂金认证。项目预计在2025年完成

续表

国家	序号	项目/城市名称	人口规模	形成特点	简介
	150	旧金山金银岛 Treasure Island (San Francisco),USA	约 1.35 万人	新区扩建	重建 20 世纪 30 年代的废弃美军机场,成为可持续社区范例。2009 年入选克林顿气候倡议机构的"气候积极发展项目"。第一批居民计划已于 2013 年入住,项目预计在 2020—2025 年完成。除了保留现有的兵营,将新建 8 000 户住宅,其中有 30% 为可支付住宅,并有 435 户提供给原来的流浪者。该岛 450 英亩中的 300 英亩将转化为公园和农业花园或农场。该项目规划为自足型社区,提供所有必需的设施和服务,因此将交通需求最小化。该项目获得了多个奖项,包括 2009 年美国建筑师协会的"区域和城市设计国家荣誉奖"
澳洲					
澳大利亚	151	阿德莱德哈利法克斯生态城项目 Halifax Eco City Project, Adelai de, Australia	约 800 人,2.4 公顷	城市改造	项目对阿德莱德城市中心原有工业废弃地遗址进行重建,目的是实施"Ecopolis"理念及进行生态发展过程的示范。项目目标除了创造一个环境友好的无车混合社区之外,还关注大量与开发过程相关的内容,包括扩大社区导向的开发和开发中的社会平等性;发展多种社区管理结构的模式;连接城市和农村地区。规划将采用气候反馈型建筑、太阳能热水、太阳能光电及本地污水的生物处理。其中克里斯蒂城(Christie Walk)是该项目的实验性示范,占地 2000 m^2,距主项目 5 分钟步行距离,旨在以测试主项目的设计方法、技术、资助和组织系统,建立一个适应气候变化的混合、中等密度的住宅区范例
	152	怀阿拉生态城发展 Whyalla Eco City Development,Australia	约 0.15 km^2	城市改造	对原煤矿及钢铁工业城市的中心城区进行重建,规划重视公众参与,通过组织系列活动,旨在建立总体设计导则、生态住宅设计导则和扩大公共咨询。规划建立了步行和自行车系统,雨洪水在当地收集并循环用于公共区域和公园的灌溉。污水通过太阳能生物处理设施进行处理。导则规定地段上的所有建筑都应通过太阳能进行供热和制冷,提供太阳能热水,并安装联网的太阳能光电设备为城市其他区域供能

续表

国家	序号	项目/ 城市名称	人口 规模	形成 特点	简介
	153	悉尼 Sydney, Australia	约 430 万人	城市改造	基于两次成功的地方政府行动,悉尼围绕环保、社会和经济问题实施了一项概念性可持续项目。城市通过使用多个可持续指标对资源实现了密切监控。在政府和民间社会团体间建立了环保合作关系;更广泛地开展保护和可持续的公共信息活动,并开展了一项家庭能源节约项目。白湾新区(White Bay)开始实施严格的环保规范,社区当地公共交通将基于一个新的可折叠电动微型车系统。悉尼的总体规划愿景体现在 2009 年出版的《可持续悉尼 2030》中,包含社会、文化可持续性以及物理环境,目标是比起 2006 年降低 70% 的温室气体排放量。政府还规划改建城中的 44 栋主要建筑。在中央商务区,许多建筑将增建太阳能板,以及铺设于街道地下的天然气供应的地下冷热电联产设施。布朗加鲁的重建也是重要项目之一
	154	布朗加鲁 Barangaroo (Sydney), Aus- tralia	约 0.22 km²	新区扩建	将邻近悉尼市 CBD 的工业地段重建成新的住宅、商业区域及公共滨水公园。将采取一系列措施实现"气候积极":水输出多于使用;废物再利用及循环多于形成;可再生能源产生多于使用。该项目于 2009 年入选克林顿气候倡议机构的"气候积极发展项目"
	155	墨尔本 Melbourne, Australia	约 407 万人	城市改造	墨尔本制定了一系列可持续发展规划,包含多个方面。制定的可持续水管理规划旨在节约用水及发展替代水源,实现到 2020 年市政灌溉用水全为非饮用水;节约能源计划为居民提供太阳能热水和热泵热水系统的资助;引导居民减少垃圾并改善循环利用;制定自行车规划,旨在关注改善道路上和离路自行车道网络以及自行车设施,提高自行车线路的安全性、连接度和便利性;鼓励公共交通,提高交通的连接性和可持续性;制定环境指标体系,包括空气排放、温室气体排放、水、开放空间和废弃物
	156	维多利亚港(墨尔本) Victoria Harbour Melbourne, Aus- tralia	约 0.3 km²	新区扩建	位于墨尔本港区的棕地改造项目,规划为 3 万人创造一个混合利用区域,预计在 2021 年完成。墨尔本市广泛地在环保措施上予以支持,并尝试以"生态城市可持续活动"进行公众教育。该项目与维城项目一起于 2009 年入选克林顿气候倡议机构的"气候积极发展项目"

续表

国家	序号	项目/ 城市名称	人口 规模	形成 特点	简介
	157	维城（墨尔本） VicUrban @ Of- ficer Melbourne, Australia	约 3.4 km²	新区扩建	由维多利亚州政府的土地发展部门在市郊发展的新建住宅计划。该地段由于其良好的公共交通连接而被选中。有别于传统的市郊项目，将规划全都具有高效能的高低层交错的建筑。该项目与维多利亚港一起于 2009 年入选克林顿气候倡议机构的"气候积极发展项目"
	158	珀斯 Perth,Australia	约 160 万人	城市改造	城市长期进行生态系统的改善，自 20 世纪 60 年代以来陆续进行了 2.2 万公顷的公共开放空间规划，通过公共管理和公众参与，实施多项倡议及项目以保持城市不同景观特征及生物多样性，对许多退化的树林区域进行修复，保护特有物种的栖息环境。进行了水敏感城市设计（WSUD），旨在将水资源和相关环境管理融合到各种时间、空间的规划进程中
新西兰	159	怀塔克尔 Waitakere, New Zealand	约 20 万人	城市改造	城市根据《21 世纪议程》原则确定了建设生态城市的任务，规划建设中充分考虑了当地传统毛利人的需求。通过既有建筑改造使其能源利用更加高效，并进行灰水循环改造。规划所有新建筑必须满足严格的能源效能标准，鼓励居民安装太阳能板
亚洲					
印度	160	德里-孟买廊道 生态城市 Delhi-Mumbai Corridor Eco- Cities,India	跨 6 个州， 总长 1 483 km	新区扩建	德里-孟买廊道生态城市项目。项目包括廊道内的 Changodar、Dahej、Manesar Bawal、Shendra 共四个城市中的生态友好社区。在 2008 年印度政府还发布了一个"太阳能城市发展"计划，在 2007—2012 年间完成。资助 60 个城市实现降低至少 10% 的能源需求量，采取太阳能及其他可再生能源，能源和水保护。美国政府及日本政府均对此进行了支持。2011 年还对 36 个"太阳城"项目制定了原则。此外，还和美国能源部门合作共同建设 8 个"接近零能源"的卫星镇
	161	高德瑞治绿色城市 Godrej Garden City, Ahmed- abad,India	约 1 km²	新区扩建	位于城市内部的混合居住及商业的新区规划，于 2009 年入选克林顿气候倡议机构的"气候积极发展项目"。该发展区采用的绿色技术包括水处理及循环设施，总规划目标是实现温室气体的零排放，强调实现居民可以走路去上班或上学
	162	古吉拉特邦国际经济技术城 Gujarat Interna- tional Finance Tec-City, Ahmedabad,India	约 2 km²	新城建设	该发展区规划于城市附近的未开发区，将形成世界上最大的国际金融中心，包括一个滨水公园。仅有 1/4 的范围为住宅区，可容纳 5 万人，将采用太阳能和风能，能源高效建筑及区域供冷。居住社区布局鼓励走路上班

续表

国家	序号	项目/城市名称	人口规模	形成特点	简介
	163	印度生态城市 Indian Eco-cities,India	约16.6万人	城市改造	印度生态城市项目。项目包括 Kottayam、Puri、Thanjavur、Tirupati、Ujjain、Vrindavan 共 6 个城市,旨在已建成城市中进行多种改造。所有的 6 个生态城市的特点包括:改善公共空间的卫生环境;使公共交通更加高效及环境可持续;改善城市管理;改善旅游设施和条件。该项目与德国可持续咨询机构共同合作开发。Kottayam 从 2005 年起开始着手进行河流和相邻湿地的净化工作,以发展水文化及创造更多娱乐区域。此外,规划还在全市实施灰水和废物管理系统并进行人员培训,发展了一系列环境指标以衡量改善程度,并建立了一个综合的固体废物管理处理和分配系统。Puri、Thanjavur 及 Tirupati 的规划关注于改善排水、公共饮水和厕所设施,但这些项目还未完成。Ujjain 规划旨在对当地湖进行环境改善,及实施城市固体废物循环示范,将家庭废物用于堆肥。Vrindavan 采用了示范性城市固体废物管理计划,改善了垃圾收集和道路清洁
	164	马恒达世界城 Mahindra World City(Jaipur),India	约12 km²	新城建设	规划为可持续金融园,将采用被动制冷系统及太阳能灯,其 2/3 的水来自循环水资源,并实施种树计划。建设采用低能源建筑材料,并进行废品再利用。该项目于 2009 年入选克林顿气候倡议机构的"气候积极发展项目",将在 2017 年完成
印度尼西亚	165	印度尼西亚生态经济城市 Indonesian Eco 2 Cities Programme, Indonesia	未知	城市改造	印度尼西亚生态经济城市项目。项目基于世界银行生态经济城市项目,包括 Jakarta、Surabaya、Makassar、Palembang、Balikpapan 共 5 个城市,于 2009 年启动。Jakarta 采取了新的公共交通廊道和洪水减缓措施。Surabaya 将在城市中规划新的绿色空间和公园,包括公共空间及沿河自行车道,并采用了社区堆肥项目。Makassar 改善环境及机场的排水系统。Palembang 采用了河道公交,推广"3R(减量、再利用、循环)"计划,创建一个环境友好村庄,并在工业区规划垃圾填埋场和废物管理系统

续表

国家	序号	项目/城市名称	人口规模	形成特点	简介
日本	166	千代田 Chiyoda,Japan	约 4.5 万人	城市改造	日本生态城市项目之一。东京的一个区,是日本许多重要政治和经济机构的总部所在地。工作场所消耗了当地 3/4 的电力。规划旨在通过采用区域供热系统,既有建筑改造,新建筑严格把控以及鼓励汽车共享和使用电动车来实现 CO_2 减排
	167	饭田 Iida,Japan	约 10 万人	城市改造	日本生态城市项目之一。规划主要关注更好地使用太阳能。免费在住宅上安装太阳能装置,旨在到 2050 年覆盖 80% 的住宅。规划同样采用了区域供热系统及自行车共享计划
	168	北九州 Kitakyushu,Japan	约 98 万人	城市改造	日本生态城市项目之一。原有的工业中心正在向可持续能源中心转变,将其工业基底变成了太阳能农场。一些原工业建筑被改造成为环境可持续培训中心
	169	京都 Kyoto,Japan	约 147 万人	城市改造	日本生态城市项目之一。改善公共交通的同时限制进入城市中心的汽车流,并实施了政策阻止私人小汽车的通勤使用。政府为住宅用的太阳能板系统提供补贴,并推广使用本地合格的建筑材料
	170	水俣 Minamata,Japan	约 2.8 万人	城市改造	日本生态城市项目之一。多年来被认为是日本污染最严重的城市,在 20 世纪 90 年代开始实施了一个概念性的可持续行动项目。现具有全国最先进的废物分类及循环系统,将家用废物分成了二十多个种类
	171	宫古岛 Miyakojima,Japan	约 158.7 km^2	城市改造	日本生态城市项目之一。旨在通过可再生资源产生所有本地所需电力,例如用废弃的当地糖藤条制造生物燃料。鼓励使用更能源高效的空调及太阳能供热水,并发展了一个"东南亚生态住宅"模型供当地开发商效仿。现已成为一个热门的旅游胜地,规划将鼓励生态旅游
	172	带广 Obihiro,Japan	约 16.8 万人	城市改造	日本生态城市项目之一。在生态多样性地区,规划在城市周围进行中间造林项目,包括原有的 400 公顷农业用地。此外,城市的农业和家用废物循环技术将被用以创建区域废物循环中心
	173	堺市 Sakai,Japan	约 83 万人	城市改造	日本生态城市项目之一。新的绿色技术工业园,资助家庭安装太阳能装置,并采用了自行车道网络及共享计划。强调通过教育人们改变生活来推动可持续性
	174	下川町 Shimokawa,Japan	约 4 000 人	城市改造	日本生态城市项目之一。实施了一个大规模重建造林项目,并建设了一个木质生物质能锅炉

续表

国家	序号	项目/ 城市名称	人口 规模	形成 特点	简介
	175	富士 Toyama,Japan	约42万人	城市改造	日本生态城市项目之一。在1999年和2003年经历了CO_2的两次重大增长(30%),是全国平均水平的两倍。规划建设了电力公共交通系统,包括轻轨,并成为城市目前的减排项目的核心内容。规划全市范围的自行车共享计划,在城市中心包括15个自助点和150辆自行车
	176	丰田 Toyota,Japan	约41万人	城市改造	日本生态城市项目之一。尝试引导传统汽车使用习惯的改变,采用加氢汽车共享系统及太阳能充能基础设施,并教导司机以更高效的方式驾驶。作为工业城市,强制要求工厂公布其排放数据。还规划建设一个低碳示范建筑区
	177	横滨 Yokohama,Japan	约368万人	城市改造	日本生态城市项目之一。于2003年开始实施G30项目,在2010年减少了30%的废物量,并实现了40%的温室气体减排
	178	梼原町 Yusuhara,Japan	约3 800人	城市改造	日本生态城市项目之一。规划实现100%电力自足,为此大量投资建造风能、氢能源及太阳能,并实施了一个可持续森林管理项目
	179	藤泽可持续智能镇 Fujisawa Sustainable Smart Town,Japan	约3 000人	新区扩建	将松下公司的旧工厂改造成一个生态友好的"智能城镇",耗资46 300万英镑。规划除了满足周边企业的住宅需求外,同样也要对2011年海啸后的城镇进行重建。每个住宅将具有太阳能发电蓄电装置、热泵供水系统、节能空调及感应灯。每个住宅将与"智能网络"连接,可提供实时的用电信息使得供求相匹配。规划目标是CO_2减排70%(相比1990年)。该项目预计2018年完成
	180	川崎 Kawasaki,Japan	约28 km²	城市改造	1997年被日本政府称为第一座"生态镇",主要归功于其所解决的严重空气污染问题。为海岸区域的工业提供财政激励机制,而入驻主要工业园的则鼓励实现零排放及工业共生,并加入循环项目倡议中。整个工业园区在2005年达到了ISO 14001认证,同时实施了一项管理并降低当地学校能源使用的项目。从20世纪90年代初开始,市政府开始通过环保议程的实施,支持市民组织的鼓励文化转变的活动。城市还在海岸区域建设了一个大型太阳能厂
	181	多治见 Tajimi,Japan	约10万人	城市改造	是日本生态城市发展中的领军者之一,早在2003年就获得全国"顶级生态城市奖"。通过将环境影响透明化实现城市可持续发展与社区参与的结合。新发展区和既有建筑的改造均通过前期的公众咨询实现可持续技术的广泛采用,例如屋顶花园和太阳能电板。而可持续性已作为规划议题将城市各部门整合在一起

续表

国家	序号	项目/城市名称	人口规模	形成特点	简介
新加坡	182	新加坡 Singapore	约 450 万人	城市改造；新区扩建	由于对可持续的持续深入探索与实践，以及在全球经济中的重要地位，新加坡被认为是亚洲的"生态城市"及"世界城市"的先锋示范。由于高密度的人口及高强度的商业服务产业，规划关注于紧凑及混合利用的城市空间布局，以及交通基础设施的流通性、可达性和连接性，采用了包括 LRT 在内的大容量快速交通系统（MRT/LRT）。城市空间规划旨在实现混合住宅区、产业廊道和生态环境空间的紧密连接与融合。在 1992 年制定了《新加坡绿色规划——面向模范绿色城市》计划，关注于公共健康，包括清洁空气、土地、水和生活环境质量，制定"蓝色规划"项目保护中央集水区，并设计了覆盖全岛的公园连接系统，并与娱乐（慢跑和自行车道休闲区）及旅游（历史和自然主题公园）相结合
韩国	183	广桥经济区 Gwanggyo Ekonhill, South Korea	约 7.7 万人	新城建设	对该新镇中心区域的规划始于 2008 年，有多家国际设计公司参与。项目包含一系列"蚁形"建筑，旨在创造垂直绿化以改善自然通风，并减少能源及水的使用。设计依照"能源中心"策略，即混合了公共住宅、零售、办公及商业/文化设施的中心，通过节点网络与其他城市中心连接
	184	仁川生态城 Incheon Eco-city, South Korea	约 300 km²	新城建设	该综合住宅和工业区将通过 LRT 系统连接三个地段，规划旨在吸引技术公司及环境可持续方面的研发机构入驻，特别是太阳能和风能技术的开发者。城市将建在农业区域中，因此屋顶将被设计成花园以补偿土地损失并保持生物多样性。该项目预计在未来 10～15 年完成

续表

国家	序号	项目/城市名称	人口规模	形成特点	简介
	185	麻谷(首尔)Magok(Seoul),South Korea	约 3.5 km²	新城建设	为首尔新区,规划为国际商业、研究及高科技工业综合体,包括住宅及社会基础设施,与新滨水公园及码头连接。该区域被称为"未来的生态能源镇"。规划期望其成为世界其他城市的示范,于 2009 年入选克林顿气候倡议机构的"气候积极发展项目"。该区域使用总能源的 40% 将来自可再生和清洁资源,包括一个大型的氢能源厂,以及本地废物处理设施提供的热能。规划采用区域冷热系统,在当地学校安装太阳能板,在所有建筑采用能源高效标准。此外,高效能 LED 灯将被广泛应用。该项目将在 2031 年完成
	186	世宗Sejong,South Korea	约 72.8 km²	新城建设	距离首尔约 60 km,根据 2004 年规划,政府将其设为主要的行政中心。在 2007 年的总体规划中提出建设可持续城市,包括水及废物管理、能源效能、循环,并通过大型开放空间及绿色屋顶实现城市农业
	187	仁川国际商业区Songdo International Business District(Incheon),South Korea	约 6 km²	新城建设	该混合利用新区规划于 2004 年。规划场地为围海造田,40% 的面积为绿色空间,包括效仿纽约的大型中央公园。规划包括:一套综合公共交通系统;屋顶花园;LED 公共照明;可再生能源生产;领先的循环系统;通过对绿化空间的保护来增加生物多样性。该国际商务中心旨在成为世界最大的 LEED 认证的私人开发项目,包括超过 120 个认证建筑

中东和非洲

国家	序号	项目/城市名称	人口规模	形成特点	简介
约旦	188	阿曼Amman,Jordan	约 100 万人	新城建设	由马斯达尔规划团队设计的新区。在马斯达尔采用的一些生态解决方法将在这里被运用在更大尺度上,虽然新社区并非完全碳中和。住宅被设计最大限度地能源高效,可再生能源将通过场地上的风能和太阳能站产生。将采用领先的水和废物循环系统以实现废物最少化。项目始于 2010 年,完成时间未定
尼日利亚	189	拉哥斯生态城Eko Atlantic City(Lagos),Nigeria	约 25 万人	新城建设	规划强烈关注环境可持续性,利用被海岸侵蚀的盐碱地进行建设。规划旨在通过基础设施的建造和使用来创造环境平衡和高效的生活模式。采用步行道和公共交通策略以降低道路使用,将交通拥堵最小化,并为所有机动车提供离街停车位。电车系统环绕城市,能使所有通勤者到达所有区域

续表

国家	序号	项目/城市名称	人口规模	形成特点	简介
南非	190	约翰内斯堡象牙公园生态城 Ivory Park EcoCity，Johannesburg，South Africa	60户	新城建设	项目始于1999年，包括一系列活动及项目，旨在为主流新区提供可选择的战略，并实现结合环境、社会和经济因素的基于社区的实践性可持续创新。"生态村庄"项目由Bio Regional资助3栋生态住宅，实施本地花园及永久栽植，以灰水循环灌溉土地（采用太阳能水泵系统）。传统的本地砖块生产实现经济和环境的可持续性，同时创造就业并降低运输需求
	191	约翰内斯堡城 Zonk'izizwe Town Centre，Johannesburg，South Africa	约2.2 km²	新区扩建	规划将以环境可持续的高标准对约翰内斯堡城郊的未开发地进行建设。具有高效的公共交通连接，具有机场连接线，以及通过快速轨道与相邻两个城市中心进行连接，提供便捷的步行和自行车使用，建筑选址以公共交通的易达性为优先考虑因素。该项目于2009年入选克林顿气候倡议机构的"气候积极发展项目"
	192	比勒陀利亚 Menlyn Maine（Pretoria），South Africa	约2.8 km²	城市改造	规划为居住、办公及商业的混合区，改造了原地段上的低密度住宅。私人开发者采用系列技术措施以降低建设过程的碳足迹，包括采用本地材料，以及对旧住宅上的废品再利用。新区规划目标是实现温室气体负增长。采用灰水和雨洪水收集系统，办公及住宅区通过遍布全区的自行车道连接。规划系列开放空间、公园以及恢复的湿地。该项目于2009年入选克林顿气候倡议机构的"气候积极发展项目"
乌干达	193	坎帕拉 Kampala，Uganda	约140万人	城市改造	经历了许多发展中国家城市快速扩张的许多问题，包括交通拥堵、缺乏充足住宅以及空气和水污染。市政府因此启动了"绿色化"城市计划，采取一系列规范促进城市农业和食物生产，旨在改变本地食物供应系统同时在城市内部及周边创造国家公园，以此控制城市蔓延。此外，还采用了交通拥堵税收费，拓展公共巴士网络以鼓励公共交通。之后还完善了两个住宅开发项目，为3万人提供现代的、环境可持续的住宅。被称为非洲的花园城市
	194	西萨米仁碧 Sseesamirembe，Uganda	约518 km²	新城建设	由乌干达政府规划于2006年，是中国在非洲最大的资助项目之一，共投资15亿美元。规划包括综合使用的城市发展、可持续农业用地和森林、绿带及自然保护区，将规划为一个低碳地区，通过高效基础设施、政府支持及高技术服务提升区域对新企业的吸引力。规划实施原则包括自然保护、行人友好、能源高效的城市设计和可再生能源生产

续表

国家	序号	项目/城市名称	人口规模	形成特点	简介
阿联酋	195	马斯达尔 Masdar, United Arab Emirates	约4万人及5万个职位	新城建设	项目于2006年启动,宣称是世界上第一个全"零碳"和"零废物"的城市,并带动全国转型成为可持续能源技术的全球引领者。城市总体规划融合了传统阿拉伯建筑原则(自然通风及降低热影响)及现代的高技创新。采用了太阳能的"个人快速交通"系统;光电技术产能;通过灌溉修复实现水循环;焚烧垃圾产生电能和热能。新城市旨在成为一个全球可持续能源研究及发展中心。在2010年,第一期建筑建设完成,耗资近87 500万英镑,包括6栋主要建筑,超过100套公寓及一个当地研究机构。由于全球经济衰退,预计完成时间将从2016年推迟到2021—2025年。此外,有些环境可持续项目被取消。例如,规划的氢能源电厂和太阳能制造厂已推迟建设,放弃了100%使用在当地生产的可再生能源的目标;以"碳中和"取代了"零碳"城市的预期。不过,当地光电厂已连接到全国电网中

资料来源:笔者整理。

大量案例位于欧洲(共122个),其中占较大比例的是北欧国家(瑞典11个、挪威3个、丹麦6个、芬兰2个)、英国(18个)、法国(18个,其中13个属同一国家生态城市项目)、德国(14个)、荷兰(10个)。欧洲国家案例的特点是新城建设项目较少,多数为城市的新区建设以及既有城市的改造加建。在欧盟"欧盟协奏曲项目"的推动下,2005—2010年间欧洲45个城市及社区进行了城市能源的创新实践与研究,其中的30个案例较好地体现了高效能源技术的示范。除此之外,欧洲的大量案例实践则是通过采用传统的规划技术实现生态城市的规划目标,其建设量及投资成本相对较低,而其中的33个案例实践较全面地涵盖了生态城市规划的多个方面,可称为综合规划实践示范。如100万人以上的奥地利维也纳及德国柏林、慕尼黑,100万人以下的瑞士苏黎世、德国弗莱堡、挪威奥斯陆、瑞典斯德哥尔摩、瑞典马尔默等,以及更多较小尺度的城市新区扩建及社区改造案例,均对中国生态城市实践具有较大的借鉴意义。

美洲国家中共有28个案例,主要分布在美国(20个)、加拿大(3个)、巴西(2个)。美洲进行传统规划技术实践的案例数量仅次于欧洲,共有6个综合规划实践示范案例,包括100万人以上的美国纽约、巴西库里蒂巴,100万人以下的美国波特兰等。但有大量的美国案例,特别是小尺度的社区案例,新城建设案例中体现了创新的规划概念及社会公众的参与推动,如阿科桑蒂实验镇、生态城市亚历山大项目等。

除中国外,本研究共包含28个亚洲生态城市实践案例,其中日本(16个,13个属同一国家生态城市项目)、印度(5个)、韩国(5个)三个国家占较大比例。亚洲案例中有1/4为城市经济开发项目,最为典型的是集中在印度和韩国的金融商务中心及工业园的新城建设,如印度的德里-孟买廊道生态城市项目。亚洲的综合规划实践示范仅有一个,为新加坡,而采用传统规划技术进行实践的多为日本案例,但普遍实践尺度较小。

澳洲案例共 9 个,其共同特点是在实践中普遍采用了传统规划技术,并在小尺度案例中进行了概念性规划创新,如哈利法克斯生态城市项目以及怀阿拉生态城市项目。其综合规划实践示范案例有 3 个,100 万人以上的为澳大利亚悉尼和墨尔本,小尺度的为悉尼的布朗加鲁新区建设。

中东及非洲案例有 8 个,实践最多的国家为南非(3 个)。中东及非洲案例的主要规划目标是改善当地较薄弱的城市生态环境,并为城市的发展建设新的住宅及办公区域。因此新城建设案例约占 2/3,包括大规模经济开发项目如中国援建的乌干达西萨米仁碧,高技高耗资项目如阿联酋马斯达尔。

案例库研究表明,其实践的共同点均是努力实现使城市变得更生态友好、更可持续、更宜居的愿景。而不同国家和地区的生态城市实践各有特色,其理念及实践途径具有丰富的多样性,具体表现在制定的规划目标和规划实施的关注点各有侧重,并采取了如创新理念、技术实施、政策推动、社会参与等的不同规划实施途径。案例库的建立,使国际生态城市实践经验得到了系统的梳理,并在对比中,可以更好地认识到其中的共性实践特点,有助于中国生态城市实践的借鉴。

2.3.3 案例分析:按规模及类型分类

在国内研究中,既定认知及正在进行的建设实践具有高度的共同之处,即认为生态城市实践等同于新城建设,而国内实践中常见的远期规划规模基本达到了中小型城市的发展程度。然而,通过对案例库的系统分析研究,认识到国际生态城市的案例实践类型远比国内既有的对生态城市建设及国际案例的认识范围大得多,案例中的人口规模从社区规模的几千人到大型城市规模的百万人不等,相应所采用的实践策略也各异。而除了规模之外,案例的发展类型也具有很大的不同,既有新城建设,但城市新区的扩建及对既有城市的改造案例数量更多。因此,我们将案例库按照人口规模和发展类型进行了分类整理和分析研究。

1.按 4 种人口规模分类

生态城市案例的规模从社区、街区到整个城市范围不等,本研究根据案例不同的人口规模将其分为 4 类:1 万人以下的小型社区规模;1 万～10 万人的大型社区及小型新区规模;10 万～100 万人的小型城市及大型新区规模;以及 100 万人以上中大型城市。如图2.2 所示。

据研究统计,中小型的生态城市案例较多,10 万人以下规模的案例约占总数的 3/4,而100 万人以上规模的仅不到 1/10。欧洲的生态城市普遍较紧凑,规模较小,在总共 86 个1 万人以下的小型社区案例中,占 63 个,而在总共 59 个 1 万～10 万人的大型社区及小型新区案例中,占 37 个。在美洲和澳洲,各个规模的案例数量分布都较平均,美国的小型社区案例共 12 个,相对较多,其余三个分类各 5 个,而澳洲案例在 4 个规模分类中各 3 个。相比之下,在亚洲、中东及非洲,与较大的人口密度及建设需求有关,大规模案例较多。

2.按 3 种发展类型分类

研究根据案例不同的发展类型将其分为 3 类:新城建设,即进行全新的城市建设;新区扩建,即通过新社区的建设对既有建成区进行拓展;城市改造,即在既有城市结构中进行可持续创新及改造。如图 2.3 所示。

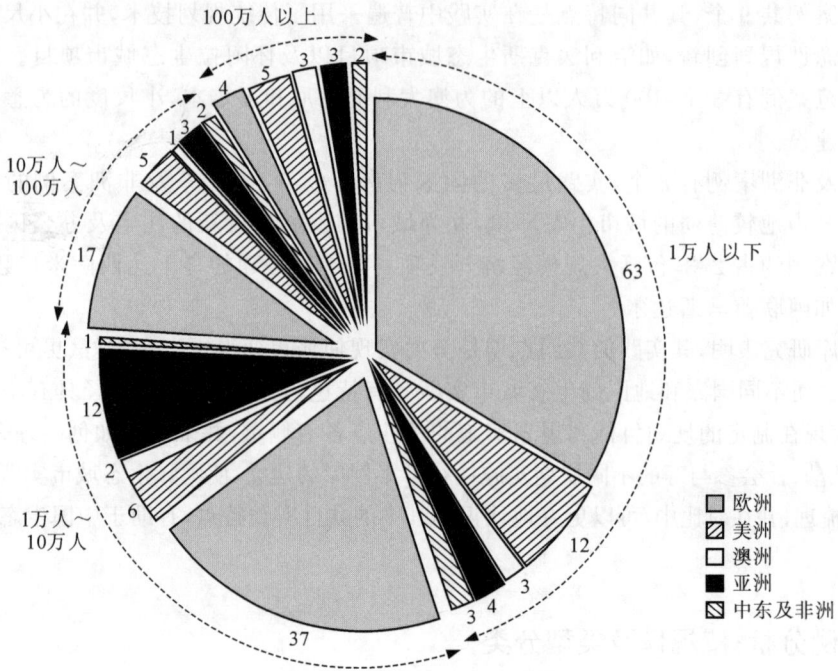

图 2.2　按四种人口规模分类的国际生态城市实践案例统计图①

资料来源:笔者根据研究数据自绘。

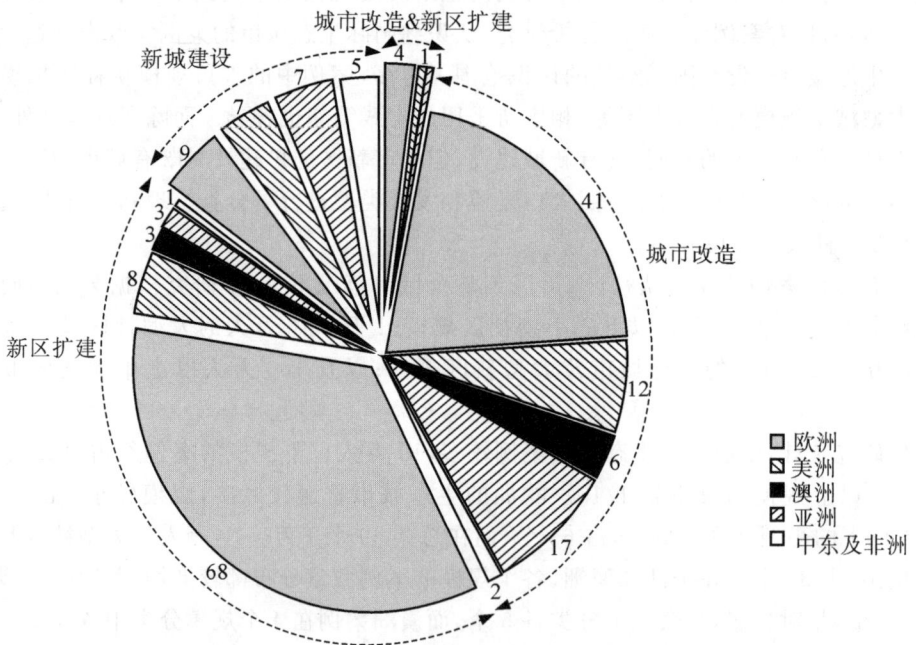

图 2.3　按三种发展类型分类的国际生态城市实践案例统计图

资料来源:笔者根据研究数据自绘。

———————————

① 该图所对应的统计数据整理如表 2.3 所示。

据统计,虽然新城建设案例在相关文献及报道中引用较多,但仅占国际案例总量的不到 1/6,新区扩建及城市改造这两个类型才是国际生态城市实践的主流。在新城建设案例中,亚洲、中东及非洲国家所占比例最大,并且大多为国际合作型的大规模城市建设。在总共 5 个 10 万～100 万人规模的新城案例中,亚洲和非洲各有两个,而 100 万人以上规模的案例是位于中东的约旦阿曼。与此相反,欧洲及美洲的新城案例规模都较小,以 1 万人以下小型社区和生态村建设为主。

根据对案例库的分类分析研究,由表 2.4 中总结看出,新区扩建案例的规模都较小,在总共 83 个案例中 10 万人以上规模的仅有 5 个。其中欧洲案例占了绝大多数,也体现出欧洲生态城市实践的主要类型,即是通过对既有建成区内的闲置用地及棕地进行再开发,建成满足城市未来人口扩张需求的住宅区及办公区。城市改造案例的数量与新区扩建相当,虽然受整体的生态城市实践趋势影响,也是小规模实践较多,但城市改造却是中、大型案例中的主要类型,在中、大型案例中约占 4/5。其中有 6 个案例还同时进行了新区扩建和城市改造实践,这些案例较全面地进行了生态城市规划,均属于综合规划实践示范,除新加坡和美国纽约之外,其余均位于欧洲。

表 2.4　国际生态城市实践案例分类分析汇总表

	1 万人以下	1 万～10 万人	10 万～100 万人	100 万人以上	总数
新城建设	13	9	5	1	28
新区扩建	47	31	4	1	83
城市改造	26	18	21	13	78
城市改造 & 新区扩建	0	0	4	2	6
总数	86	58	34	17	195

资料来源:笔者统计整理。

综上所述,案例库研究拓展了国内目前研究中仅对个别国际案例了解和借鉴的局限性,并且也可看出,国内生态城市实践的既定认识尚不全面,在实践中可以积极进行多类型的实践探索,更好地构建城市生态的人居环境。

2.4 国际生态城市实践的共性研究

国际生态城市实践案例虽然各有差异,但其作为具有广泛共识的生态城市理念下的创新实践,大量案例在规划理念引导、规划策略运用及政策辅助实施等方面均具有较多的共同点,而这些实践经验也可广泛借鉴,因此可以被认为是规划实践中的主流部分。除此以外,案例库研究中也有少部分案例具有较强的特殊性,例如体现在地域条件、社会文化、开发形式、技术运用等方面,其实践的成功之处或者说主要策略,并不适用于其他实践中,我们将这部分案例认为是非主流、非典型性的生态城市建设。

2.4.1 非典型实践案例的分类及排除

根据对非主流、非典型性案例的特殊性进行分析发现,这些案例本身也具有一定的类型性(见表 2.5),我们将这些案例分类归纳为概念规划及社会参与示范、城市经济开发、高技高耗资以及高效能源技术示范,共四种案例实践类型(如图 2.4 所示)。试图通过对这些案例的分类分析,将我们主要研究的主流实践案例及其主流规划策略区分开来。

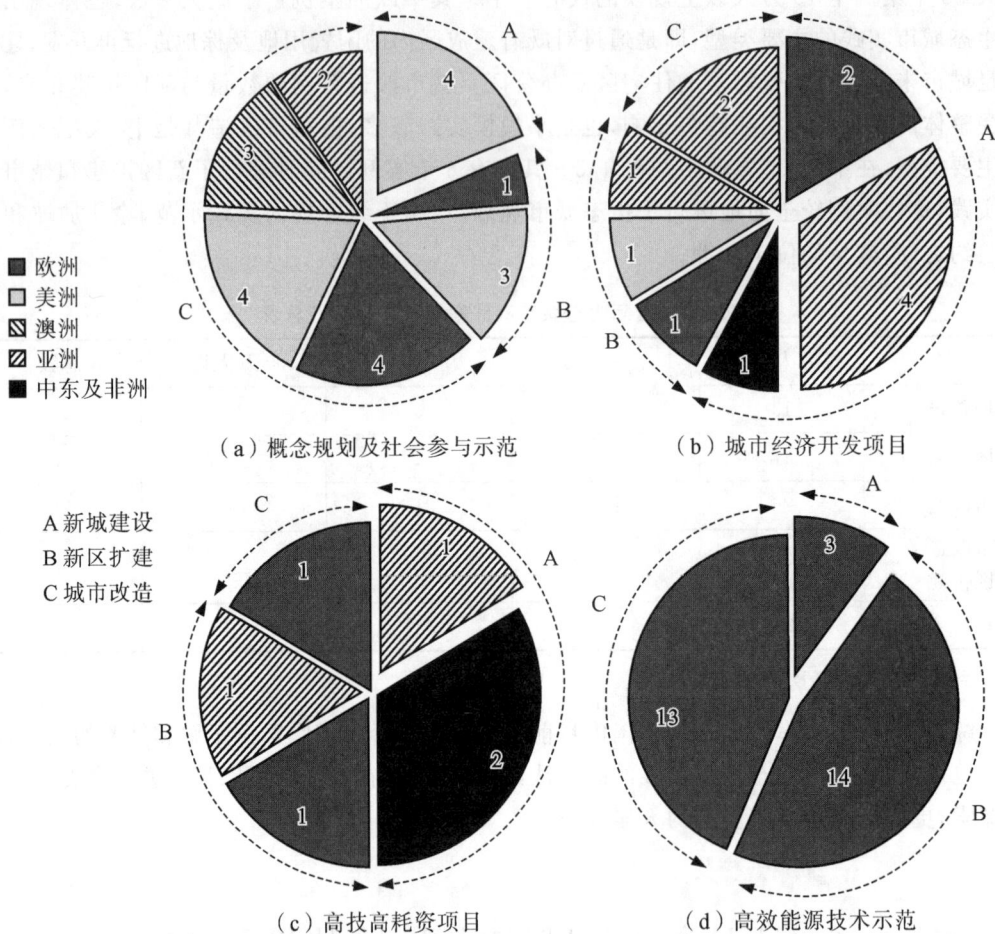

图例:
- ■ 欧洲
- □ 美洲
- ◫ 澳洲
- ◪ 亚洲
- ■ 中东及非洲

A 新城建设
B 新区扩建
C 城市改造

（a）概念规划及社会参与示范   （b）城市经济开发项目

（c）高技高耗资项目   （d）高效能源技术示范

图 2.4 国际生态城市案例中非典型性实践案例分类分析图

资料来源:笔者根据研究数据自绘。

表 2.5　国际生态城市案例中非典型性案例分类统计表

发展类型	概念规划及社会参与示范项目	城市经济开发项目	高技高耗资项目	高效能源技术示范
新城建设	阿科桑蒂(132),伊萨卡得生态村(136),费城绿色村(140),西雅图伊瑟阔高地(141)	黑海花园(9),马塔-塞辛布拉(76),古吉拉特邦国际经济技术城(162),马恒达世界城(164),仁川生态城(186),仁川国际商业区(187),西萨米仁碧(194)	麻谷(185),阿曼(188),马斯达尔(195)	斯汀吕舍(17),查德布克(64),萨达纽拉(84)
新区扩建	赛格拉特(58),自行车城(133),格林堡(138),劳埃德路口(147)	凯隆堡(13),巴拿马太平洋城(130),德里-孟买廊道生态城市(160)	奈波利斯智能生态城(11),藤泽可持续智能镇(179)	默德灵(4),赫尔辛格(14),希勒勒(15),格勒诺布尔(23),里昂(24),南特(25),内卡苏尔姆(48),东芬得恩(49),特隆赫姆(73),索夫区域(80),扎戈列(82),图德拉(86),维拉德坎斯(87),法尔肯贝里(90)
城市改造	格拉茨(2),考文垂(107),格拉斯哥(109),圣戴维斯(117),亚历山大(131),克里夫兰(139),密苏里绿色影响区(144),西雅图(148),阿德莱德哈利法克斯生态城(151),怀阿拉生态城(152),怀塔克尔(159),印度生态城市(163),多治见(181)	宫古岛(171),川崎(180)	伦敦爱丽芬城堡(108)	图尔恩(6),瓦兹和格来斯多夫(8),兹林(12),马布里尔(16),瓦尔比(18),威勒巴赫(52),雷当恩(61),阿姆斯特丹西部新区(63),海尔伦(68),邓多克(79),萨拉戈萨(88),纳沙泰尔(102)
城市改造 & 新区扩建	—	—	—	阿尔梅勒(62)

资料来源:笔者整理。

注:表中案例后数字为表 2.3 的项目统计序号。其中,序号 1~122 为欧洲案例,123~150 为美洲案例,151~159 为澳洲案例,160~187 为亚洲案例,188~195 为中东及非洲案例。

1.概念规划及社会参与示范

据统计(表 2.5),概念规划及社会参与示范案例共 21 个,主要特点是在生态城市的规划理念上体现了独特的创新性,或在规划实施过程中得到了社会公众的参与及强大推动,案例主要分布在美国(11 个)、英国(3 个)和澳洲(3 个)。其中新城建设案例 4 个,均位于美国。阿科桑蒂实验镇基于建筑师保罗·索勒里(Paolo Soleri)提出的"生态建筑学"理念,在亚利桑那沙漠中进行创新实践,西雅图伊瑟阔高地是根据"新城市主义"原则进行实践的混合利用型"城市村庄",而费城绿色村和伊萨卡得生态村则更多地体现了社会、经济上的可持续性,旨在通过平衡健康、社会富足的生活模式与环境可持续性,为居民推广更可持续的生活方式。

新区扩建案例共 4 个,除意大利米兰新区赛格拉特是以"生物建筑"为概念的新社区外,其余 3 个都在美国。自行车城提出了美国式的"无车城市"概念,格林堡在当地社区实现"生态住宅链"概念,"劳埃德路口"项目则以恢复人类入驻前的场地生态功能为理念进行社区建设。城市改造案例共 13 个,其中奥地利格拉茨,英国格拉斯哥和圣戴维斯,以及美国的亚历山大、"克里夫兰:绿色城市蓝色湖"项目和"西雅图 2030 街区"项目,提出在环保、交通、能源、经济和可持续产业等多个领域制定可持续规划目标,并提出气候变化策略和行动计划,旨在成为低碳、可持续的城市示范。澳大利亚哈利法克斯生态城市项目和怀阿拉生态城市项目重视开发中的公众参与及社会平等性,提出多种设计导则和公共咨询。新西兰怀塔克尔根据《21 世纪议程》原则确定生态城市的建设任务,日本多治见关注城市可持续发展与社区参与的结合,而印度的生态城市项目则与德国可持续咨询机构共同合作。

2.城市经济开发项目

城市经济开发项目共 12 个,其主要特点是在可持续理念基础上进行城市住宅区和办公区开发,案例普遍规模较大,并多集中在亚洲(印度 3 个,韩国 2 个,日本 2 个)。而开发项目主要集中在三个方面:(1)金融商务中心。印度的马恒达世界城和古吉拉特邦国际经济技术城分别规划为可持续金融园和世界上最大的国际金融中心,韩国仁川国际商业区则将规划成为世界最大规模 LEED 认证的私人金融街区。(2)生态工业园。丹麦凯隆堡最早提出了生态共生园理念,日本川崎及韩国仁川生态城均规划为生态工业园,印度德里-孟买廊道生态城市项目也规划了大规模的工业区,而乌干达西萨米仁碧则是中国在非洲最大的资助项目之一,除了住宅区建设之外,积极通过高效基础设施及政府支持吸引新企业。(3)旅游度假区。保加利亚黑海花园、葡萄牙马塔-塞辛布拉及日本宫古岛均规划为度假胜地,而巴拿马太平洋城则是兼具旅游度假功能的国际商务中心。

3.高技高耗资项目

高技高耗资项目共 6 个,其主要特点是在规划建设中综合采用多种高科技技术,并且建设耗资较大。其中新城建设案例共 3 个,分别是阿联酋马斯达尔、约旦阿曼和韩国麻谷。其中马斯达尔采用了现代化的高技创新,在规划初期宣称将成为世界上第一个全"零碳"和"零废物"的城市,第一期建设于 2010 年完成,耗资近 8.75 亿英镑,但由于耗资过大而放弃了100% 使用本地生产的可再生能源的"零碳"目标。阿曼也由马斯达尔规划团队设计,规划规模约 100 万人口,该项目将马斯达尔的生态规划方法运用在了更大尺度上。麻谷则规划为采用多项能源高科技技术的国际商业、研究及高科技工业综合体。而两个新区扩建案例中,塞浦路斯奈波利斯智能生态城规划为"智能可持续社区",占地约 $1.1~km^2$,预计投资超过 20亿英镑;而日本藤泽可持续智能镇将建设生态友好的"智能城镇",规划人口规模 3 000 人,预计投资 4.63 亿英镑。唯一的城市改造案例是在伦敦内城的重建项目爱丽芬城堡,规划为碳中和社区,占地约 $0.7~km^2$,总开发预计耗资 15 亿英镑,耗时 10 年完成。

4.高效能源技术示范

高效能源技术示范案例共 30 个,均为"欧盟协奏曲项目"(EU CONCERTO Programme)中的分项目案例,不仅进行了大量领先能源技术应用试验,并在建筑改造节能量及本地可再生能源的产生量上位于前列。作为欧洲先锋研究项目中的典型,这些项目也可以称得上是国际生态城市在可持续能源实践方面的典范。

这些能源技术示范案例虽然根据各地的建设要求不同而各有特点,但显示出了极强的实践共性。首先,都规划确定了长期的节能减排目标;其次,通过提高能源利用效率,减少城市对化石能源的消耗,并积极增加可再生能源的使用比例;最后,通过采用城市能源管理系统等监管措施,推动各项能源措施的实施及规划目标的实现。在提高能源利用效率上,除了通过合理进行城市格局和土地利用规划,减少交通出行之外,案例城市均大量对既有建筑进行改造,同时建设具有严格能效标准的生态建筑;而在增加可再生能源利用方面,最为各案例所广泛采用的是太阳能光热及光电技术,以及对多种生物质能的充分利用,如木质燃料、农业及城市废料、沼气及垃圾焚烧等,而天然气、地热、水电、风电均次之。此外,对示范案例的类型进行分析可见,示范案例中新区扩建及城市改造的案例数量居多,分别为 14 个和 12 个,有一个案例同时进行了新区扩建和城市改造实践,而相比之下,新城建设案例仅为 3 个。可见,进行可持续的能源实践并非在新城中通过盲目采用高科技技术实现,更重要的是要提高既有城市、既有建筑的能源使用效率,优化既有能源使用结构,不能抓大放小,仅重视可持续能源利用设施的大量建设,而忽视了改善建筑外保温、更换双层窗户等这些能够明显改善能效的小投入措施。

综上对四个类型的非典型性案例的分类分析可以看出,在概念规划及社会参与示范案例中,虽然提出了创新的规划理念或体现出了成功的社会参与性,但这些案例并未或尚未将其理念深入到规划实践中,因此难以总结出可供借鉴的实践策略。而在城市经济开发项目和高技高耗资项目中,经济开发案例的经济主导性较强,甚至有些案例的城市功能较为单一,如产业园和经济开发区,无法体现出生态城市理念中对人文、社会方面的关注,而高技高耗资案例则需要大量的资金支持,相当于高技术的"集中试验田",无法广泛推广,因此这两种类型也不作为研究重点。对于高效能源技术示范案例,体现出了欧洲在城市能源研究方面的领先性,虽然有些高端创新技术仍处于尝试探索阶段,但其中的大部分能源利用策略,如能源结构的优化策略、可再生能源的选择及使用方式等方面已形成较成熟的实践基础,还是值得中国生态城市实践进行借鉴的。

2.4.2　主流案例及综合示范案例分析

在本书所归纳的国际生态城市案例库中,主流的生态城市实践案例是将生态城市理念通过传统规划技术进行实施,与非典型性案例相比,所应用的规划策略有高度相近的部分,并且其建设量及投资成本均相对较低,因此实施执行度高、可借鉴性强。而在主流案例中,有 43 个案例在实践中综合、充分地融入了生态城市理念,实践内容较全面,并且得到了很好的实施成效,在案例库中最接近于理想的生态城市模式,我们将这些案例归纳为综合型规划实践示范(表 2.6)。其中欧洲案例最多,共 33 个,美洲案例有 6 个,澳洲有 3 个,亚洲为 1 个(图 2.5)。

表 2.6　国际生态城市案例中综合型范例分类统计表

规模	新城建设	新区扩建	城市改造	城市改造 & 新区扩建
1 万人以下	EVA 兰斯梅尔(66)，丹佛市郊(137)	巴德伊舍(1)，雷亨(3)，林兹太阳城(5)，生态维基(19)，沃邦(42)，斯特尔沃克 60(50)，亚历山德里亚(56)，GWL 特海恩(67)，格林威治千禧村(110)，布里斯托尔(111)，布朗加鲁(154)	—	—
1 万～10 万人	都柏林(78)	坦佩雷(20)，格勒诺布尔(23)，图宾根(51)，杰尔(53)，范德思帕提拉生态城(89)，哈马碧新城(93)，斯德哥尔摩皇家海港(97)，西港(98)	埃朗根(40)，法尔肯贝里(90)	—
10 万～100 万人	—	汉堡-哈堡(43)，马尔默(95)	奥斯陆(72)，哥德堡(92)，温哥华(127)，剑桥(134)，波特兰(146)	弗莱堡(41)，阿尔梅勒(62)，斯德哥尔摩(96)，苏黎世(103)
100 万人以上	—	—	维也纳(7)，柏林(39)，慕尼黑(47)，库里蒂巴(123)，悉尼(153)，墨尔本(155)	纽约(145)，新加坡(182)

资料来源:笔者整理。

注:表中案例后数字为表 2.3 的项目统计序号。其中,序号 1～122 为欧洲案例,123～150 为美洲案例,151～159 为澳洲案例,160～187 为亚洲案例,188～195 为中东及非洲案例。

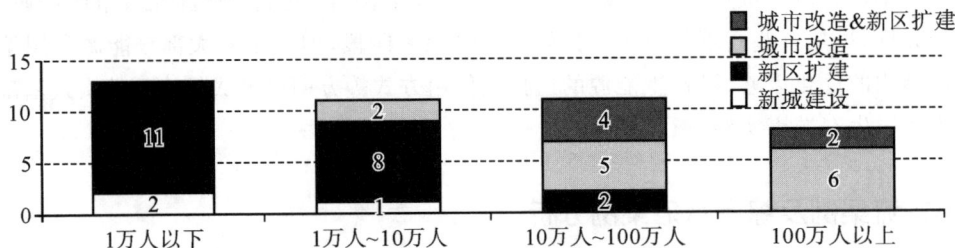

图 2.5　综合型国际生态城市实践案例分类分析图

资料来源:笔者根据研究数据自绘。

在这些案例中,1 万人以下规模的综合示范案例居多,其中大部分为欧洲的新区扩建案例,包括为国内所熟知的生态社区案例弗莱堡沃邦新区、赫尔辛基的生态维基社区、伦敦格林威治千禧村等。

在 1 万人～10 万人规模的综合示范案例中,仍以欧洲的新区扩建案例为主,包括欧盟生态城市项目(2002—2005)中的多个案例,如德国图宾根生态城、坦佩雷、杰尔,以及哈马碧新城和斯德哥尔摩皇家海港项目等。为国内研究所熟知的埃朗根则是该规模下的城市改造项目。

在 10 万人～100 万人规模的综合示范案例中,以城市改造案例和城市改造及新区扩建复合案例居多。其中城市改造案例包括挪威奥斯陆、美国波特兰、加拿大温哥华等,而城市改造及新区扩建复合案例则包括德国弗莱堡、瑞典斯德哥尔摩、瑞士苏黎世和荷兰的阿尔梅勒。

在超过 100 万人规模的综合示范案例中,只有城市改造案例以及城市改造及新区扩建复合案例两种类型。其中城市改造案例包括奥地利维也纳、德国柏林和慕尼黑、巴西库里蒂巴、澳大利亚悉尼和墨尔本,而城市改造及新区扩建复合案例则包括美国纽约和新加坡。

研究发现,这些进行着前沿生态城市实践的案例,对中国生态城市实践具有较大的借鉴意义,然而研究中也体会到一些中国既有研究存在偏差的问题。首先,虽然部分已在中国研究中广泛受到关注和研究,但在经验借鉴中并未系统地考虑案例的不同规模及类型特征,如熟知的哈马碧新城、埃朗根等范例的规模还不足十万人,与中国普遍生态实践的规模不同。其次,综合范例以城市改造案例以及城市改造和新区扩建复合案例居多,与中国实践中常见的新城建设类型也有所不同。

2.4.3 国际生态城市实践的共性内容

根据案例库统计分析,并主要以主流案例及综合示范案例为研究对象,可以看出,国际案例实践内容中有大量的共同之处,主要包括了土地利用、交通、生态系统、水系统、能源系统和公众参与六个部分(见图 2.6)。

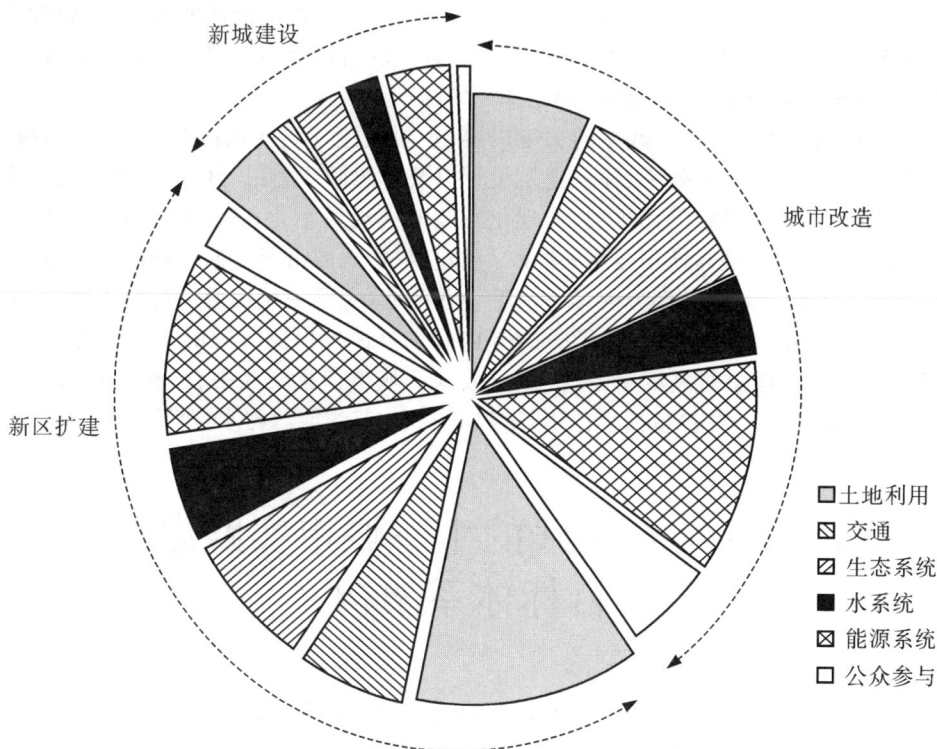

图 2.6　国际生态城市实践案例共性内容分析图

资料来源:笔者根据研究数据自绘。

土地利用是各类型生态城市实践案例的主要规划内容,主要关注城市发展模式、城市空间形态及组织结构、城市开发选址及原则、城市土地储备、建设密度控制、土地混合利用、城市功能分布、职住平衡以及城市空间营造等内容。具体提出要实现的规划目标包括:实现城市空间紧凑与分散的平衡;实现高效的混合土地利用;公共交通导向型发展;在适合地段进行紧凑开发;进行棕地治理及重建;规划合适的城市密度;构建小网格城市形态及宜人的城市尺度;具有良好的社区公共设施服务及社会日常交往空间;具有文化识别性及社会多样性的社区;形成明确的本地支柱产业及大量小型创新产业等。

交通系统方面的共同点是鼓励慢行及公共交通,限制机动交通。主要关注交通模式选择、日常交通及通勤交通组织、慢行出行的便捷性和安全性等内容。具体提出要实现的规划目标包括:实现步行、骑自行车和公共交通的最优化;通过公共交通及短距离步行的良好空间可达性;职住平衡,实现半小时内的通勤出行;减少机动交通;实现基于完整非机动交通网络的邻里连接等。

生态系统是国际生态城市实践中研究的重点,并作为一切规划的前提条件。主要关注城市与生物圈、微气候以及生物栖息地的关系、对生态区的保护、生态系统的连通性、城市环境治理及环境安全等内容。具体提出要实现的规划目标包括:城市应与自然取得平衡;实现城市与区域自然环境要素紧密连接;构建城市生态网络;保护生物栖息地的生态功能及生物多样性;实现城市生态系统的修复与重建;实现自给型的城市农业生产;构建近距离的大规模自然绿色空间;营造城市生物气候舒适性;治理环境污染;减少城市生态足迹等。

水系统方面在实践中与生态系统紧密相关,主要关注城市与流域的关系、水资源开采以及再生水利用等内容。具体提出要实现的规划目标包括:修复河道湿地;恢复城市的自然水文功能;构建城市水循环;合理使用中水及雨水资源等。

能源系统也是生态城市实践中的关键内容,主要关注气候变化应对、化石能源减耗、使用清洁能源、提高资源利用效率、绿色建筑设计以及资源循环利用等内容。具体提出要实现的规划目标包括:减少温室气体排放;实现化石能源消耗最小化;逐步依赖清洁的可持续能源;减少能耗及水耗并提高使用效率;建设绿色建筑;实现城市资源循环利用及能源管理等。

公众参与方面和其他各部分内容紧密融合在一起,主要关注社会参与城市建设和管理、实现城市信息交汇以及可持续的生活方式等内容。具体提出要实现的规划目标包括:公众参与城市建设和管理中的决策制定;提供开放式的城市信息交互平台,获取市民反馈及意见;倡导可持续的生活方式,包括绿色出行、汽车共享、节约能源与水资源、垃圾分类等。

2.5 理论结合实践的生态城市实践原则及目标体系架构

基于国际生态城市理论研究中的共性原则研究,以及国际生态城市实践案例中的共性实践内容及实践目标梳理,理论结合实践,我们架构出指导实践的生态城市实践原则及目标体系(表2.7)。自然-生态层面包括六条原则,共25项规划目标;社会-人文层面包括六条原则,共18项规划目标;经济层面包括两条原则,共4项规划目标。其中将规划目标进行编号,以便于在后续研究中可实现与规划技术的对接。

表 2.7　指导生态城市实践的原则及目标表

生态城市原则		特征	编号	生态城市规划目标	常见的现代城市
自然·生态层面	对自然环境的尊重最大化	与生物圈的关系	A1	城市与自然取得平衡,成为自然的一部分	有矛盾,偶尔或经常性地开发利用及污染
		与自然区域的关系	A2	城市空间与自然区域融合,构建城市生态网络	两者分离
		与微气候的关系	A3	构建基于本地气候及地理环境的城市布局	无
	对自然环境的损害最小化	气候变化应对	B1	减少温室气体排放	无
		与栖息地的关系	B2	保护生物栖息地的生态功能及生物多样性	开发破坏及污染
		对生态区的保护	B3	实现城市生态系统的修复与重建	无
		与流域的关系	B4	修复河道湿地,恢复城市的自然水文功能	无
		水资源开采	B5	形成自净闭合的城市水循环	过度开采及污染
	对基础原料和初级能源的消耗最小化	食物生产的维护	C1	实现自给型的城市农业生产,保障食品安全	无
		化石能源	C2	化石能源消耗最小化	肆意挥霍
		清洁能源	C3	依赖清洁的可持续能源	无或很少
		再生水	C4	合理使用中水及雨水资源	无
		资源利用效率	C5	减少能耗及水耗,提高使用效率	无
		建筑	C6	建设绿色建筑	建设流行、高能耗建筑
	对土地的需求(特别是对未开垦土地)最小化	开发选址	D1	在适合地段进行紧凑开发	摊大饼式开发,占用农林用地
		土地储备	D2	进行棕地治理及重建	污染荒废
		建设密度	D3	拥有合适的城市密度	过低或过高
		城市空间架构	D4	实现城市空间紧凑与分散的平衡	低密度蔓延或牺牲绿色及公共空间的过高密度建设
		土地混合利用	D5	实现高效的混合土地利用	大面积的单一使用功能
	城市和区域物质流的互动最优化	生态系统连通性	E1	城市与区域自然环境要素紧密连接	无
		交通模式	E2	实现步行、骑自行车和公共交通的最优化	优先发展小汽车并以之为主导
	对交通的需求最小化	城市发展模式	F1	公共交通导向型发展	受经济开发的利益引导,连通依赖大能耗汽车
		城市形态	F2	小网格城市形态	大网格
		日常交通	F3	通过公共交通及短距离步行即可到达公共服务设施	步行及公交可达性差,只能依赖汽车
		通勤交通	F4	职住平衡,实现半小时内的通勤出行	大范围钟摆式,出行时间长

续表

生态城市原则		特征	编号	生态城市规划目标	常见的现代城市
社会人文层面	满足基本需求及人文关怀的城市结构	空间感受	G1	拥有宜人的尺度及城市风格	杂乱感或空间尺度过大
		休闲需求	G2	拥有近距离的大规模自然绿色空间	无
		社区服务	G3	具有良好的社区公共设施服务	无
		社会交流	G4	拥有大量社会日常交往空间	无
	对人类健康的损害最小化	社区环境	H1	具有生物气候舒适性	风环境、日照效果及建筑保温性能差
		出行安全	H2	减少机动交通	弱
		环境治理	H3	治理环境污染	无
		环境安全	H4	收集并处理有毒气体、污水及固体废弃物	未经处理随意排放
	精神健康和社区认同最大化	心理感受	I1	拥有健康、安全和幸福感	不安感
		社区特征	I2	具有文化识别性及社会多样性	无
		社区认同	I3	居民参与社区决策,具有高度认同感与主人翁意识	无,社区氛围冷漠
	对人类活动的尊重最大化	慢行出行	J1	实现良好的空间可达性	不便利
		公共空间	J2	拥有良好的城市公共空间网络	过大尺度的单一硬质铺地,没有功能性
		邻里交往	J3	基于完整非机动交通网络的邻里连接	无
	创建良好的城市管理框架	社会参与	K1	公众参与城市建设和管理	无
		开发原则	K2	社会、政治及商业活动与开发都受生态环境现状的制约	无
		信息交汇	K3	开放式的信息交互平台,获取市民反馈及意见	封闭式
	可持续发展意识最大化	可持续的生活方式	L1	倡导可持续的生活方式:绿色出行、汽车共享、节约能源与水资源、垃圾分类	无
经济层面	实现多元化、抗危机并且创新的地方经济	产业结构	M1	形成明确的本地支柱产业及大量小型创新产业	差,对外部经济依赖性大
		经济	M2	促进环保经济	利益驱动
	减少总生命周期的成本(生产力最大化)	生态足迹	N1	减少城市生态足迹	没有限制
		资源循环利用及管理	N2	鼓励回收再利用,实现城市资源循环利用及能源管理	单向利用

资料来源:笔者研究自绘。

2.6 总结

本章通过生态城市理论以及对全球生态城市建设案例的广泛调查研究，构建了包括195 个国际生态城市规划实践的案例库，并全面梳理案例实践的规划规模、发展类型及其多样性，进行案例的规模及类型分类，以及主流及非典型性归类，总结得出生态城市案例中的共性实践原则体系及共性规划实践内容。

在共性实践原则目标体系中，归纳提出包括自然-生态层面、社会-人文层面以及经济层面三个层面的共 14 项原则、47 项规划目标。而在共性规划实践内容中，总结得出生态城市实践中的土地利用、交通系统、生态系统、水系统、能源系统以及公众参与六部分规划实践及研究的共性内容。由于生态系统及水系统内容紧密相关，而公众参与则在其他各部分中均有涉及，因此在后续四章中，将主要以土地利用、交通系统、景观生态及水系统以及能源系统这四部分核心规划内容，对国际案例实践中的规划技术策略及创新性的实施政策支持等方面的实践经验进行归纳。

第 3 章

基于实践的生态城市土地利用研究

　　人类活动最主要集中在城市空间中,因此可以说,城市作为生态系统的有机组成部分,是人与人、人和自然环境之间互动最为密切、物质和能量交换最为频繁和强烈的地区。在生态语境下,必须综合考虑传统城市规划内容与自然环境、社会人文以及能源等资源的相互作用,从而解决一系列生态城市规划建设的问题,包括:如何生态地组织城市空间结构,如何控制城市形态的扩张及城市建设强度,如何确定城市规模,以及如何进行城市用地的适度混合及功能分布分区等(周岚等,2011)。因此,前瞻性的城市总体结构形态的调适、生态基础设施的建设和生态服务功能的完善具有非常重要的战略意义。

3.1 构建区域空间的生态格局

　　生态城市建设,目标不应该仅是建设生态城市,还应当对城市本身及周边区域都能造成生态优化效益,而不仅仅局限于一个所谓的"生态区域"范围内。因此,应当将生态城市放在更大的区域空间中,实现城市的发展形态同区域空间生态环境的可持续性相适应,并形成优化、健康及良性循环的区域生态格局。

3.1.1 "集中分散化"的区域组团结构

　　芒福德强调城市与其所依赖的区域密不可分,是区域整体的一部分,并将大都市的无限和随机扩张以及对乡村地区造成的侵蚀视为"反城市",认为这样的发展只会导致城市和乡村都失去各自的价值。而城市作为一个有机体,应有良好的结构又不脱离自然,区域空间中应该实现不同规模的城市、城市和乡村及人工环境和自然环境的充分融合。在国际生态城市实践中,主流理念认为没有将一切活动都集中在城市当中的必要,主张在大城市周围分布一些独立的城市(陈涛,2005),并在生产经济和文化生活上与中心城市相互关联,构建"集中分散化"的区域组团结构,形成兼具城乡优点的人居环境。

"集中分散化"的区域组团结构从根本上决定了城市的多核发展模式,即不是单个核心的无限增长,而是强调各核心之间的协调发展与紧密联系。这种城市形态避免城市的低密度扩张,取而代之的是大范围的低密度自然地区与紧凑的集中节点的结合,节点之间依靠高密度、多方向的公交网络连接。这种适度集中与分散相结合的非均布模式,与集约紧凑的城市形态和混合高效的土地使用方式三者结合,在为城市提供充足的生态源的同时,减少了交通量,节约了土地和能源,使人们更加接近绿地、河流等生态空间,获得更好的生活质量。因此与蔓延式无序扩张相比,集中分散化的城市形态更贴近于可持续发展的原则(徐小东等,2009)。

得益于欧盟的战略指导及国家自身发展要求,欧盟国家在经历了城市的迅速扩张和城市中心衰败的历史时期后,选择以一种更为"紧凑"的城市发展模式应对不断出现的城市问题,促进可持续发展(李琳,2008)。霍尔(1995)指出,虽然不同国家之间有细节上的差异,但包含城市分散化格局在内的强有力的土地利用总体规划和发展控制,已足以引导并形成更加紧凑的城市形态。

应依托快速稳定的公共交通系统连接,以融合自然的多中心城镇体系,替代单中心无限增长的城市发展模式,形成更紧凑的城市组团形态,同时改善集中化城市的内部环境,缓解对区域生态环境造成的压力,并实现各中心之间的协调发展与紧密联系。瑞士长期制定了区域空间管理策略,在1996年制定的《多中心城市网络空间规划》中,提出要建立和加强国家各地区集中分散化的组团结构以及紧凑型城市发展模式,之后成为瑞士全国空间发展准则。其中阐述道:"城市组团应以紧凑的发展模式,主要沿连接大城市之间的铁路系统轴线分布,并有绿楔穿插在发展轴之间。这种向内的城市发展应能减少对城市边缘和农村地区的发展压力。"该战略基于瑞士现有的城市格局,规划形成大量覆盖国家范围的、单一规模相对较小的城市网络,单个节点仅包含约30万居民及20万工作场所。城市多中心体系中的重要节点以及城市和新区之间依托快速公共交通服务实现了可靠和稳定的连接,以此为基础适度分散过度集中的中心城区资源,将大型企业等新兴的增长型产业引导选址于城市周边的组团中。虽然单个城市或节点的规模不大,但形成了具有必需关键性城市功能块、高度专业化的服务及大规模专业市场的城市组团支柱产业网络,同时,给予环保型产业、小型创新产业以经济补助等优惠政策。因此与慕尼黑、巴黎等周边国家的单一大城市相比,瑞士由中小型城市构成的城市网络仍具有可观的竞争力(Beatley,2000)。

在荷兰,"集中分散化"的城市及区域发展政策始于20世纪60年代中期,政策促进人口逐渐迁出主要的城市中心区,通过巨额的政府补贴支持,在主要的城市群——任仕达地区(Randstad)指定了包括小村庄、中型城市和全新的城镇在内的15个新的城市发展节点,每个节点规划容纳5.5万到8万人口,其共同特征是紧凑、公交导向型发展以及实现混合土地利用。而德国在大城市周边也采取了"集中分散化"的疏散策略,如柏林区域规划在距离城市50公里左右,指定了可容纳5万至10万人口的10个新城镇。奥地利在《国家空间发展概念指导原则2001》中也同样指出,区域发展应基于集中分散化原则。此外,在阿姆斯特丹和斯德哥尔摩等地区,卫星城也得到了大规模发展(Beatley,2000)。

3.1.2 制定城市空间发展的生态边界

在中国,城市周边的农田和未开发地区,在城市化水平不断提高的背景下普遍被认为是处于待开发状态。与此相反,在许多欧洲国家,农田及农村地区从来不被认为是"短暂性的存在状态或是城市活动外的残余地区",其农业用途被看作是城市十分重要的基本社会功能而被珍贵地保留下来(Beatley,2000)。在欧洲国家,紧凑发展已作为具有普遍共识性的规划目标成为城市重要的发展方向。通过综合的土地利用政策,在城市和农村之间设置明确的空间边界,并将新的城市发展引导到现有城市化地区范围内进行土地重建和再开发,这是欧洲城市管理城市增长、避免城市蔓延、实现更紧凑的城市形态以及保护农村和未开发土地价值的重要手段(Beatley,2000)。

生态城市的空间规划应通过综合的土地利用政策,将城、乡二者的可持续发展进行协调综合考虑,在城市和农村之间设置明确的物理空间边界,并非将城市和农村的发展问题分开看待,相反地是对农村地区重要性的充分重视,而其中强有力的规划立法和开放的规划管理过程是关键途径。与此同时,生态城市的空间规划不应让土地、水、能源等资源被动地适应城市发展的需求,而是应当更加强调用地的生态适宜性和敏感性(周岚等,2011)。在城市空间扩张中应严格界定城市增长边界和管理城市周边的农村及自然地区,为城市提供良好的自然生态基底,实现对生物区和生物多样性的保护和最小侵扰。瑞士规划学者凌立(Ringli,1995)指出,重建和加强现有的城市是瑞士区域发展规划战略的重要组成部分,而对农田及农村土地的保护则与国家安全紧密联系,能够"实现城市最大限度的自给自足"。在荷兰、德国和丹麦,城市外围的农田和农村土地也同样得到了强有力的规划保护,这些地区并非城市发展的过渡地带,而是通过政策支持坚定地保留其未开发状态,防止城镇边缘的高投机开发而导致组团中心之间的合并趋势(Beatley,2000)。

荷兰城市增长控制的主要特点是"通过谨慎使用每一寸土地来实现紧凑型城市目标"(Beatley,2000)。20世纪80年代中期以来,荷兰实施了明确的全国性紧凑城市政策,1993年荷兰住房部设立了"文纳克斯地点(VINEX)"项目,旨在解决高人口增长率所导致的城市住房短缺问题,在城市内部或郊区进行住宅区开发,其项目选址要求应位于或邻近既有市区内部。具体规划原则包括:(1)建立团结紧密的社区以取代城区隔离的现状,降低荷兰城市的分散程度;(2)使城市公共设施的使用更方便快捷;(3)通过公共交通等提供更加便捷的城市交通服务,降低对私家车的依赖;(4)建立一个对应社会各个阶层的可行的社会结构。荷兰该项目的意义已远超过简单的城市扩展,其目的是要逐步改变荷兰城市的空间及社会结构。荷兰绝大多数的新城市发展都基于该项目,如乌特勒支的豪藤新区,其发展始于1966年基于3 000人的小村庄的再开发,于1994年加入该项目后最终将容纳10万规划人口。这一政策在十分有效地促进紧凑城镇发展的前提下,预计将实现在全国满足条件的住宅区建设超过一百万套住宅(Beatley,2000)。

3.1.3 绿楔结合公交的紧凑城市引导

欧洲城市已经基本上能够维持较高的紧凑度和密度,实践证明最有效的措施为大型绿楔、快速公共交通与城市建成区相结合的城市形态。埃尔森(Elson,1993)的研究表明,受到严格保护的绿楔通常能够有效地约束城市扩张并防止乡村的合并,同时促进城市的有序再生。霍华德(1946)也曾指出,城市绿带是在城市地区定居结构中的关键元素,并逐渐被对快速公共交通的依赖所影响(Beatley,2000)。

1.以绿楔限制城市发展用地范围

"摊大饼"式的单核心发展模式随着人口增长和城市规模的扩大,各种问题日益严重,而城市自然绿地往往逐渐被侵蚀并被隔离在城市范围之外,与城市内部联系少且生态效应差(徐小东等,2009)。在英国,城市周围的大规模绿带早在20世纪30年代末开始就成为遏制城市扩张的主要战略。最典型的例子是伦敦绿带,其规模约有120万英亩,尽管存在绿带被侵蚀现象,仍较成功地防止了城市蔓延(Beatley,2000)。而在法国巴黎,其第二次区域总体规划强调整合开放空间并促进多中心区域格局。其研究认为,从控制城市蔓延的实施效果来看,绿楔比一般的绿带更为有效,一定程度上具有适应人口增长的灵活性。

大型城市绿楔规划中比较典型的是赫尔辛基和阿姆斯特丹。赫尔辛基拥有深入市区的广泛绿地系统,其中最大的生态源——城市中央公园长达11公里,提供了"触手可及"的城市生态廊道,并实现了市区与周边乡村地区的紧密连接。阿姆斯特丹在1935年提出的紧凑发展计划中,就确定了由多个大型公共公园组成的城市绿楔系统,并与包括阿姆斯特丹在内的任仕达地区城市群的"绿心(Randstad's Green Heart)",即城市群之间的大型农场和自然开放缓冲区域,进行紧密连接。该层级清晰、脉络分明的绿地系统受到了荷兰国家层级的严格保护,除了能分隔任仕达地区的主要城市,同时将城市内部主要的新发展区分离成"叶"状分布,从而有效地进行城市扩张的管理和控制(Beatley,2000)。

在澳大利亚墨尔本,维多利亚州政府和策划机构多年来持续对绿楔地区实施长期保护政策,并于1971年被纳入城市第三战略计划《墨尔本大都市区规划》中。规划提出以九个永久性的绿楔分隔七个城市增长走廊,绿楔总面积为 2 400 km²,约占规划面积的一半,而所有未来城市发展则限制于不超过4～6英里宽的发展走廊中。该绿楔成功地在容纳大都市增长的同时还为持续的城市发展提供健康的基底,使城市周边农业得以保留和延续发展,保护了高自然价值地区以及矿产等多种自然资源,保留公共开放的空间的同时还为绿色基础设施、主要休闲用途的公用设施及大型机构提供了场所(City of Melbourne,2009)。

2.绿楔结合公交形成城市指状紧凑发展格局

由快速公交走廊串联的 TOD 综合组团发展模式,能鼓励高速轨道公交的使用及短距离的步行,减少小汽车出行量;并且在促进土地混合使用的同时具有空间生长弹性,可根据城市发展的实际建设需求,沿公交走廊方向分段、分时序开发(周岚等,2011)。在欧洲城市中,充分渗入城市中心的指状绿楔与快速公共交通走廊结合的城市发展格局十分常见,该格局能够使城市同时具有紧凑的结构、大面积的自然开放空间以及与周边自然地区的紧密联系,如维也纳、斯德哥尔摩、哥本哈根、弗莱堡和慕尼黑等。实践证明,绿楔模式与 TOD 模式在城市结构的组织中具有良性互补的关系:一方面绿楔可以较好地鼓励城市紧凑结构的形成及公共交通的发展,另一方面 TOD 将城市结构引导为向外的"指状"紧凑发展,能够促进大面积的绿楔渗入密集的城市结构中心。二者的结合可有效地促使建成区和绿地交替组合的城市结构体系,并且可使城市居民通过步行或公共交通网络快速便捷地到达自然开放空间(徐小东等,2009)。

哥本哈根则早在1947年的区域规划中就确定了著名的指状城市发展形态,高密度的城市发展集中在交通沿线分布,之间留有大量绿色楔形地带,实现了城市与自然的最大融合(City of Copenhagen,2012)。德国弗莱堡很好地规划保护了预留的五个楔形自然开放地区,并已与城市结构有机地融合在一起,其中大部分是森林,极大地改善了当地居民的生活环境。政府对该地区进行了严格的限制建设控制,城市发展用地则沿公共交通系统分布,只占总用地的约32%。在维也纳,只需乘坐电车即可从市中心前往超过7 400公顷的森林保护区,而从斯德哥尔摩市中心前往海边或自然开放区域也仅需约30分钟的公交路程(Beatley,2000)。

实践证明,紧凑型的城市形态以及充足的绿色空间是可以同时实现的。由大型绿楔及快速公共交通系统相结合的城市发展格局,将城市各组团分离成指状分布,能够实现城市高密度紧凑建成区和低密度自然绿地交替组合的城市结构体系,同时促进TOD发展模式下公共交通与城市土地利用的紧密融合。城市群之间以大型农场和自然开放缓冲区域连接,实现市区与周边乡村地区的紧密联系,也为持续的城市发展提供了健康的基底,并且能够在城市内部提供"触手可及"的城市生态廊道,促进大面积的绿楔渗入密集的城市结构中心。在此,城市显示出了另一种层面的紧凑,良好的公共交通系统能使市民容易到达城市外围的自然区域,而城市内部绿地网络则紧密地贴近市民生活。

3.2 生态导向的城市结构组织

据研究,城市结构与布局是否合理、城市功能是否健全,以及资源开发利用是否适量是城市可持续发展中的三个主要核心因素(董宪军,2002)。城市格局主导了城市内部各实体空间的分布状态及其关系,包括结构形态、开放空间、交通模式、基础设施分布以及城市职住布局和安排等,可以说从总体上决定了一个城市的"先天"生态条件,并且只有在此基础上进行的局部、分散的环境改善措施才能获得持续的实施成效(徐小东等,2009)。

3.2.1 生态容量及经济行为下的城市规模

城市规模,或者从本书研究角度来看,更确切地说是城市的组团规模,即能够满足人在城市中生活、社交、工作、娱乐、服务等的各种城市功能需求的物理空间范围。城市是否有最生态的规模,依据什么因素来确定城市规模,这些问题对于生态城市规划来说至关重要。

中国城市规划研究中提出了城市的生态及环境容量的概念,认为城市不应仅考虑人类发展的需求(黄光宇,2002),还需要从资源与生态环境条件出发确定城市规模的约束条件,即以土地、水等区域资源的生态支撑能力作为生态容量,以城市人为活动产生的污染物在本地区的自净能力作为环境容量(周岚等,2010)。然而,除了考虑生态环境方面的影响之外,城市作为人类经济活动的主要聚集区,城市组团规模关联着其中的人类经济及社会活动范围,最主要和直接的体现就是人类的职住等社会活动的出行距离的长短,出行中所耗时间影响到城市的经济市场效率,以及出行中所耗能源影响到城市的资源利用等问题。

因此,参照国际实践中从生态容量角度和城市经济行为角度出发进行城市规模研究的方法,我们主要从这两方面进行探讨。

1.城市的生态容量研究

国际上对城市生态容量的研究伊恩·麦克哈格在 1969 年所著的《设计结合自然》(*Design with Nature*)中就奠定了多学科的科学基础。书中充分融合了规划设计、景观生态学和生态学三个学科,建立出一套以城市适宜性分析与环境叠图程序为主轴的生态规划方法,并被广泛应用于城市空间规划的前提基础中。该方法即在先期评估阶段根据城市发展的需求,通过分析各种环境因子以判断区域中的环境适宜性高低,划定出区域中具有高自然度的环境敏感地区作为城市的生态容量(谭春华,2007;张瑜,2007)。杨沛儒(2010)认为,麦克哈格之后在 1997 年提出生态规划方法①正如一种千层派(layer cake),即是一种垂直整合各环境因子的概念,从底部的岩层,往上为较年轻的土壤层与植被层,一直到更上层的人类活动等,如表 3.1 所示,在生态规划必要的自然资源数据基准中整合了各种环境科学,包括气象学、地质学、物理海洋学、表面地质学、地形学、地下水及表面水水文学、土壤学、植物学及动物学等内容。

表 3.1　城市规划生态容量的自然资源数据基准

自然资源数据	数据内容
气候	气温、湿度、降雨、风速、风向、降雪、雾、台风、龙卷风等
地质	岩石及其形成年代、平面剖面性质、地震活动、崩塌等
表面地质	冰河底层、石堆、矿坑或堆积物、耕地
地下水水文学	地下水层、井、水量、水质、水位、洪水平原等的地质构造解释
自然地理学	自然地理区域、次区域特征、等高线及地形剖面、坡度破相、数位地形
表面水水文学	海洋、湖泊、三角洲、河川、溪流、沼泽、湿地、河川分级及密度、流量、水量及水质
土壤	土壤分级与分类、土质、土壤表面至高水位或岩盘的厚度、土壤膨胀收缩、压密强度、阴阳离子交换、酸碱度
植被	植被分类与社群、物种、组成、分布、年龄及成长状况、视觉质量、物种数量、稀有物种、森林火灾历史、植被演替史
野生动物	栖息地、种群与数量调查、稀有物种、科学研究及教育的价值
人类	风土民族志、聚落模式、既有土地利用状况、基础设施、人口结构

资料来源:引用杨沛儒(2010)整理自 McHarg & Steiner(1998)。

该方法强调将生态学看作是规划的基础科学,所有的环境和区域都是人类、生物环境以及物理环境三者的整合。而此后,生态规划方法逐步发展得更为精细和定量化,促进了适应性分析方法在生态规划的普遍应用。但该方法仍存在许多不易解决的难题,例如水文、植被或土壤等不同自然因子之间具有非线性关系,做出综合评估较有难度,而同时也存在土地空间动态过程难以套叠、自然环境的时间动态过程难以掌握等一系列问题(谭春华,2007)。

---

　　① 后来的一些研究者称之为垂直地势分析法(topological analysis),以便和后来的地景变迁研究或地景生态学的水平时间空间分析(chorological approach)相区分。

2.城市的有效市场及出行行为研究

早在 20 世纪 70 年代,国际上就开始了对城市规模及其经济表现之间关系的研究。阿隆索(Alonso)于 1971 年的研究表明,城市存在最佳规模,但不同社会经济背景下的城市,受不同成本及效益的控制而其最佳规模有所不同:像东京这样的世界级城市,可能尚未达到其扩张的限制,但其他小得多的地方,如许多发展中国家的首都,其规模则已濒临饱和(Hensher et al,2003)。还有学者提出,城市规模受到"有效的劳动力市场"规模所限,具体包括三方面因素:一是经济功能下城市的实际空间市场的规模,及具体参与人数;二是其交通系统的速度,交通速度越快,则工作场所及人员所分布的空间范围就越大;三是地域空间上活动的扩散程度,扩散得越厉害,则在一定空间范围内的就业机会及人员数量就越少。这三者的结合决定了在一定时间内可达的工作岗位或工人的数量,而这个"有效的劳动市场"通常被认为大幅低于城市劳动力市场的总量,特别是在大城市。研究认为,在大多数城市,并不是所有职员的工作出行时间都可被接受。在恒定的出行时间与工作条件下,当职住之间具有更高的交通速度及(或)工作环境在更具吸引力的场所时,人员及公司更愿意前往。交通速度与扩散程度这两个变量之间存在着某种权衡,平均速度的增加一般将伴随着地理空间扩散的增加,相反地,空间的集中往往由于增加了拥堵等因素而与速度下降相关。但研究表明,可能的出行选择并非受距离远近所限,而是由其所持续的出行时间长短所决定,这可以通过固定的耗时预算进行表示,如可接受的出行时间占总活动耗时的比例,或是可接受的通勤时间等(Hensher et al,2003)。

从人类行为学的研究角度出发,1994 年提出的马尔凯蒂(Marchetti)不间断理论研究表明,虽然随着历史的自然演变发展,但合理健康的城市规模基本保持在一小时出行的宽度之内,即平均单程出行时间为半小时,最长为一小时左右。该研究认为在城市出行中,人们往往平均愿意花半小时来进行活动行为的转变,如从生产性工作转变为娱乐活动。出行的交通时间预算为城市公共设施的建设选址提供依据,由此定下了城市形态格局。据研究,该时间分配已经在几个世纪中的人类行为研究中得到了证实,并潜移默化地成为人们如何在城市中生活的原则,同时也解释了城市超越特定的规模和扩张范围后可能变得功能失调的原因。高密度的城市将使人口增加得更多,但由于其覆盖面积小,其不同的交通方式仍可满足人们半小时的出行时间需求;而相反地,低密度城市则会很快到达规模限制点(Hensher et al,2003)。例如,一座拥有平均时速超过 40 km/h 的公共交通和每公顷 100 人密度的城市,将在其达到直径 40 km、人口 20 万后开始变得功能失调;而一座每公顷 10 人的城市会有更高的平均出行速度(但不超过 50 km/h),然而当人口达到 200 万左右时其公共交通功能将会失调(Marchetti,1994)。

霍尔(Hall)在其"可持续的社会城市(sustainable social city)"理念中提出了供参考的合理的城市规模。该理论提倡沿已有的或者规划的快速轨道交通走廊发展城市群,围绕主要公交站点建设混合土地使用的新城镇,每个规模为 1 万~1.5 万人,而环绕公交枢纽站点的组团的最大规模可以发展到 20 万~25 万人(Beatley,2000)。总之,在确定生态城市的组团规模时,单纯从生态环境容量角度来说规模越小越好,然而同时还应综合考虑城市的社会经济发展需求。从供应方面,应通过对城市及周边各种资源和生态环境容量的分析,确定人口与用地的约束限制;从需求方面,可根据人类行为学及社会经济发展条件进行模型推测,判断城市未来人口与用地规模的发展需求。通过供需两方面的权衡,最终确定城市合理、适宜的人口和用地规模。研究认为,新建组团具有 25 万～30 万左右的人口规模比较恰当,如果按 1 万人/km² 推算,则单个组团的规模约为 25～30 km²。

3.2.2　合理紧凑下的城市土地利用及密度

雷吉斯特(2010)提出,生态城市是紧凑、充满活力、节能并与自然和谐共存的聚居地。"紧凑城市"理论提倡城市的高密度开发,认为能够同时实现保护土地资源和降低能源消耗的目的(吴正红等,2012)。但"紧凑"并非意味着"拥挤",在生态城市中应鼓励"紧凑但不拥挤"的空间使用(耿宏兵,2008)。只有合理的紧凑,才能实现生态城市的土地利用最佳化,即利用较少的城市土地提供更多城市空间,承载更多高质量生活内容(李琳,2008)。

城市地区在适应气候变化和减缓温室气体排放中充当重要的角色,如果以牺牲城市绿色空间为代价,通过增加城市地区的密度来降低出行需求和减少能源消耗的话,那么具有大量密封表面和少数绿地的紧凑型城市将会失去重要的气候适应资源,非常容易受到气候变化的影响。单纯的"紧凑型城市"在现在看来已经过时(Matthew,2006)。单纯的紧凑带来的是城市的拥挤和生态环境的破坏,并不能达到可持续发展的目的。

而相对较高的密度和紧凑的城市结构是欧洲城市在确定其可持续性措施中的关键内容。在对碳排放与土地利用关系的研究中表明,对土地利用的限制和约束越严格,居民生活的碳排放水平将越低,比如高密度中心区的人均碳排放量要比低密度郊区少(Matthew,2006)。这些特点使得许多其他生态城市特征成为可能或更容易实现,包括公共交通的大量使用、良好的步行能力、充满活力的市民空间、高效的区域供热系统的使用以及大型可达性良好的绿色空间系统等。

因此,在城市土地利用规划中,不仅要控制开发强度和建设密度的上限,兼顾城市的生态效益,以城市生态环境容量和基础设施的承载能力范围控制城市的建设密度,严格规划保护城市的自然地区及绿地空间,确保实现人居环境的舒适性;同时还应控制开发强度和建设密度的下限,如规定最低容积率等指标,以促进空间紧凑发展,有效节约城市土地,减少交通基础设施、能源、信息、供水系统及污水处理系统的成本(周岚等,2011)。

3.2.3　小网格结构下的城市空间形态基础

城市中心及重要的人口聚集节点,如组团中心和公共交通枢纽站点周边等地区,聚集了最为混合和丰富的城市功能,在此组织步行作为最主要的地面交通形式,具有最佳的可达性,同时也避免了机动交通的集中拥堵。因此,在这些地区规划形成步行优先的小网格城市格局,能够促进紧凑、短出行的混合发展,构建有利于人与人交往及组织市民活动的适宜尺度空间。而国际案例中常见的不规则小网格的城市形态设计,则有助于形成具有丰富变化的城市空间,营造出活泼的城市场所。对比案例的规划平面图可充分体现出该设计共性(如图 3.1～图 3.2)。

在国际实践中,新城区建设均以小网格结构为城市的空间形态基础,依托公共交通廊道进行较高密度开发,在沿线设置综合城市功能并形成连续的城市界面。在邻近自然开放空间地区,则规划以小体量建筑为主,多向自然设计"开口",有助于将自然引入城市空间,保持自然景观的视觉连续性并使其充分融入城市景观中。街道空间设计中,利用具秩序感的沿街建筑及醒目的公共建筑作为天然边界,设计立面连续、界定清晰的城市街道及广场,形成良好的围合感以及明确的方向感。增加景观丰富的休憩场所,体现城市场所环境的多样性及独特的风格感,营造可供组织市民活动的城市公共空间,并为行人提供无障碍的慢行交通网络。

而在既有城市改造中,虽然无法完全改变原有的城市格局,但可在地块设计中优化步行可达性。采用紧凑的小体量建筑设计,体积较大的建筑体块分成多个较小的建筑群,营造出人性化尺度的城市空间,设计连续的慢行交通系统,并与周边多个街区的慢行网络紧密结合。

哈马碧新城的总体建设布局是围绕内庭院的街区,整体开发密度很高,其中最高密度集中在地区的主轴沿线,即37.5 m宽的林荫大道和公共交通综合走廊,连接了关键的公共交通枢纽和公共节点,包括被自然包围的活动中心和商业中心。新城布局谨慎考虑了街区地块的适当尺度,为了整合交通、娱乐设施和公共场所,其中一面街区长度较短,形成紧凑的商业街面对水岸;另一面街区长度较长,以充分容纳居住功能。

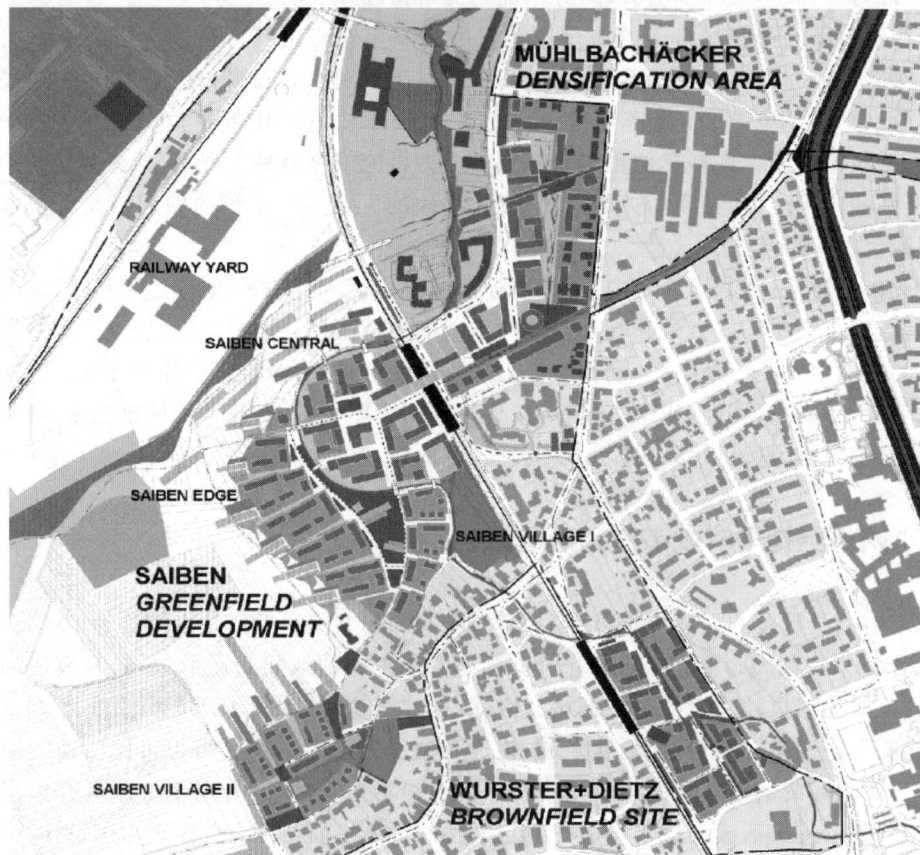

图3.1 德国图宾根生态城

资料来源:Kahn,2006。

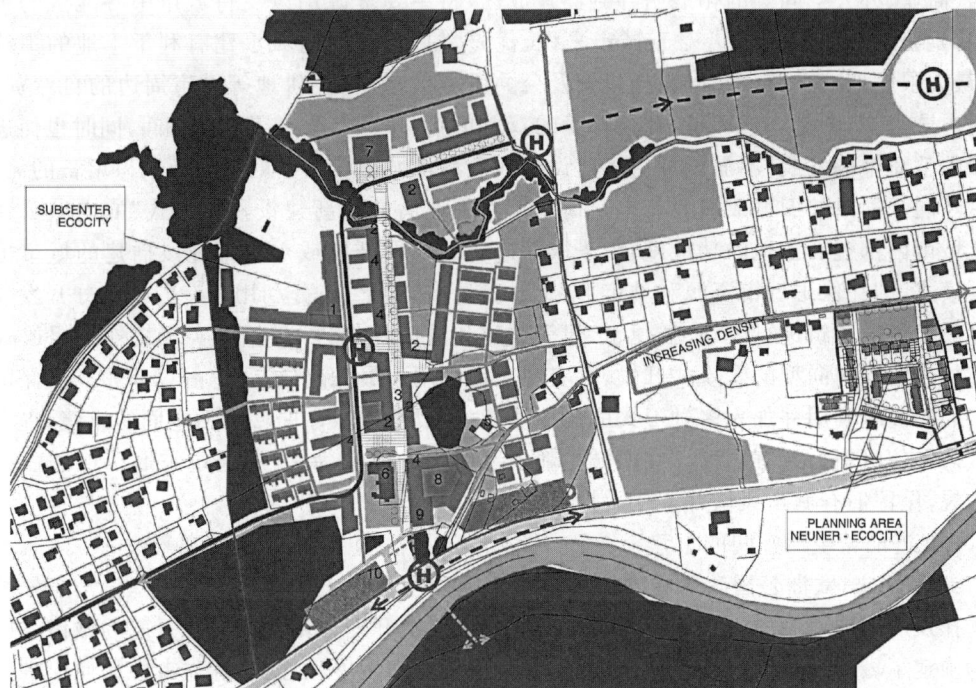

图 3.2 奥地利巴德伊舍生态城概念规划平面图

资料来源：EU Ecocity，2005。

3.3 城市用地空间的分层开发

城市人口及经济的逐渐聚集和发展，必然会带来新的城市空间扩张的需求。在城市生态边界控制及紧凑发展的引导下，生态城市规划在寻求新的城市用地扩张时应采取与传统的城市建设不同的模式，严格避免低密度的城市蔓延和绿地占用现象，应将新开发尽量限制在现有的城市建成区域内。优化的生态城市空间发展应遵循三个步骤的发展次序，即第一步，优先"填充式"的内城加密重建，促进旧城空间和内城既有建筑的复兴和高效利用；第二步，有效利用城市内部棕地进行再开发，将已建成区中的旧工业用地等未被充分利用的废弃、闲置区域作为城市未来发展的主要土地资源；最后一步才是规划低碳化的城郊新区，应选址于沿公共交通走廊的城郊棕地或已建成区，并依托具有特色的城市功能。

3.3.1 优先"填充式"的内城加密重建

欧洲许多城市将"紧凑城市"作为国家土地利用规划政策的核心内容，在城市加密和市区重建中进行了大量努力。在发展用地选址时，最大限度地利用土地资源，充分开发城市土地，将城市中心地区的填充式发展放在首位。通过经济补贴等措施将城市新的发展需求，如住房、商业、办公空间等的拓展引导到已建成区,将主要资源用以支持城市中心地区的再开发,特别是城市重要地段。对于城市来说,优先"填充式"的内城重建有利于土地的集约利用,最大限度地减少市政基础设施投资及公共服务成本,保护耕地等城市周边的自然资源;而对内城来说,则是物理环境、社会环境的双重更新,即不仅改善了内城空间,同时也促进了内城的整体经济发展,不需增加更多建设用地而满足城市发展中的用地及人口增长的需求。

不同于简单的旧城改造及将大片街区夷为平地后的重新建设,"填充式"的内城重建应强化城市内部现有土地的功能整合,采取渐进式的二次开发或对局部地段插建的城市更新发展模式,即在保护城市资源和城市形态结构特征基础上,充分利用现有的未充分开发或低密度的地段或建筑进行改建、插建、扩建等重建和适应性的再利用,可实现将外延粗放式的城市扩张转向内向型的紧凑式开发,并实现土地利用的最大化(徐小东等,2009)。应保留城市中心的混合利用并加入多种形式的居住功能,可以促进城市旧城生活空间的重建,提高老城区的居住吸引力及宜居性。在旧城更新中以保护式改建为主,应通过采取严格的古迹保护法规,保留旧有城市风格并避免大拆大建。

1. 促进旧城生活空间的重建

20 世纪末,欧洲各国政府在支持可持续土地利用模式上采取了广泛行动,大部分城市在选择发展方向时倾向于在原有城市中心区进行二次开发。例如挪威及丹麦的城市结构规划均确定了城市增长区选址于城市内部,在城市开发新发展区之前,优先考虑如何促进填充及利用现有的市区土地。挪威还明令禁止了五年内在城市中心之外建设 3000 m^2 以上的新购物中心,以防止汽车交通的发展和城市中心的经济削弱。丹麦城市的旧城也因此吸引了当地大部分居民,尤其是年轻家庭更乐于住在其中(Beatley,2000)。

通过大规模的步行街道和大量公共设施的配置及选址研究,并积极加入多种形式的住宅单元,保留城市中心区的混合功能,提高老城区的居住吸引力及宜居性,能够为留住居民及挖掘城市中心潜力提供可能。欧洲城市常见的模式是在沿街商店和办公场所之上设置住宅单元,因此在很多城市仍有相当比例的居民生活在中心区,甚至是历史核心区。哥本哈根市中心的主要步行街,经历了 30 年的渐进式改造,从汽车空间逐步转换为市民的步行空间,沿街有着各种商店和办公场所,楼上为住房公寓,充分的混合利用使其成为宜人并充满活力的城市空间,并成功地保留了旧城的"经济集聚中心"的活力(Beatley,2000)。该案例经验同时也表明了城市空间逐渐转变的重要性。

在英国和爱尔兰,城市已实施出相应的方案和政策以促进旧城生活空间的重建,并增加了住房功能。以阿姆斯特丹为典型的荷兰城市对城郊社区发展所引起的城市人口迁移有明确抵制。而苏黎世等许多城市则明确采取了支持加强城市中心地区发展的策略,鼓励针对城市中心旧的、退化地区进行重建和适应性的再利用。赫尔辛基在 1992 年的"城市规划可持续发展原则"中确定,未来的发展规划用地应符合"选址于现有城市结构之中,通过补充、巩固或翻新现有建设用地,将其赋予新用途"(City of Helsinki,2005)。

而柏林则在 1994 年的土地利用规划中即确定,2010 年之前的 90% 的城市发展将选址于现有城市结构内,进行填充式的开发及建设,如表 3.2 所示。柏林最大的新发展区规划波茨坦广场即是对城市内的一个重要交通枢纽地区的重建,规划建设后该地段共拥有 1.1 万 m^2 的办公室和住宅空间,并提供了升级了的大容量交通服务,其中公共交通占到 80%。而柏林市中心的施潘道旧城(Spandauer Vorstadt)在更新改造前是一个逐渐衰败的旧社区,商店和住房均处于空置状态。当地政府对该社区提出的改造目标是:在保持历史特色的前提下,将 70％的建筑进行保护性更新,发展多样的公共设施,恢复社区的居住活力及商业功能。社区在改造后成为德国最大的庭院建筑群,拥有多样化的住宅、商业办公、集会中心及产业服务等混合用途设施,成功地吸引了居民回到中心区居住,复兴了旧城区的活力(马航等,2012)。

表 3.2　柏林城市新发展用地选址及其所占比例

柏林城市新发展用地选址	占建设用地比例
旧工业区的重建	23％
城市空闲用地改造,以及二战废墟遗址	24％
城市低密度住宅区的加密化	25％
大型住宅区的规划建设	7％
屋顶使用功能的增加与转换	11％
在原未开发土地上的新开发	10％

资料来源:Beatley,2000。

2.保护前提下的旧建筑改造再利用

历史遗留下来的旧建筑、街道和街区等均是城市魅力的重要体现,同时也是实现城市改造和土地二次开发的重要途径(徐小东等,2009)。匈牙利杰尔生态城将工业建筑改造为图书馆、博物馆等其他功能场所;柏林将教堂转变为办公室和商店,将旧停车场改造成小学;纽约市则将几十个废弃建筑在保留特色的同时改造为城市住房和社区公共设施,如为社区艺术家提供的经济适用房和工作室及社区艺术教育中心等,解决社会需求的同时也保持了该区域的特色文化氛围。

如何在历史结构中结合现代需求、平衡历史保护与现代建设之间的矛盾,是旧城更新面临的主要挑战。德国明斯特制定了强有力的古迹保护法规,对旧建筑的再利用形式进行了严格限制,该限制随着远离旧城中心而降低。类似地,维也纳制定的"温和的城市重建(gentle urban renewal)"的旧城更新规划,也始终强调在进行历史街区复兴的同时不拆除建筑物及驱赶居民(Beatley,2000)。

3.3.2 有效利用城市棕地进行二次开发

当城市内部的闲置土地及大规模的更新改造空间逐渐减少时,可以充分挖掘城市棕地中的混合利用发展机会。在国际实践案例中,充分体现出了对棕地改造和再开发的重视,根据研究统计(表 3.3),国际案例中棕地改造数量占案例库总量的近 1/5,其中欧洲案例的比例超过 2/3。几乎所有欧洲城市的新发展区都选址于现有的城市结构内,并最大限度地利用了城市棕地。

表3.3 国际生态城市案例中棕地改造项目统计表

发展类型	生态城市棕地改造案例
城市改造 & 新区扩建	弗莱堡(41),斯德哥尔摩(96),苏黎世(103),纽约(145)
城市改造	瓦尔比(哥本哈根)(18),柏林(39),海尔伦(68),奥斯陆(72),多伦多(126),怀阿拉生态城(152)
新区扩建	梅茨(30),贝尔瓦(34),平原社区(35),斯特尔沃克60(50),杰尔(53),GWL特海恩(67),扎戈列(82),哈马碧新城(93),马尔默(95),斯德哥尔摩皇家海港(97),西港(98),苏黎世斯尔城(104),格林威治千禧村(110),布里斯托尔(111),伦敦皇家港口(116),泰晤士(118),圣奥斯特(121),怀特西尔-伯邓(122),维多利亚绿色码头(125),巴拿马太平洋城(130),柔纳公园(149),旧金山金银岛(150),布朗加鲁(154),维多利亚港(156),藤泽可持续智能镇(179)
新城建设	米尔尼生态城(182)

资料来源:笔者整理。

注:表中案例后数字为表2.3的项目统计序号。其中,序号1~122为欧洲案例,123~150为美洲案例,151~159为澳洲案例,160~187为亚洲案例,188~195为中东及非洲案例。

1.城市内部旧工业用地及旧基础设施的重建

合理有效地进行城市内部旧工业用地的再开发对于城市来说十分重要,除了能对原有受污染的破旧地区进行环境修复之外,同时能减少城市建成区大量可用土地的闲置及对城市边缘耕地的占用,实现最大限度地利用土地。

瑞士苏黎世地区的大量新城市发展大多规划选址于旧工业用地内。例如靠近北火车站的城市次中心区(Zentrum Noord)是早期武器制造业的旧生产基地。规划除了开发写字楼外,地段中35%用于住宅建设,一条新的城市公交线路将密集的人行道和自行车道网络进行连接,贯穿整个社区及包含5万 m^2 公园在内的完善的休憩用地。更新项目在原街道网格基础上,充分考虑了分阶段建设的需求,使该基地逐步成为一个充满更多人口活力、紧邻轨道站点的混合利用社区。而荷兰莱顿在对市区内仅剩的一块13公顷的原铁路堆场进行规划设计中,在当地居民的参与促进下,对场地进行了大规模的生态研究,在重建的同时也较好地保留了该地区原有的野生动物的栖息地和迁移走廊的重要生态功能(Beatley,2000)。

2006年,瑞典斯德哥尔摩市政府及社会各界共同制定了《斯德哥尔摩2030》规划,确定了斯德哥尔摩至2030年的城市长期愿景,并选定市中心及周边的多个已建成地区进行重建规划,以满足较大规模的住房、工作场所和设施的扩充需求,同时实现内城核心区更新,创造更富活力和吸引力的城市环境。其中,斯德哥尔摩皇家海港项目是所有规划项目中规模最大的一个。该项目与斯德哥尔摩指定的第一个新发展区哈马碧新城一样,均是利用旧工业区和废弃海港进行的二次开发。该地段包括了一个旧石油港口、货运码头和天然气工厂,而周围围绕着皇家国家城市公园(Royal National Urban Park),规划在棕地改造的基础上充分结合了城市独特的水景及自然资源,目标是建设成为全球可持续发展的范例。项目将于2025年左右发展完善,最终将包含多个各具特色的社区,其中部分区域将被改造成充满活力的环境与艺术画廊等文化景点,并将提供一万个新住宅单元和三万个新工作场所,为城市丰富了就业、住房、交通、教育、公共和商业服务、文化活动和娱乐的多类型选择(City of

Stockholm,2007)。

在丰富城市所需的各种生活服务设施的同时,棕地开发还应更多地注重城市社区的塑造。由于棕地常集中在旧工业区,聚集了较多的低收入群体,因此在开发中应注重当地社区居民的需求并促进公众参与规划,并且在土地价格和房租不断上涨时,应充分保障对社区健康的公共空间、社区中心及经济适用房等社会性城市功能的营造。纽约政府及民间组织均积极推动对城市棕地的再利用。环境倡导者在纽约全市发起了一系列对棕地社区及对未充分利用土地的再利用规划,而纽约政府则每年提供约 800 万美元资金对此进行资助。纽约在 2002 年宣布将废弃长达 15 年的滨水工业区重新规划为住房、商业和开放空间的混合用地,其中经济适用房在 2005 年建成的新住宅中占了三分之一(The City of New York,2010)。此外,在曼哈顿城中占地 300 英亩的工厂也被重新规划成为集商业、住宅和酒店用途为一体的多功能区,其中每个社区独特的历史性和风格特色均得到了很好的保护,旧厂房和街区在维持原有风貌的前提下被改造成新住宅和商业空间,用以集中扶持当地的艺术产业(The City of New York,2010)。

2.发掘旧市政基础设施的混合加建空间

除了旧工业用地之外,市政基础设施也是城市中占地较大的单一功能用地,如停车场等交通设施,以及废弃或老旧的学校、图书馆等大量的市政公共设施,可通过综合二次开发,增加其混合利用性,缓解城市日趋紧张的发展用地需求。

在纽约城市内部虽然已经几乎没有闲置土地,却拥有大量未被充分利用的基础设施。为了实现城市用地的多收益性,并能积极创造出更多居住和工作空间以容纳不断增加的城市人口,纽约市政府与当地社区及开发商共同合作,充分评估了城市内部"共用土地"的开发潜能,将经济适用房等社会性住房与现有的图书馆、学校和停车场等城市设施共同规划建设,以最大限度地满足其建设需求。纽约市通过该途径已在 4.3 万英亩的市政用地上发掘出了可观的城市居住空间,最大限度地减少及避免了在城郊新建住宅区的需求,有效节约了城市土地资源及政府财政支出。纽约市中心的一个地面停车场已被改建成配套地下停车场的 15 层老年公寓。该设施不仅缓和并满足了地区人口日益老龄化的生活需求,同时保留低价停车位的供给,而其中配套的综合服务中心及屋顶花园同时为周边社区提供了共享的医疗设施和开放空间(The City of New York,2010)。

而高速公路和铁路这样的交通基础设施不仅占用了大量宝贵的城市土地,同时也在社区之间形成隔阂,阻碍了社区发展。因此纽约市对铁路工厂、高速公路和铁路线均进行了改造,将高架机动道路改为半地下式通道,其上架空建设住宅楼及公园,在增加当地公共设施功能的同时充分连接了两侧被分隔开的社区。纽约市还对占地近 200 英亩的废弃铁路工厂进行了更新重建,在工厂之上架空建设住宅公寓和办公设施,并增加了商店、学校、运动场及公园等混合城市功能和公众开放空间,而对露天铁轨的覆盖同时还有效消除了铁路工厂的噪音。在废弃的铁路工厂旁,规划建设了一个融合多条地铁的多功能交通枢纽设施,涵盖城市公共交通和新通勤铁路线路,充分地满足了当地居民的通勤需求(The City of New York,2010)。

然而,在众多国际实践经验中也提到,棕地再开发项目由于受场地和公共交通设施的便利性所限,并非均经济可行,需针对当地具体条件和需求进行规划。

3.3.3 进行低碳化的城郊新区发展规划

当内城在满足生态容量及绿地空间需求的前提下,建设密度达到饱和时,可优选与城市紧密相邻的城郊已建成区进行再开发,特别是城郊棕地地区。欧洲城市的新住宅社区设计,以及更大尺度的新发展区规划均有很多地方值得我们借鉴。案例经验表明,在新发展区规划中,应以新区与现有城市及城市结构的紧密、便捷的公交及非机动交通连接为规划基础,实现以步行和公共交通替代汽车,实现具有多种房屋类型和混合利用性的高密度、高效的新区建设。而城市不同新区的发展,应通过建设具特色的公共配套设施等手段,以多样的城市社会公共服务功能增加新区的识别性及吸引力。

1.选址控制:优先发展城郊已建成区

马尔默市的西港新区是目前瑞典正在规划建设的最大的城市新增长区。该地区是始于19世纪的废弃造船厂生产地,与城市紧密相邻,为城市提供了可观的用地发展空间。马尔默市在1990年对其进行规划再开发,重点转变为发展教育和可持续产业。著名的Bo 01生态城项目是该工业区范围内的四个规划项目之一,另外还包括两个住宅区以及马尔默大学的新校区(Foletta,2011)。

图3.3　瑞典马尔默西港新区重建项目规划选址图

资料来源:Foletta,2011。

荷兰政府在近 20 年来的城市新区发展中,也一直大力推行城市近郊已建成区的再发展及重建。阿姆斯特丹重要的城市发展规划之一是重建废弃的东部码头(Java-eiland)地区,使其恢复 19 世纪时的繁荣与活力。规划实现了该地区多功能的土地混合利用,提供了多样的新住宅单元,并通过自行车道、公共交通等与城市中心紧密连接。赫尔辛基也将城市中心旧码头地区的大量空间进行了规划重建,其中包括住宅、服务和商业,成为城市最重要的开发区(City of Helsinki,2005)。

而丹麦和德国则采取了多种政策,限制未建成区的开发建设。即使是获得政府批准的主要发展建设区,也需要在开发协议中签署大量的发展限制条件。如德国弗莱堡的希瑟菲尔德新区(Reiselfeld),其开发协议中制定了包括用地类型、可建设区域、建设类型和楼层数等的规划及建筑设计具体内容,以及重要的能源效率标准等合同性责任。这些详细的协议不仅具有较强的规划调控影响力,同时也对城市的开发选址产生了较大的约束作用(Beatley,2000)。

2.公交及非机动交通先行

研究表明,居民选择居住地时的首要决定因素并非是价格,而是区位优势和社区设施的可用性,甚至愿意为了获得区位及设施优势而舍弃其首选住房,如更接近工作地点和减少通勤量(Beatley,2000)。因此在城郊新区发展规划选址中,具有高度便捷的交通流动性和良好的可达性是重要前提之一,不仅应实现与既有建成区的连接,同时需提供足够便捷的公共交通通勤能力。弗莱堡的希瑟菲尔德新区的建设紧密伴随着公共交通系统的扩展,而电车线路的铺设与住房建设进度始终保持同步。斯德哥尔摩、阿姆斯特丹和哥本哈根等城市的新型高密度卫星社区均相对邻近市中心并具有发达的地铁或市郊铁路系统连接,其社区住房通常在围绕快速公共交通站点的步行范围内,具有各种混合使用功能及公共服务。

从 20 世纪 50 年代开始,斯德哥尔摩沿区域铁路系统建成了一系列高密度和高可达性的社区,在站点中心周边集合了各种零售和社区服务,土地使用密度随着远离站点而逐渐递减,如斯德哥尔摩的皇家海港项目及哈马碧新城等项目。其中公寓型住宅街区规划距离地铁站最近,位于步行 500 米范围内,因为其住户以小型家庭和单身者为主,更看重公共交通、商店、餐馆、电影院等设施服务以及集合型住房资源(City of Stockholm,2007)。

而瑞士的规划政策明确推广了沿城郊铁路沿线进行城市发展的紧凑型增长模式,其中在《苏黎世州指导规划》(Zürich Canton Guiding Plan)中确定了未来的城市发展将集中在中型城市和公共交通沿线服务区域的主要结点,禁止在其他区域的任何开发。由于该政策的实施,该州的建成区用地仅占总用地的 25%(Beatley,2000)。

纽约市重新规划的核心也是寻找邻近的公共交通枢纽,在非中心区通过轨道交通系统的延伸,促进以交通枢纽为中心的住宅发展。纽约市已在曼哈顿的哈德逊工厂地区投资延长 7 条地铁线路,并在其周围建设新的公园等公共设施,该规划可为当地带来 10 万个工作岗位和超过 1.3 万套经济适用房(Pla NYC,2012)。

城市的新发展地区规划在建立与既有城市中心的紧密公共交通连接的同时,还需注重连接性非机动交通网络的规划,如直接通往城市中心的自行车道、步行道和人行天桥等。乌得勒支的来得瑟新区(Leidsche Rijn)的选址虽然紧邻旧城,但其主要空间障碍是一条高速公路和一条大型航运运河(阿姆斯特丹-莱茵运河)。为了进一步加强新区与旧城中心之间的连接,新区规划在高速公路上的多个地点进行了总长共计 300 m 的屋顶覆盖,并在运河上建设了三座新桥,其中一座限自行车通行,一座预留给公共交通以及自行车,第三桥通行汽车,但为慢行交通及公共交通提供了充足空间(Beatley,2000)。

3.赋予独特的新区公共功能

新规划还应保护和加强现有的城市特色,不同新区发展中,通过特有的公共设施配套等措施融合多样的城市功能,增加新区的识别性及吸引力。为每个不同地区规划出特有的公共设施及功能的发展目标,同时避免城市公共设施的重复建设。"斯德哥尔摩愿景2030"规划项目的多个新发展区即是很好的例子(表3.4)。并可以通过给予入驻新区的环保型产业、小型创新产业以及大型特色公共服务设施以经济补助等优惠政策,为新区发展形成产业支柱(Stockholm City,2010)。

表3.4 "斯德哥尔摩愿景2030"规划的城市开发项目

项目名称	项目简介	
城郊新社区:安尔顿(Annedal)(建设时间:2008—2015)	住宅建设量约6 000户,工作职位约5 000个。位于斯德哥尔摩西北,社区建筑和规划风格亮丽活泼,使整个区域尤其适合儿童,特别是室外空间。该社区通过轻轨路线的延伸,不仅方便易达,更很好地连接了周边多个社区。休闲空间丰富,既设计了公园又保留了现有的自然区域。地段中自然河段被拓宽,创建了一个供各种休闲活动的新的开放广阔的水面	
城市核心重建复兴:斯德哥尔摩水岸(Stockholm Waterfront)	规划目标是在市中心现有结构上建设新住宅。规划将靠近水域的城市中央车站的所有轨道进行覆盖,将该区域进行"斯德哥尔摩水岸"——集合大型会议中心、酒店和办公楼为一体的综合项目的规划建设,为延续城市水岸线的发展创造了广泛的可能性	
生态社区:哈马碧新城(建设时间:1994—2017)	住宅建设量约1.1万户,工作职位约1万个。旨在斯德哥尔摩东部将内城与哈马碧湖周围地区及Nacka自然保护区进行连接。新城结合了高品质的公共场所和领先的环保措施	
发展城市东北部:斯德哥尔摩皇家海港(建设时间:2009—2025)	住宅建设量约1万户,工作职位约3万个。该地区位于城市东北部,毗邻码头、周边社区和自然空间。该区域的规划将具有内城邻里的特点和密度,拥有大量混合住宅、设施和企业,以及服务能源供应和国际港口交通的战略性基础设施。一期社区包括五千户住宅单元,将建成模范的绿色社区,致力于营造气候友好型的生活	

续表

项目名称	项目简介	
世界级的生活科学区：哈根城（Hagastaden）（建设时间：2010—2025）	住宅建设量约 5 000 户，工作职位约 3.5 万个。哈根城是斯德哥尔摩城市 2030 年愿景规划实施的重要内容，到 2025 年将发展成一个全新的混合邻里社区以及世界领先的生命科学和生物技术中心，将建成瑞典和欧洲的卫生保健中心，可提供高度专业化的服务和最优质的研究和教育。规划将部分高速公路及城际铁路设置于隧道中，使地面能够进行良好的景观设计和开发	
多样的城市：屠场区的城市更新	斯德哥尔摩的杂货市场之一的屠场区毗邻城市最主要的大型活动和体育场馆，城市将该区域进行重新规划开发，用桥连接邻近地区	
更新城市南部：南区愿景（Söderortsvisionen）（建设时间：2000—2015）	住宅建设量约 5 000 户，工作职位约 7 000 个。斯德哥尔摩持续对多个原有社区进行改造，改造后的居民区既拥有城市内的高密度，同时也有各种接近自然的休闲设施。该区域拥有便捷的轻轨服务，并增设了一个新通勤列车站。场地上大部分被再利用的仓库曾属于一家葡萄酒公司，为此该地区所有的新街区和街道名都与葡萄酒有关	
改造内城西区：昆古斯霍尔（NW Kungsholmen）（建设时间：2007—2017）	住宅建设量约 5 000 户，工作职位约 3.5 万个。昆古斯霍尔是斯德哥尔摩的中央岛屿之一，由于城市发展需要，将从分散、高度工业化的社区改变为内城极具吸引力的高密度混合社区，并与公园和绿地，水和滨水步道进行充分连接，使步行可达昆古斯霍尔周围的任何地区	
发展北欧最大的零售地：夏尔荷门（Skärholmen）	住宅建设量约 8 000 户，工作职位约 4 800 个。夏尔荷门具有自然、文化氛围，并具有购物中心和良好公共设施的热闹的生活环境。社区形成了北欧最大的零售场地，有大型仓储式超市、连锁店等。规划增加了多种项目，以补充现有发展和提高该地区的潜力。新的斯德哥尔摩快铁线路从中心城区分流了大量的交通流量，未来南部轻轨线将提高社区的可达性，并提供区域的新连接	
发展科学城：西斯塔（Kista）（建设时间：2000—2025）	住宅建设量约 3 500 户，工作职位约 1.45 万个。西斯塔科学城横跨四个城区，不仅在经济增长和高等教育方面制订发展计划，也在住房、交通网络、公共交通和其他基础设施方面进行规划。未来规划将这个地区打造成一个融合学术、住房、文化、自然、休闲、服务和世界级商业相互配合的科学城，并正面向未来吸引新的成长型企业。西斯塔在信息和通信技术方面已成为世界领先的科研基地，目前是市中心外最重要的商业区	

续表

项目名称	项目简介	
棕地改造,建设新设施和新公寓:司博雅—布鲁斯坦(Spånga Bromsten)	住宅建设量约1 100户。 该原工业区在交通上具有优越的地理位置,城际铁路和城市快铁路线的建设将增加其吸引力。该地区将重新规划为住宅,集中在地段河岸旁,并在交通中枢及周边同样规划新公寓	
传统工业转型为创意地区:电信园(Telefonplan)(建设时间:2003—2013)	住宅建设量约2 000户,工作场地约7万 m²。在半个世纪前爱立信公司将总部设在这里。现在利用该工业环境规划全新的住宅社区,并结合了创意行业(如艺术与设计学校和设计公司等)。在经典的工业环境中,将当代和未来的建筑融为一体并形成全新的城市风貌	
改造内城南部:新欧斯特菲尔特(Årstafältet)(建设时间:2011—2020)	住宅建设数量约4 000户。 旧城南部地区是目前斯德哥尔摩以南最大的开放空间,有着各种建筑物、工作区、学校、娱乐设施和一个有吸引力的绿色空间,将在此规划一个活泼、安全和有吸引力的社区。该地区紧邻的轻轨线与其他城市地区有着良好连接	
商贸发展区:展览中心(Älvsjö)(建设时间:1998—2013)	住宅建设数量约1 300户。 该地区是斯德哥尔摩的主要交通枢纽之一,而当南部轻轨线建立时,这种作用将得到加强。该地区的吸引力大部分是缘于不断扩大的斯德哥尔摩国际博览会。周边建设了较大规模的住宅单元,以及各种商店和其他设施。规划将该地区变成一个出行的交汇处,特别还包括了一个城市自行车停车场	

资料来源:笔者整理。

3.4 满足短距出行的混合利用

城市社会学家施梅尔(Simmel)指出,"城市是一个由社会群体的聚集而形成的空间"(Beatley,2000),因此城市规划应当密切关注人类居住、工作、游憩、交流四部分需求的特性,满足社会组织的有秩序融合,从而营造出尺度亲密并且能够激发出市民各种互动的空间场所(杨沛儒,2010)。

生态城市应形成多样化功能适度混合的城市土地利用,在综合组团内鼓励居住的适龄劳动人口数量和就业岗位相对平衡,可以在更短的交通距离内完成更多的活动及提供更多的工作机会,不仅能有效降低交通需求,减少能源消耗、污染程度和硬化地表面积,同时可以加强人与人之间的联系,增强社会的内聚力,有助于实现稳定、多样的社会结构,有利于创造一个综合的、多功能、充满活力的城市空间。同时,土地的混合使用也有利于增强城市各社会功能间的联系,促进城市产业的多样化发展,并能最大限度地发挥有限土地资源的综合价值,在提高居民生活质量的同时也有利于提升城市的土地利用率和竞争力。

3.4.1 职住及分层平衡的社会结构混合

城市的社会结构与住房分布等土地利用模态息息相关,应将重要的职住平衡理念融入规划中,并通过提供多种住房选择,实现多样的人群结构的混合。

1.实现城市的职住平衡

职住平衡可使居民缩短通勤距离,有助于提高非机动交通出行率,避免钟摆式机动交通给城市带来的负担。根据欧洲调查数据显示,5 km 内的通勤最有助于提高非机动交通的使用,相比超过 25 km 的出行而言,人们更愿意在 5 km 以内的出行中选择步行或骑自行车(Foletta,2011)。在马尔默西港新区,三个社区均规划了高密度的住宅单元,以及综合的教育和培训设施,包括了企业、学校、公共服务、公园及休闲娱乐场地。据 2010 年的调查显示,该新区居民的平均工作距离为 18 km,平均单程通勤时间为 30 分钟,约 37% 的新区居民通勤距离仅不到 5 km,距离 10 km 内的共占 59%,而超过 25 km 的仅为 22%(图 3.4)。还有27% 的受访者表示,每星期至少有一天在家工作,也帮助减少了出行的需求。而在荷兰乌特勒支的豪藤新区,近一半的居民职住距离仅为 15 km,有 21% 的当地居民职住通勤距离少于 5 km。而在阿姆斯特丹 GWL 特海恩新区,有 44% 的居民通勤距离在 5 km 内,只有12% 的居民通勤距离超过 40 km(Foletta,2011)。因此,生态城市应引导组团内部的短距离通勤,避免大规模、长距离的钟摆式机动交通给城市带来负担,实现城市大部分的单程通勤距离小于 20 km,时间少于半小时。

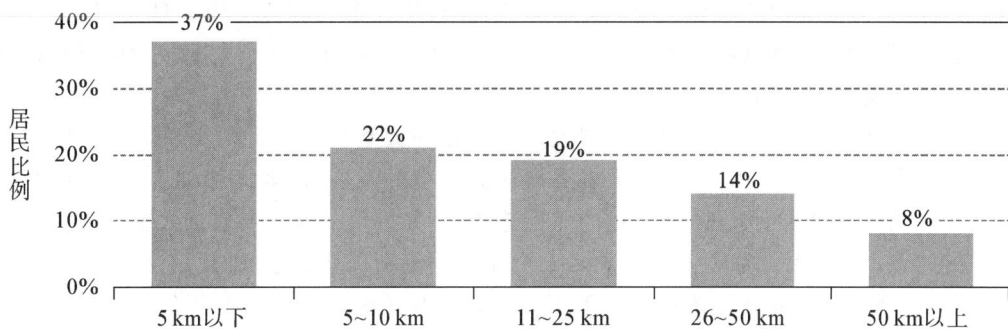

图 3.4　马尔默西港新区不同职住距离的居民调查分析(2010 年)

资料来源:Foletta,2011。

从根据国际案例中居住人口和工作岗位的比例来看,在以居住为主的混合新区中,职位数量和住宅户数的比例一般为 0.5～1.5,而在综合新区中,该职住比例则一般达到 6～10。例如,根据哈马碧新城 2010 年的统计数据,居住人口 1.7 万人,提供工作岗位数量为平均每位居民 0.3 个,预计新城在 2017 年建设完成后,将有大约 1.1 万户住宅单元,可容纳居民 2.5

万人,提供约 3.5 万个工作岗位。因此,应实现城市居住区与公共设施、办公场所的合理混合布局,鼓励中小型创新产业的发展,并为其提供良好的服务配套设施。建议办公区、住宅区和公共设施区域中,混合商业功能所占比例≤40％;应为创新型产业提供灵活的中小型办公空间,建议产业用地的中小型办公场所的比例应≥20％;应在社区内规划一定比例的中小型办公场所,实现职住平衡(Foletta,2011)。

2.满足人口结构健康发展需求

除了职住平衡之外,城市人口结构的健康发展也是实现社会长远稳定的重要因素(Linz,2009)。城市社区应根据区位资源、现有年龄结构等,提供一定比例的可支付的社会性住房,并提供不同的生活选择,关注社区未来的人口组成结构,分析住宅区未来居民的人口组成,考虑不同年龄层家庭的人口发展趋势,促进可行、健康的人口和社会结构发展;通过针对性的配套,在步行易达范围内配套所需的公共设施及生活服务设施,创造有吸引力的社区休闲活动场地和社交场所,满足居民的使用需求,并应积极应对可能形成的人口问题,例如人口的老龄化等。同时社区还应形成易于管理的适合规模,并在管理中实现居民的参与及自主决策,实现可持续的社会结构管理及对特殊群体的关注。

奥地利的林茨太阳城在 1996 年社会经济结构整体规划中,提出了应对人口结构的规划目标,包括:采用均衡混合的住宅合同形式(租用、转让、购买);规划住宅时,考虑新的家庭结构;考虑未来的居民混合的年龄结构;考虑相应比例的外国人;混合使用(不同的住宅形式、社会和商业用途相结合);在管理规模上进行街区规划;空间上将相同的年龄层的人聚集在一起;为未来的发展预留空间;邀请未来住户参与建设等。林茨太阳城根据该规划目标,政府相关部门及开发商共同合作,明确提出了与此相应的颇具建设性的规划措施,具体包括:设计多样性的建筑形式和密度,营造具有易识别特征及使用导向型的生活环境;规划适宜管理的建设规模(100 至 300 户)和分社区(15 至 30 户);实现房地产开发商和投资者的多样性,提出具有质量协议的约束;实现不同合同形式及户型的混合;实现可持续的社会结构和年龄结构的组合,实现对特殊目标群体的关注,例如设计适合年轻家庭的小户型住宅形式等;创造有吸引力的休闲活动和交流的会面场所;体现居民参与和自组织的理念;设立社区管理办公室;发展住宅试点项目等。实践表明,这些措施均为形成林茨太阳城的可持续社会结构奠定了坚实基础(Linz,2009)。

由于公共补贴和控制程度较高,欧洲大多数新建的大型住宅项目均实现了社会性和商业性住房的混合,并充分促进了城市中多类型居住环境的发展,例如商住结合、办公配套住宅单元等。同时提供了创意性、多元化的住房选择,例如为单身家庭及复合大家庭提供不同的住房形式等。斯德哥尔摩皇家海港项目与马尔默西港新区均通过规划所有权形式混合多样的住房,实现该地区的社会多样性。在赫尔辛基东部海港重建项目中,规划为不同收入群体提供多种住宅类型,并基于职住平衡的原则实现住宅与工作场所的混合,避免社会人口结构沿收入分隔线或受通勤距离所分隔。荷兰在"文纳克斯地点(VINEX)"项目中,提出了每个社区均应实现社会公共住房比例不少于 30％的要求(Beatley,2000),而其正在建设的多个新区项目,如阿姆斯特丹的 GWL 特海恩新区、斯洛滕新区(Nieuw Sloten)及东部码头项目,均体现了多类型混合性和多功能性,体现了城市功能及住房类型的双重混合。其中GWL 特海恩新区项目实现了住宅的租售混合及相当比例的社会性住房,并从规划设计初期直至住宅单元的详细设计全过程均实现了居民参与,项目因此体现出更多的人文关怀,例如通过特殊的地平设计以更好地适应残疾人和体弱的居民等。而东部码头项目则通过不同住宅类型实现了生活方式的可选性,住宅类型包括较大的家庭单元、工作室、高级住宅及SOHO 住宅等(Foletta,2011)。

纽约政府也通过政府推动的住房市场计划,积极缩短住房供给和需求之间的差距,并为承担不起住房市场价格,但又无法享受政府经济适用项目的低收入群体提供住房。2013年,纽约市新建和保有的住房中 68% 面向低收入群体(年收入低于 2005 年收入平均值的80%),而其余 32% 提供给中等收入的纽约家庭。并通过实现经济适用房和商品房市场的同期发展,使"各阶层人士都能住在同一社区"(Pla NYC,2012)。

3.4.2 基于交通易达性的社会功能混合

除了职住平衡之外,公共交通的易达性也是实现城市短距离出行的关键因素。实践证明,TOD 的发展模式实现了城市交通由"被动适应性"向"主动诱导性"的转变(周岚等,2010),生态城市应充分利用现有的城市土地和交通条件,以有限的资源满足最大容量的交通需求,实现土地利用和交通系统的互动发展。

1.城市社会功能分布与交通模式的匹配

交通模式与土地利用的关联政策是荷兰实施紧凑型城市战略的一个关键途径,是有效探索了土地利用模式的最佳方案,加强了围绕公共交通节点规划大规模办公区和公共设施的选址,成功地促进了密集、紧凑的城市形态。而在实践中,无论是活动的空间模式,还是交通模式都可能是发展的基础,具体取决于当地的最可行的实际情况。

荷兰代尔夫特大学针对可持续交通及土地利用进行了研究。研究认为社会功能的分布模式应与不同交通模式的特殊性相匹配,即活动类型应与活动地点的可达性相匹配,能够在保证城市活动数量及质量的同时,最大限度地减少城市的出行需求。该研究分析交通模式与土地利用之间的关系(如图 3.5 中所示),垂直方向上为各种交通模式,越往上层越低碳,水平方向上则为不同交通模式和相应土地使用干预的逻辑连接。研究分析表明,不出行最有利于城市的可持续,相应的土地利用是应发展混合功能的住宅和工作场所(Beatley,2000)。

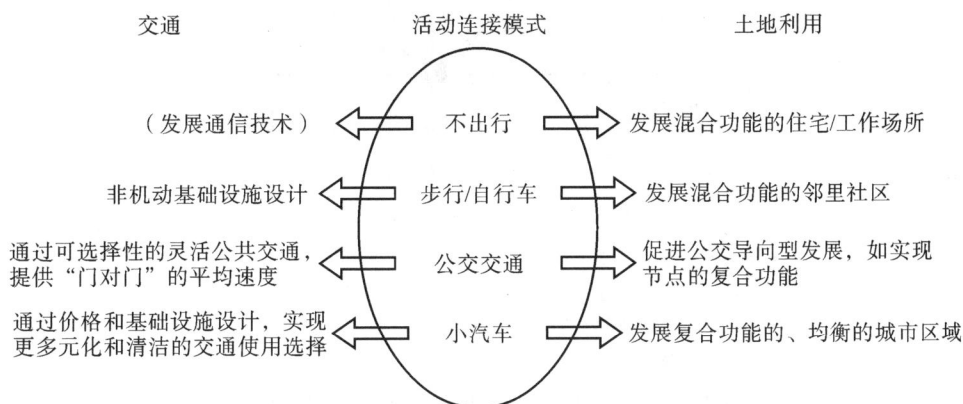

交通	活动连接模式	土地利用
(发展通信技术)	不出行	发展混合功能的住宅/工作场所
非机动基础设施设计	步行/自行车	发展混合功能的邻里社区
通过可选择性的灵活公共交通,提供"门对门"的平均速度	公交交通	促进公交导向型发展,如实现节点的复合功能
通过价格和基础设施设计,实现更多元化和清洁的交通使用选择	小汽车	发展复合功能的、均衡的城市区域

图 3.5　城市交通模式与用地布局的匹配示意图

资料来源:Beatley,2000。

　　研究认为,城市活动在城市格局中的分布情况的决定因素是土地利用模式,并且有两个方面尤其重要:一是该活动的空间可达性,二是活动的交通使用强度(比如以每单位空间或时间的人流量来表示)。可以利用交通模式的速度及其灵活性和容量这两个方面特性,优化协调交通和土地利用之间的平衡(图3.6),决定了土地利用的最佳模式,即城市活动的最佳选址。研究结论表明,具有高空间可达性和高使用强度的活动应坐落于公共交通节点周围,低空间可达性的活动则位于步行和骑自行车环境中,而中高的空间可达性和低使用强度的活动才需要依赖小汽车的使用。

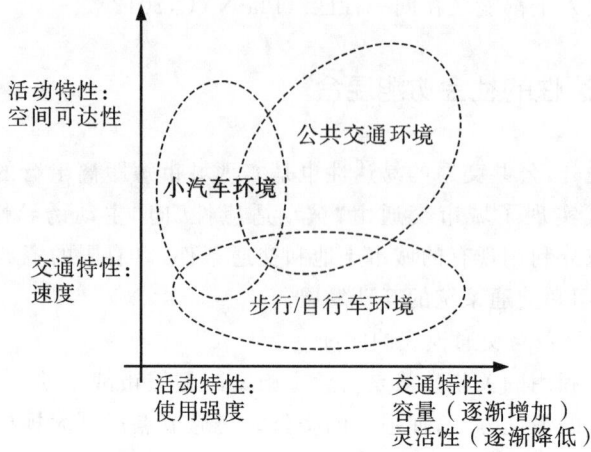

(a)不同城市活动与不同交通模式的特性关系概念示意图

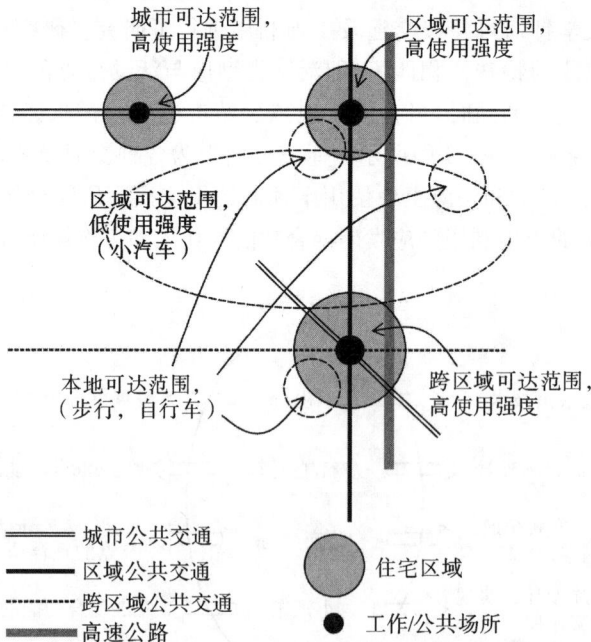

(b)根据城市活动特性与不同交通模式的匹配分析图

图3.6　土地利用与交通模式结合的城市发展规划原则

资料来源:Beatley,2000。

荷兰政府对此积极进行了有效的政策实施引导。例如,针对解决大型公共设施的选址对交通的影响问题,荷兰政府实施了一项被称为"A-B-C"的全国性区位政策,用以引导大型机构和商业活动选址于公交站点周边,从而促进公共交通及减少汽车使用。具体政策是对三种不同活动类型的选址进行区分并以此进行土地利用模式的引导(Beatley,2000):

　　·A 地点:邻近公共交通,位于城市中心地区并靠近主火车站,该地点汽车不易到达并进行了停车限制;

　　·B 地点:邻近公共交通,位于公共交通和汽车都容易到达的地点,并通常靠近附近城际铁路或其他快速公交工具的站点;

　　·C 地点:位于城市郊区,与主干道路网络有直接连接,但该地点不容易乘坐公交工具到达。

　　根据该全国性的政策规定,荷兰城市的大型公共设施,如医院和国家政府机关,均选址于 A 地点,该地点同时采取了限制停车位的配套政策,以减少对汽车的依赖,促进公共交通。办公、休闲、购物等功能集中、人流量大的活动选址则大部分应位于 B 地点,并使特定活动的空间距离与所连接的公共交通基础设施的运营规模(或速度)及使用强度相匹配。只有当该活动在较大规模的空间活动范围和较低的使用强度之下,汽车的速度和灵活性才得以发挥并使其成为较好的交通选择,这种情况下则可选址于 C 地点。而在社区中,小空间范围内最合适的出行方式是骑自行车和步行活动。

　　2.步行范围的社区级公共服务设施分布

　　欧洲城市许多新社区的规划都有共同且明确的重点,就是建立一个混合使用、可自我持续发展的社区,其社区的主发展轴上集聚了多种社区服务功能,意味着减少了与公共交通、就业、上学、购物、娱乐等的距离,使社区居民在步行距离之内就能到达各种所需的社区公共服务设施。典型的例子包括德国弗莱堡的沃邦新区、阿姆斯特丹 GWL 特海恩新区、斯洛滕新区、乌特勒支豪藤新区以及马尔默西港新区等。实践研究表明,一个短出行的紧凑型城市社区应具有:适当的密度;有吸引力的多层建筑;混合土地用途;均衡的住宅及商业比例;位于社区中心的日常生活所需的公共设施;限于 300 m 半径范围内的街区总面积(Beatley,2000)。

　　在荷兰,2.5 km 范围内的出行中有 35% 是通过步行,而另外 40% 则是选择骑自行车(Beatley,2000),这与荷兰城市社区中普遍实现公共服务设施的良好可达性极大相关,相当数量的荷兰城市新区则是其中的范例。在 GWL 特海恩新区,超过 75% 的居民出门 1 km 内就可到达便利商店(Foletta,2011)。在斯洛滕新区的区域中心即是一个购物区,并邻近主要的电车站点。买菜、社区中心以及其他服务和商店都坐落在站点周边的步行小广场,仅自行车专用车道才能进入。而在豪藤新区,居民均生活在距离火车站不超过 2 km 的范围内,车站周边有着商店等各种社区设施,住宅"像花瓣一样"分布在这些公共设施的四周,最大限度地便于所有居民使用。在豪藤新区,18% 的居民生活在距离便利商店 500 m 范围以内,而超过一半的居民距离不到 1 km。而新区市中心、学校及大部分的重要建筑物都位于自行车道沿线,提供了方便的自行车出行条件。研究指出,豪藤新区汽车的使用率低于同类新区约 25%(Foletta,2011)。

　　在马尔默的西港新区,三分之一的居民出行不到 500 m 即可到达便利商店,50% 出行不超过 1 km。有统计数据调查显示,其平均距离仅为 1.2 km,该统计数据不是测量距离住宅最近的便利商店,而是居民在选择购物时的最近的商店,能够更好地体现出生活的便利性和混合功能度(Foletta,2011)。

奥地利巴德伊舍生态城根据人口潜力以及周围社区现有设施的分布情况,对购物、就业等卫星社区中的公共服务设施的最佳混合式分布进行了规划研究,以避免所有基础设施集中在城市中心造成资源分布不均。该规划研究结果认为,设施的空间分布应取决于实现货物供应和使用的最佳可达性,以及各设施的使用频繁性(EU Ecocity,2005)。具体包括:

- 对运输要求较高或需要收集大量货物和沉重物品的设施,应位于跨区域的主要道路附近,为运输提供最短可达距离,并可使运货车远离居民区,但应同时比较接近于生态城市的核心区域,以确保内部便捷的短距离分配;
- 轻工业区占地较大,不适合坐落在卫星社区中心的小尺度街区里;
- 有货物运输及居民自取需求的商店,应位于社区中央地段内,使得所有居民均具有最短的可达距离,并可提供部分快递服务;
- 咖啡馆和餐馆、教育和文化设施,以及商业、社会和医疗服务,也应位于社区中央的主街上;
- 老年人住宅应位于距离市中心较近,但周围有绿色空间的幽静区域;
- 办公场所应位于社区主轴上,在行人专用区大部分位于底层商业之上;
- 小型公共服务设施,如公共厕所、公用电话、饮水机、信息点(如城市地图、为行人提供的路标、信息板或屏幕以及公交时间表等),需易于识别,应位于公共地段(如公交站点)及会面场所。

综上所述,应利用交通模式的速度及其灵活性和容量这两方面特性来决定生态城市的土地利用格局。大型公共设施以及办公、休闲、购物等功能集中、人流量大的活动应选址于公共交通节点周围,一定程度地限制机动车的使用。在公共交通枢纽周边和邻近地段规划综合社区,并与绿化空间、大型办公、商业、服务等混合城市功能结合。协调市级公共服务设施设置及选址,提倡组团间共享。而在居住区规划中则应设置步行可达的社区内便民公共服务设施。

3.4.3 城市重要公交节点的复合性混合

研究表明,城市公共交通,特别是轨道交通的使用率与人口密度具有正相关关系,以公共交通的可达性为依据确定开发强度,是一种与公交优先、紧凑城市理念紧密关联的土地利用模式,可以促使更多的居住人口和就业岗位在步行距离内使用公共交通。巴西库里蒂巴的快速公交巴士系统即有效地带动了交通轴线附近的商业用地和居住用地的高密度开发,而人流、物流的集聚则进一步促进了交通站点周边土地高强度开发,为公共服务设施的建设提供了前提条件(吴颖,2010)。而反过来,由公交节点向四周呈现梯度递减的人口密度分布形态,也能够最有效地促进轨道交通的使用和发展,促进快速公交系统的发展,而在居住密度不足时可由较高的就业岗位密度弥补。据研究显示,以站点为中心向外延伸约 400 m,相当于步行 5 min 的距离,而在公交站点周边 800 m 半径范围内聚集 1.2 万个就业岗位则可最大限度地支持公交服务(马强,2003)。

因此应在交通枢纽、交通节点周边和邻近地段,鼓励高强度的混合土地利用及复合功能的开发潜力,鼓励商业服务等公共设施与公交枢纽的结合,并通过高层建筑和开发地下空间的形式创造更多的混合发展空间。这些公交站点及环绕在其周围的开放空间、住宅、办公功能及服务等城市公共设施,通常会共同成为一个自给自足的公交社区。其中的公共设施是该社区吸引力及带动公交节点发展的重要核心,而站点则是该社区与城市其他区域进行联系的主要交通枢纽。同时还应在站点周围提供多类型的住宅,营造适合于慢行的街道空间,使公共空间成为人们活动的中心,并利用慢行交通网络优化内部开敞空间,将外部公共绿地等外部开敞空间,以及学校、图书馆等公共设施连为网络(马强,2003)。

纽约作为一个人口及建设密集的大城市,邻里节点的有机增长是一个独特的现象,在这样的城市,这些节点往往围绕公共交通节点周围自然增长。因此,它们可以作为一个综合的城市规划和运输策略计划的一部分。这些节点有所需的文娱设施等多类型公共投资区域,拥有较大的交通网络,人口较多(Matthew,2006)。

纽约的公交邻里节点规划作为综合城市规划和公共交通策略的一部分,一个邻里节点包含足够大的人口数量,创建一个自足的社区,并综合了学校、医疗、警察、消防、邮政、银行、游乐场、公园及开放空间等城市功能。它具有足够的专业和商业服务的步行和送货服务距离,并且在 10 分钟步行范围内即可享受到各种社区服务,如便利商店、餐饮食品、洗衣店等。而这些重要的交通节点同时需要文娱设施的公共投资,例如博物馆、体育场馆、政府服务设施等,便捷的公共交通可以为人们前往各种设施提供方便。这种有机混合利用的方式既建立在建筑物内部,也建立在几个街区的基础之上。社会、经济与环境的公平很大程度上是利用社会的混合,即靠将中低收入家庭引入居住在各个社区节点之中(Matthew,2006)。

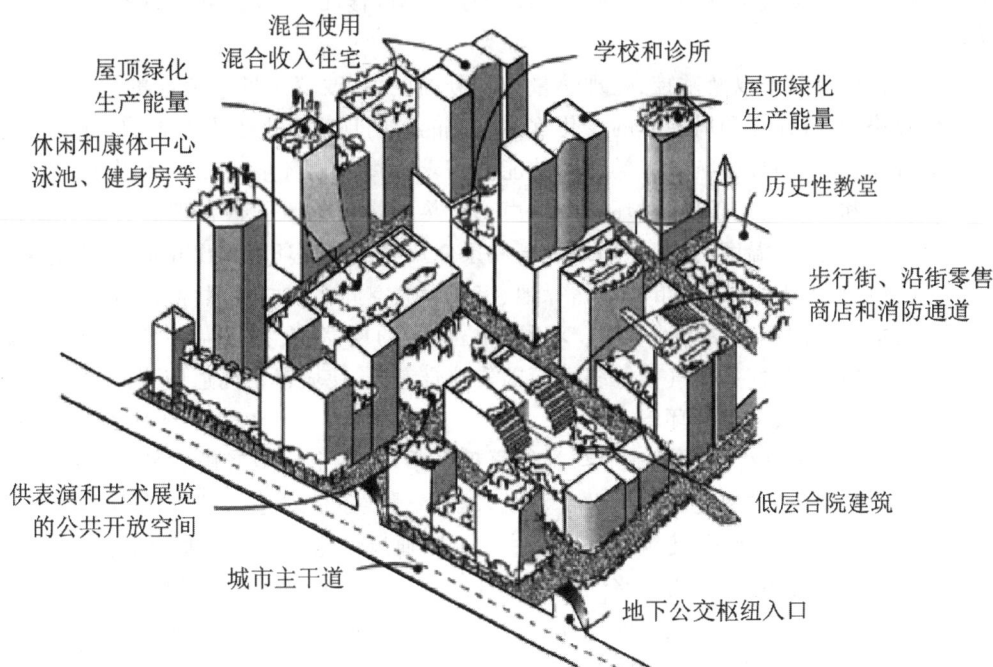

图 3.7　纽约混合功能自足的混合型步行邻里节点示意图

资料来源:Matthew,2006。

3.5 基于生态策略的城市设计

研究认为,城市地区由不同规模的城市气候控制所覆盖,最大规模包括地理位置和自然地理区划;中等规模包括在一个城市到农村的梯度地形;本地规模则包括建筑形式和结构(Beatley,2000)。生物气候条件关系到人居环境的舒适性和城市的能源模式,因此是城市规划的重要基础参数。而特定地域的生物气候条件不仅是自然环境的基本要素,也可能成为城市形态的重要因素之一,包括城市结构组织、道路和建筑形态布局以及城市开放空间设计等(徐小东等,2009)。应对不同的地域特征及当地生物气候条件进行评估,并作为城市街道布局、建筑形态及城市公共空间等的规划设计依据,不同地区应建立改善当地气候环境的城市格局,削弱气候条件对城市建成环境的不利影响。

3.5.1 建立基于气候环境的城市格局

城市空间结构和土地利用形态改变了自然地表和属性,并且由于空气污染,城市空气吸收并反射更多的辐射,再加上来自建筑和交通的热量,提高了城市温度并产生热岛现象;城市的几何特性(如建筑物和街道的格局、形状和方向)可降低风速并造成城市峡谷;而实际的城市表面(如沥青、混凝土、碎石、草地等)则能增加太阳辐射的吸收量并降低空气可输送的散热量。

城市表面的反射率以及掌控、处理热量和水分的能力,改变了城市表面的辐射平衡,而这些热储存率、水分储存和风模式的变化都对水和能源的预算产生了重大影响,直接影响着城市的能源流动,并间接影响了人类活动的能源需求及微气候环境。在具体设计时应针对地方自然特征和生物气候条件,对环境中的声、光、热等物理刺激进行合理的有效控制与优化,并根据日照、通风、温度、湿度等局地微气候条件及区域地理环境作出相应调整(徐小东,2005)。在城市尺度上,构建城市与自然绿地、流域开放空间之间的自然梯度,规划具有生物气候调节功能的不同层次的缓冲空间。将城市格局中的反馈、人类行为、大气污染源,以及生物多样性、景观连续性和微气候等多方面因素综合考虑,使城市格局适应当地的自然气候环境,并营造良好的人居生活环境。

徐小东等(2009)从生物学的适应与补偿原理入手,对四个典型气候类型地区的城市设计生态策略进行研究,试图通过城市设计手段来削弱气候条件对建筑环境的不利影响。具体措施包括:(1)在湿热地区,建筑物密度是决定城市通风性能和城市温度的主要因素,应以提高步行环境舒适性为目标,为沿路建筑提供良好的通风能力,利用城市河流廊道及绿带连接城市与外部自然空间,优化城市的风环境。(2)在干热地区,狭窄的街道和密集的建筑比起宽阔的街道会产生更多的阴影,因此应采取高密集型紧凑式的结构形态,并通过街道铺地设计改善地表覆盖率和近地风速。(3)在冬冷夏热地区,城市结构布局应利用冬夏两季主导风向不同的特点,实现"夏天暴露分散,冬天紧凑"的城市结构模式。不同形态的建筑物面对主导风向进行混合逐级布置。(4)寒冷地区城市应采用集中紧凑的城市形态,合理提高建筑密度以减少冬季热能损耗,并保证冬季的日照及防风,减少交通需求并节约能源。

德国海德堡根据城市交通模式的不同速度对生物气候效能的不同要求,将城市空间格局分为"单一思维空间"及"开放思维空间"(Beatley,2000),以此为基础进行城市土地利用格局规划。"单一思维空间"如大型道路等,即人们怀着共同目的而通过的空间,一般沿城市外部规划成环行路,规划了如货运、工业等不太需要注重城市生物气候效能的城市功能。而"开放思维空间",则是被赋予不同的使用目的,并且不受交通速度控制的空间,多由私密及半公共庭院交替组成,具有公共场所和混合使用功能,是舒适度和审美素质都得到优化的"城市绿色休息区"。在此则设置混合多样的城市生活功能,应充分考虑城市微气候的营造,沿南北生物气候脊线和建筑物之间的风走廊进行组织,对施工、材料和生物气候效率给予更多的细节关注(如眩光、朝向、遮阳、风环境优化等)。

斯图加特为了改善城市发展所带来的空气污染和热岛现象,当地政府专门制定了市区气候规划(Citywide Climate Plan),采取多项措施实现城市与自然的融合,明显地优化了城市的微气候环境及空气质量。规划建议城市的绿带应保留超过 100 m,并与城市绿地系统整合形成城市生态网络,而市区内包括绿色走廊和山坡地在内的系列开放空间中的土地利用也受到城市管理导则的严格限制。预留出的城市空气流通廊道,可起到将山区的新鲜空气引入城市中心的作用,可以有效地减缓内城的热岛效应。与此同时,规划建议在城市内部大规模种植绿色植被进行生态补偿,比如建设屋顶花园等,尽可能地减少城市的硬质铺地面积(徐小东,2005)。

马尔默西港新区中的 Bo 01 生态社区的建筑布局灵活多样,而在海港边缘的较高建筑在地区西南侧形成一堵挡风墙,创建了有效的气候屏障。内部空间则规划了低层建筑、步行道和尺度亲切的广场,营造出了宜人的社区环境。阿姆斯特丹 GML 特海恩新区的北部和西部设计了连排的九层公寓楼,形成一个西北面的高密度边界,有助于隔绝社区外围的机动车交通及冬季风,而社区东部及南部则规划了步行道与旧城连接。而斯洛滕新区的北面建筑也较高大,虽然阻止了北面视觉的连接,但很好地阻止了北风对社区微气候的负面影响,同时将社区与机动车道的噪声分隔开(Foletta,2011)。

3.5.2 不同气候条件的公共空间设计

城市公共空间与人们日常生活密切相关,创造良好的生态气候条件和公共空间的质量是国际案例实践中的关键要素。为实现这一目标的主要措施是:进行街道、广场、庭院和街区间适合生物气候条件的空间交流场所设计,创造能够在所有季节使用的公共空间;通过提高城市安全以支持公共场所的城市生活;关注城市结构内的自然周期演变等。西班牙巴塞罗那特瑞尼塔生态城结构还在全市范围内应用土壤透气性和绿地面积比例这两个具体指标对公共空间设计进行评价。

应在街区尺度上建立起室外公共空间、过渡空间、庭院空间和各种建筑物与建筑细部之间的梯度关系,根据城市日照、风、气温等气候条件合理组织建筑群体、街道、广场、绿地等,改善城市人工环境中的生物气候条件。徐小东等(2009)将城市空间设计内容分为城市组成、建筑层次和建筑构成三部分,并提出城市组成包括建筑群体、街道、广场、公共空间等。研究指出,比起可达性、美学、舒适性和社会影响度,居民在对城市公共空间的选择中更看重阳光和活力。而城市公共空间的选址应选择冬季日照及夏天通风良好的场地,具体措施包括:充分利用自然光,在设计建筑朝向时考虑太阳的季节性变动。通过引导和利用自然要素和人工设施,改善局地风环境,如在炎热地区,注意主导风向和绿化布置,通过采用骑楼、连廊等优化通风遮阴;而在寒冷地区,则通过高大建筑物的选址和街道布局以避免形成不利风力效应,影响近地人群活动的舒适性。综合自然和人工手法调整局部气温,优化热环境,设计有气候庇护的遮蔽人行天桥或地下通道,并创造半室内、半室外化的过渡空间。

意大利温贝尔蒂德生态城通过一系列的城市改造措施以获得最大的气候舒适性,实现减少排放、空气流通和控制噪声,实现"生物气候舒适的城市"目标。城市结构取向决定了主要的生物气候廊道风的流向,规划把自然风从地势较低的河滨公园及新市区引入到旧城中心。现有的城市肌理和建筑类型促进了新城市规划的气候适应性,所采用的外庭院式建筑系统的技术部件、高度、密度等的差异,均取决于各个位置的特定的细微气候要求(EU Ecocity,2005)。

而奥地利巴德伊舍生态城在城市形态设计中也充分考虑了城市气候环境的营造(如图3.8)。规划的多条南北走向的生物气候轴线与区域主干道垂直,有利于为城市带来山区的新鲜空气,并起到了分散和稀释交通污染物的作用,使建筑物能最大限度地利用太阳能,同时将可使城市充分享受自然山区景观,并为居民提供去往森林和草地自然区的捷径。住宅区远离跨区域主干道,并通过树篱与噪声控制墙的结合,在森林地区添加植被,以及采用多层停车场进行隔离,较好地减少了噪音和污染的干扰。而城市中心沿街的骑楼建筑则为行人提供了连续的气候遮蔽空间,创建出了良好的城市氛围(EU Ecocity,2005)。

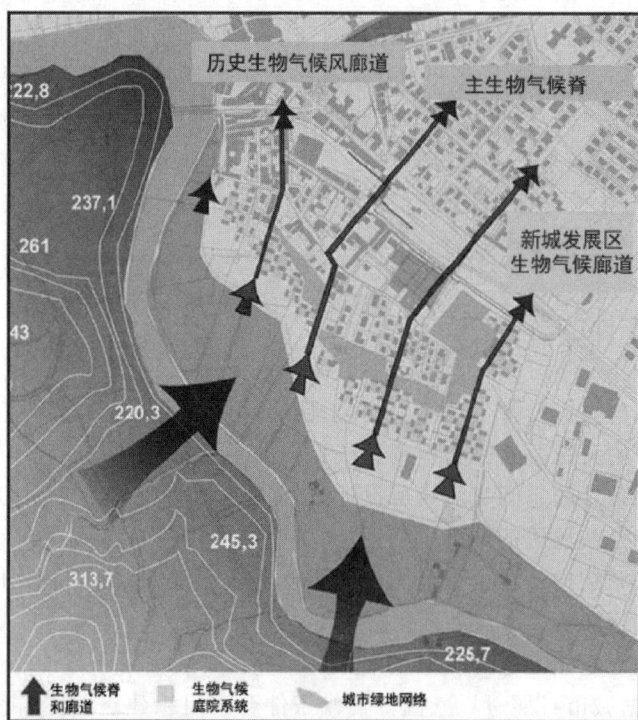

图 3.8 奥地利巴德伊舍生态城规划的生物气候示意图

资料来源:EU Ecocity,2005。

3.5.3 丰富生活感受的城市场所营造

欧洲城市对营造富于生活感的市民场所给予了极大的关注,在其城市中心总能感受到现场的建筑以及用心设计的公共空间,如历史性市政厅或教堂的高耸尖塔和丰富的集市广场等,并在城市多个地方均有大量公众集会、散步、购物、户外集市等市民空间。其富有场所品质和特色的城市空间环境的共性包括:城市街道及广场具有界定清晰且连续的立面,利用大型醒目的公共建筑作为天然边界,具有良好的围合感以及明确的方向感,并为行人提供无障碍道路和广场网络。为了增加街道和公共场所的吸引力以及行人的聚集性,还设计了多样而和谐的建筑,大量种植行道树,为行人提供天气庇护,增加景观丰富的休憩场所,设计公共雕塑等艺术装饰。

典型的公民空间案例如阿姆斯特丹的大坝广场(Dam Square)、明斯特的教堂广场(Domplatz)、伦敦的特拉法加广场(Trafalgar Square)和哥本哈根的加密同新广场(Gammeltorv Nytorv),而典型的充满活力的街道案例,如维也纳的玛丽亚希尔夫大街(Mariahilfstrasse)、海德堡的豪普特街(Hauptstrasse)、苏黎世的班霍夫大街(Bahnhofstrasse)、阿姆斯特丹的达姆拉克街(Damrak)等。这些案例城市均很好地诠释了场所的"渗透性",即行人可通过密集的精细化街道网络,有多种供选择的丰富路线,能够在视觉、听觉及空间感受上充分体验丰富的城市景象。这些城市公共空间案例成功地体现了人性化的尺度、视觉的复杂性、精细的建筑及多样性的街道用途,成为城市重要的联络点、目的地及休闲场所(Beatley,2000)。

弗莱堡的老城具有各种各样的城市功能及活力,包括令人印象深刻的建筑、行人优先的街道、丰富的商店和餐馆、活跃的街头生活等。重建的开放式排水渠遍布老城地区,经常可见儿童尽情地在里面玩耍,增加了许多城市独特的视觉魅力,成为老城最有趣和独特的风景。

纽约则充分挖掘了将未充分利用的街道空间转变为公共广场的可能性。最初的成功案例是将布鲁克林中央商务区的路边临时停车区转变为极具吸引力的市民开放空间,沿街的商店和餐厅外设置了设计感十足的五彩桌椅、太阳伞和植物。纽约市目前有超过三十个这样的开放空间正在建设当中,纽约政府将依据可达性和资金,优先考虑在开放空间与人口比率最低的社区进行建设,并与社区相关部门及居民共同商讨广场选址等规划设计内容,以更好地体现不同广场的独特性(Beatley,2000)。

而在城市新区的社区公共空间设计所采取的规划措施中,也具有相当明显的共性,包括:体积较大的建筑体块被分成多个较小的建筑群,方便居民在其中步行;在相同建筑体块中混合零售店、医院、办公室和住宅;在建筑体块北部设计更高建筑物,有利于采用阳光;种植行道树,更适于步行,并保护行人免于交通的阻挠;沿主要道路混合分布住宅建筑与商业功能,使其更有活力;限制停车位数量及小汽车的使用;通过简单的形式设计建筑,建筑物的小表面面积有利于良好的保温;在住宅区边缘设置停车位;保留原生绿地,并将其融入社区。阿姆斯特丹新区 GML 特海恩社区内规划了多类型的公共场所,包括大面积的绿色公共空间、城市广场、翻新的历史建筑、远离街道的儿童游乐区、提供给居民租用的分配花园等,为居民提供了重要的共享空间及互动机会。新区均采用行人和骑自行车者的共享道路,经研究认为,这种道路实际上可使骑自行车者和行人因此更注意到周围环境,可更好地提高安全性(Beatley,2000)。而豪藤新区则围绕中央火车站的主广场设计了人造运河。广场经常组织集市,周边分布了大量的商店和咖啡馆,成为新区热闹的公共活动中心。新区中规划了许多开放的小型游乐区、公共空间和公园绿地,而在城市外围规划的小树林中,则拥有完整的自行车道和大型儿童游乐区,使居民无须开车出行就可以尽情地享受大自然。

3.6 总结

本章介绍了国际生态城市案例在土地利用方面的主流实践经验,经归纳总结主要包括以下几点:

1.应依托快速稳定的公共交通系统连接,以构建融合自然的多中心城镇体系,替代单中心无限增长的城市发展模式。改善集中化的城市内部环境,形成更紧凑的城市组团形态,缓解对区域生态环境造成的压力。基于多中心体系,适度分散过度集中的中心城区资源,将大型企业等新兴的增长型产业引导于城市周边的组团中,实现各中心之间的协调发展与紧密联系,形成具有关键城市功能、高度专业化的服务及大规模专业市场的支柱产业网络。

2.应通过综合的土地利用政策,利用绿楔严格界定城市发展用地的增长边界,并实施边界地区的增长管理,避免城市蔓延。将新的城市发展引导到现有建成区范围内进行土地重建和再开发。实现城、乡具有明确的物理空间分界,同时又综合协调地实现可持续发展。同时,应通过法律途径保护和管理城市周边的农村及自然生物区,以用地的生态适宜性和敏感性为规划基础,最大限度地减少城市空间扩张对自然的侵扰。

3.应结合大型绿楔及快速公共交通系统,构建城市高密度紧凑建成区和低密度自然绿地交替组合的城市结构体系,促进公共交通与城市土地利用的紧密融合,以及城市与区域自然之间、城乡之间的良性互动。城市群之间规划城市绿楔、农场和自然开放缓冲区域,可以为持续的城市发展提供健康的基底,同时能够促进大面积的绿楔渗入密集的城市结构中心,与城市内部生态廊道连接,实现市区与周边乡村地区的紧密联系,并使城市居民能够快速便捷地通过步行或公共交通网络到达城市内部或城市郊区的自然开放空间。

4.应基于区域资源与生态环境条件,并根据城市经济行为研究,确定城市组团规模。应以资源的生态支撑能力为生态容量,以区域自净能力为环境容量,并以城市内部半小时的合适出行半径为行为基础,合理分布城市组团的功能,并实现对城市人口规模、人均建设用地及人均居住面积的控制。同时还应控制开发强度和建设密度的上限和下限,在保护城市内部及与区域连接的自然空间的同时促进城市土地空间的紧凑发展。综合研究认为,一般来说,城市组团具有25万~30万左右的人口规模最符合生态城市的生态资源保护、短距离出行及城市功能布局优化等的理念,而在特殊情况下应以具体情况而定。

5.首先,在发展用地选址时,应最大限度地优先利用城市内部土地资源,将城市中心地区的填充式重建放在首位,鼓励渐进式的城市更新发展模式,促进旧城生活空间的重建及混合利用。保留城市中心区的混合功能,并采取严格的古迹保护法规,在旧城更新规划中重视在保护前提下进行旧建筑的改造再利用。其次,应合理有效地对城市内部未被充分利用的空闲地或棕地地区进行再开发,制定长远的棕地改造和再利用规划,并基于棕地地段的重要性及其治理难度,确定城市未来发展的土地空间储备。应在城市棕地开发中加入更多的社区视角,解决城市生态环境及社会问题的同时,注重公众的需求并促进其参与规划,优先满足更多的公共活动空间、社区服务及社会性住房等社会基本需求。最后,当内城在满足生态前提下达到建设饱和时,应优选城市近郊已建成区进行新区开发,与内城实现公交及非机动交通的紧密连接,并发展新区特有的城市功能,增加识别性及吸引力。

6.应利用不同交通模式的速度灵活性和容量的特性,进行城市功能布局的规划选址,并在交通和土地利用之间进行优化协调。协调市级公共服务设施设置及选址,提倡组团间共享,避免重复建设。在公共交通枢纽周边和邻近地段规划综合社区,并与绿化空间、大型办公、商业、服务等混合城市功能结合。而功能集中、人流量大的活动场所应选址于公共交通节点周围,并实现城市居住区与办公场所及公共设施的合理混合布局,实现职住平衡。据研究,在以居住为主的混合新区中,职住比例建议为 0.5～1.5(职位数量/住宅户数);而在综合新区中,职住比例建议为 6～10。同时,应引导形成组团内部的短距离通勤,实现城市大部分的单程通勤距离小于 20 km,时间少于半小时。

7.应规划易于管理的合理社区规模,并在步行易达范围内,配套所需的公共设施及生活服务设施,创造有吸引力的社区休闲活动场地和社交场所。应对住宅区居民进行人口组成分析,在设施配套时满足不同年龄层家庭的使用要求,并在住宅设计时满足老年人及特殊群体的无障碍需求。同时,应在商业居住区中规划一定比例的社会性住房,构建可持续的社会结构,并在社区管理中实现居民的参与及自主决策。

8.在城市中心及重要人口聚集节点,应规划小网格式的城市格局,实现紧凑、短出行的混合发展。组团中心的建筑应采用紧凑的小体量设计,体积较大的建筑体块应分成多个较小的建筑群,构建有利于人与人交往及组织市民活动的适宜尺度的空间,并规划无障碍的慢行交通网络,与多个街区甚至更大范围的慢行交通系统相结合。与此同时,应基于适应并改善地域生物气候条件的原则,进行城市布局形态规划及公共空间设计。设计具有生态功能的景观及绿化型公共空间,优化局部微气候的热环境并为行人提供气候庇护。在公共空间设计时可实现公众参与,与当地相关部门及居民一起共同商讨选址及设计内容,促进形成城市场所环境的多样性及独特的风格感。

第 4 章

基于实践的生态城市交通系统研究

中国城市一直以来均在以汽车交通为主导的交通模式中发展,而在快速城市化发展的现状下,这种发展模式已逐渐面临瓶颈。过量的小汽车交通造成了交通拥堵,也给城市环境和人们生活造成了严重的负面影响,城市已面临必须改变主导交通模式的紧迫处境。生态城市的交通系统规划应实现可持续发展的交通体系与城市空间的整合发展,通过建立多层级的公共交通体系、制定并实施机动交通管理政策、提升非机动交通的网络建设等,以实现从汽车导向的城市发展趋势向可持续的交通体系转型。

4.1 案例城市交通模态比例分析

城市土地利用与交通系统间存在着极强的互动反馈关系,而根据不同的城市主导交通方式,可将城市分为机动城市、公交城市、步行城市三类(Newman,2006)。机动交通导向的机动城市,密度低、人均能耗高,导致了对汽车的依赖和交通拥堵;公共交通导向的公交城市,密度较高,人均能耗较低,重视围绕公共交通节点的发展和公交一体化建设;非机动交通导向的步行城市,密度高,人均能耗较低,通常以便捷的公共交通服务作为支撑,是可持续城市发展的重要途径之一(权亚玲等,2010)。对三种发展模式进行对比可以发现,以公共交通及非机动交通体系为主导的城市空间发展模式在交通需求、城市形态及环境影响方面均具有明显的可持续发展特征。

在斯洛伐克的特尔纳瓦生态城,为实现通勤距离的最优化以及行人的便捷可达性,规划了多功能城市结构及多层交通网络系统,目的是使老人、儿童和残疾人也能自如出行。其城市交通规划总结出交通系统中的关键元素,并根据重要程度进行排序:步行交通(行人专用区,"生活街道"或"家庭区域",混合功能区,无车区,减少汽车区以及休闲步道);自行车交通(隔离的自行车道,混合使用的街道,实现与行人专用区交叉的可能性,以及多功能车道);公共交通(城市巴士路线及巴士站,巴士换乘站,区域公交车站,以及公交车和自行车的多功能带);汽车交通[主干道和次干道,混合使用的街道地区,交通稳静化(traffic calming),以及有信号灯的林荫大道和岔路口];停车场设施(多层停车场,地面和地下停车场,路边停车,以及安全停放自行车的可能性)。在城市历史中心区仅提供有限的地下停车场,大型多层停车场只设置在有需求的城市边界地区(EU Ecocity,2008)。

据统计,案例城市的交通出行模式中公共交通和非机动交通均占据主导地位,其中公共交通占极大部分出行比例,其规划及政策措施的实践经验证明是有效的,在欧洲低碳少车社区的研究分析中可明显体现(表 4.1)。

表 4.1　欧洲低碳少车社区研究项目的交通数据分析汇总

序号	项目/城市名称	建设密度(人/公顷)	与城中心距离(公里)	小汽车拥有量(辆/千人)	停车位数量(个/人)	非机动交通出行比例	公共交通出行比例	参与汽车共享的居民比例
42	沃邦,德国	122	3	160	< 0.5	64%	19%	26%
50	斯特尔沃克60,德国	123	2.5	60	< 0.3	26%	53%	17%
67	GWL特海恩,荷兰	230	3	190	0.2	80%	14%	26%
70	豪藤,荷兰	54	8	415	1.1	55%	11%	2%
93	哈马碧新城,瑞典	150	3	210	0.65	17%	78%	18%
98	西港,瑞典	57	2	440	< 0.3	60%	17%	3%
104	苏黎世斯尔城,瑞士	97	2.5	2 300	800	1.9①	67%	300%
110	格林威治千禧村,英国	180	9	350	0.8	32%	49%	0%

数据来源:Foletta,2011。

在 2010 年对哈马碧新城居民的通勤交通方式的网络调查结果显示,居民出行选择的方式中 78% 为公共交通,17% 为非机动交通,仅有 5% 开车。可见,受斯德哥尔摩所采取的交通拥堵收费等政策的影响,绝大多数居民更愿意采用公共交通出行。该调查数据显示,39% 的斯德哥尔摩居民职住距离小于 5 km,43% 的居民职住距离为 5~10 km,仅有 18% 职住距离超过 10 km。较短的通勤距离使居民可以很容易地使用非机动车或公共交通通勤,在斯德哥尔摩内城 47% 的居民出行为非机动交通,而居民的平均单程出行时间仅为 33 min(Foletta,2011)。

除了城市内部实现了绿色交通的组织之外,欧洲城市的新区规划更是促进了公共交通及非机动交通的整合及组织。根据 ITDP 组织对 GWL 特海恩新区的数据分析,2001 年至 2010 年,当地居民的非机动车出行率从 73% 上升至 80%。有 94% 的调查受访者表示,在当地购物、办事、访友等活动时几乎都选择骑车出行。同样根据该机构以出行距离为调查指标对马尔默新区西港的交通模态分析,西港当地居民的公交出行距离超过总距离的一半,自行车占五分之一。根据调查,有 62% 的居民职住距离为 2~10 km,超过一半的新区受访者首选自行车出行,认为 30~45 min 的骑车出行时间较为理想,其次的交通选择为轨道交通

---

① 该案例为城市商业中心,此处数据指非机动交通的日平均流量,单位为万人。

(Foletta,2011)。分析称,这一交通模态的结果反映了该地区公交导向的城市格局、短距离的混合土地利用形式与非机动车网络建设的结合对城市带来的积极影响。

表 4.2　部分案例城市的交通模态分布汇总

序号	项目/城市名称	区域出行			城市内部出行			
		公共交通	自行车	步行	公共交通	自行车	步行	汽车
18	哥本哈根,丹麦				31%	34%		
39	柏林,德国	60%			80%			
47	慕尼黑,德国				80%(公共＋非机动)			
63	阿姆斯特丹,荷兰		54%(非机动)					
70	豪藤,荷兰	40%	40%					
95	马尔默,瑞典		36%(非机动)					41%
96	斯德哥尔摩,瑞典	70%			47%			
98	西港,瑞典		44%(非机动)					23%
103	苏黎世,瑞士	30%			40%			

数据来源:Foletta,2011。

综上所述,在不同交通模式中,虽然按照可持续性由高到低为慢行交通、公共交通、机动交通,但单纯的慢行交通无法满足现代社会的发展需求,因此,在生态城市中,以创造有利的慢行交通环境为标准出发,完善公共交通系统是最为重要的基础条件;其次是减少机动交通的负面影响;最后才是完善慢行交通设施。

4.2 规划多层次的公共交通系统

在过去 30 年中,世界上很多城市以 TOD 理念指导着城市综合交通体系的规划和建设,经验表明,该规划理念能有效地优化城市整体资源配置,并积极影响和引导城市空间结构的紧凑布局。因此,在城市规划发展中,应优先进行公共交通建设,构建多层次整合的公共交通系统,充分实现公共交通在城市发展中的引导作用(陆化普等,2007)。同时应实现轨道交通、快速公交系统和常规公交系统的"无缝"衔接,提高公共交通的吸引力并引导城市客运交通的高效节能运行。

4.2.1 加大公共交通的先行投资及规划

公共交通系统的集成程度以及它们之间的高效配合,是城市大量关注、投资和系统性路线规划的结果。城市的公共交通投资代表了往公交社会方向发展的重要一步,与巨额的汽车经济补贴以及社会和环境成本相比,公共交通系统的建设和运营成本相对温和,并被视为强大的公众利益,是为更广泛大众提供福利的必不可少的公共服务(Beatley,2000)。不仅优先规划公共交通设施项目的投资,同时重视换乘枢纽设施建设和城市绿色交通的发展与衔接。

案例城市如苏黎世、弗莱堡、斯德哥尔摩、哥本哈根等,在创建综合交通和高城市流动性方面具有十分值得借鉴的共同经验。不论城市规模大小,几乎所有的城市都持续投资,不断完善公共交通系统,新建、扩展公共交通线路,并使其具有更大吸引力。实践表明,不同公交模式与交通系统元素的集成和连接,以及交通投资和主要土地用途决策的协调均十分重要(Beatley,2000)。苏黎世在近 30 年间,通过公众投票的方式不断地推进公交优先政策的实施,对公交系统进行了大量的扩大和改建,并给予其在道路路权中的绝对优先权。

霍尔(1995)曾表示,近几十年来欧洲城市对公共交通的投资水平将大幅增长,主要包括五种投资形式:(1)扩展一线城市现有的重型铁路系统(如巴黎地铁);(2)新建二线城市的重型铁路系统(如布鲁塞尔、阿姆斯特丹、维也纳等);(3)改造三线城市的旧电车系统为全面的轻轨系统(如汉诺威、法兰克福、斯图加特等);(4)建设新的城郊高速铁路系统(如德国许多城市的城郊火车);(5)高速城际铁路。综合看来,城市政府在交通上的这种多层度的综合投资对改善公交服务水平、减少小汽车的使用十分有效且必要(Beatley,2000)。

在案例城市的新区建设中,公共交通线路的规划和投资与项目同时进行或早在项目完成之前就已确定。弗莱堡的希瑟菲尔德新区(Riesefield)、阿姆斯特丹斯洛滕新区以及林茨太阳城均在第一批住宅建成时就同时提供电车交通服务将社区中心与内城主火车站进行连接,并在站台上提供了相应的电车及火车时刻表,便于新社区居民的日常出行(Beatley,2000)。而马尔默则建设了长达 17 km 铁路和 6 km 公路的城市隧道,将新区西部海港与马尔默紧密联系在一起,新区南部的火车站距离马尔默中央火车站仅 1 km。该铁路线路还连接了哥本哈根等南部多个城市,实现了便捷的区域公交网络。而斯德哥尔摩为应对在未来 20 年间约 15 万的城市人口增长,制定了一个包括公路、铁路和城市公交在内的综合城市交通智能解决方案(表 4.3)(City of Stockholm,2007)。

表 4.3　斯德哥尔摩道路工程规划投资项目

项目名称及建设时间	项目简介	
地下火车线路(建设时间:2009—2017)	在整个城市内城地下建设 6 km 通勤列车隧道——城市快轨,将增加城市区域的整体铁路网络容量,承担区域长途及货运交通,并改善市内交通,减轻日益增长的通勤压力	
建设大型公共交通换乘站点(建设时间:2013—2016,铁路建设时间:2011—2014)	奥登普兰(Odenplan)是斯德哥尔摩市内目前最大的公共交通服务枢纽之一,通过重建将为城市内部及新城间提供更大量的公交服务及商业空间。新的城市快轨线路及连接新城的地铁线建设将加强该枢纽的重要性,预计将产生两倍以上的通勤量	

续表

项目名称及建设时间	项目简介	
增加城市通勤容量（建设时间：2011—2015）	增加区域和通勤轨道交通容量及减少行车时间，新建连接大型新城的区域火车线。另外，因为斯德哥尔摩周边地区交通走廊流量的持续增加，瑞典铁路局正在研究两个新的双轨路线的建设	
扩展内城的公共交通（建设时间：2010/11—2013）	为了在斯德哥尔摩市中心发展新的住宅区，新建一条穿过市中心的全新城市轻轨线，通过吸引乘客来减少小汽车流量。新轻轨线将取代目前的一些市内巴士路线，将通过斯德哥尔摩中央车站等重要的市内交通枢纽	
扩展 LRT 线路（建设时间：2009—2017）	主火车站通过与连接的运行轻轨线来增加区域连接，两条分线路将分别服务斯德哥尔摩最具发展潜力的两个综合新城区。一旦完成线路扩展，工作区和住宅的数量将增长，每个工作日载客量将增加超过 15 万人次	
增加哈马碧新城和内城的连接（建设时间：2010—2015）	哈马碧新城在公共交通上进行了大量投资，包括增加地铁、巴士服务、渡轮服务以及延长电车线路等。新城地铁站提供三条地铁线，并设置多项换乘设施，连接电车线和众多公交线路，与城市中心形成便捷交通	
改进内城的公共交通枢纽（建设时间：2012—2018）	重建斯德哥尔摩市内的主要公路和铁路枢纽中心斯卢森（Slussen）。与斯德哥尔摩地区增长最快的哈马碧新城等多个发展区相连接	

资料来源：笔者整理。

4.2.2 实现多种公交互补的高覆盖网络

1.不同公共交通模式的互补

不同的公交模式，如城际铁路、城市地铁、轻轨、电车、快速公共巴士以及常规公共巴士，不同的公交模式存在不同的优劣势，而其两两之间不同的相互协调、补充及融合也具有特定的最优化关系，适用于不同的城市类型、经济发展水平和交通需求，同时也具有进一步提高公共交通系统整体运输效率的可能性。因此，应实现多种公交互补的高覆盖网络，区分各公交模式的功能特征（明士军，2008）。如苏黎世、斯德哥尔摩和弗莱堡等城市，虽然所采用的公交方式各不相同,但均积极持续地改善着公共交通系统服务的多样选择及便捷性,包括了区域铁路、有轨电车、地铁、区域和地方公交巴士等多种公交模式,并充分利用其综合互补优势形成了高密度公交网络。实现公交站点的覆盖半径小,公交系统运行高效稳定,有助于形成以公共汽车和轨道交通站点为中心的非机动交通网,可使市民对出行所需时间进行预测,相比开车出行耗时短且有保障,能够极大地提高公交乘坐率及社会效率。

德国城市的公共交通规划理念普遍建立在轨道交通和公交巴士线路的整体网络上,其庞大、先进、便利的城市公共交通网络主要包括德国联邦铁路(DB)的城郊快轨系统(S-Bahn)、城市地铁系统(U-Bahn)、电车或城市轻轨系统(stadtbahn)以及公交巴士。在斯图加特,城市公共短程交通核心为城郊快轨和轻轨系统,城区共有 6 条快轨线路和 14 条轻轨线路,另外还有 54 条公交巴士线路作为补充,共同构架出完整的城市公交网络(刘涟涟等,2010)。

德国科隆的斯特尔沃克 60 新区,规划了区域轻轨以及城市电车的综合路线,社区各地均位于公交站点的 500 m 覆盖范围内,车次频繁,能很好地满足新区居民的出行需求。城市外围电车线路将城郊的主要换乘站点连接在一起,使城郊到城郊的出行更为直接,减少了经过城市中心的交通需求。弗莱堡的新城沃邦,通过电车系统可在 15 分钟内到达弗莱堡中心区和火车站,其电车站点的服务半径与苏黎世一样,均为 400 m(Beatley,2000)。而奥地利杰尔生态城及马尔默西港新区的公交站点覆盖半径仅为 300 m。

2.实行公交一票制及相关辅助政策

虽然每个城市的交通系统稍有差异,但欧洲多个国家在短程公共交通的票务系统上,都实现了公共巴士、有轨电车、地铁、轻轨、城郊快轨和区域火车系统的一票制整合发展原则(刘涟涟,2010)。即在一定的公共交通出行范围或出行时间段内,仅凭一张票就能乘坐不同的公交工具,消除了不同公交换乘中的费用差别,极大地减少了换乘时间,有效地实现了公交出行的更多便利和吸引力。

表 4.4　案例城市的公共交通票价制政策汇总

案例城市	公共交通票价制政策
斯德哥尔摩、阿姆斯特丹、马尔默、苏黎世、弗莱堡、沃邦社区	公交一票制。包括时票或天票,可在所限时间内无限次地搭乘电车、公共汽车或地铁等交通工具。周期性的通行票包括周票、月票和年票(其中包括更优惠的非高峰期票),以出行范围的区域大小为计费衡量标准
弗莱堡	区域票持票人在星期日出行时随行的第二名成人免费
弗莱堡、沃邦社区	无停车位住宅的住户在入住后,即可享有长达一年的免费区域票和国家铁路折扣票(由弗莱堡区域交通局负责协调服务和票价)
	为青少年、老年人及家庭的团体出行提供优惠
苏黎世	在整个大都市区域施行个人月票、季票及年票(包括非高峰期的优惠票及不可转让票和可转让票),并与汽车共用协会进行绑定
	允许乘客免费携带 16 岁以下的随行儿童
	允许在非高峰时间将自行车扛上公共汽车、无轨电车、有轨电车和 S-Bahn 区域火车
斯德哥尔摩	所有公共交通短程票及长期的通行票皆可加载入智能公交卡中
	与公司合作,专门为上班族提供价格优惠的商务交通卡,并由公司支付部分费用

续表

案例城市	公共交通票价制政策
阿姆斯特丹	公交智能卡可在各个新区使用,根据乘坐距离计费,并能在荷兰全国公共交通中通用 设立专门的官方网站,提供精确的公交时刻表、地图、票价以及如何购买各种票的教程 公共交通票可在汽车自动售票机上以及火车站的自动售票机和客服中心购买,乘客也可通过手机短信购票
科隆新区斯特尔沃克60	提供了"公交出行保障"的政策方案,即当该公交延误20分钟时,持票人可乘坐合适的长途特快列车或出租车,并获得相应的铁路票价或高达20欧元的出租车费补偿。

资料来源:Foletta,2011。

此外,还根据不同的出行区域范围、时间段以及使用人群提供多种车票供选择,并制定了包括天票、周票、周末票、月票和年票等多种优惠形式,为公交出行提供无限变化,使得人们的出行更多地依赖城市快速轨道交通系统。弗莱堡、斯德哥尔摩、阿姆斯特丹、马尔默、苏黎世等城市均实施了公交一票制,数据调查显示,75%的苏黎世居民拥有至少一种公交年票(Beatley,2000)。

弗莱堡是德国第一个施行生态票(eco-ticket)的城市,起初的想法是创建易于理解的单一票价制并以低价格鼓励大众的参与,票价与汽车出行及停车的费用相比便宜得多。该票也可转让给其他家庭成员或朋友使用,在星期日和节假日整个家庭可以凭一张票出行。在该票制推出以后其创新以及公交服务的改进已见成效,弗莱堡的公交载客量迅速增加,自1985年施行后的十年间增加了一倍,二十年间则增加到三倍。1991年生态票升级为"区域票(region karte)",允许乘客在约2 900 km的整个城市区域中的16个公交公司共90条不同线路的庞大公交网络中使用。有的欧洲城市还通过门票与出行公交票相结合的形式,将大型城市活动的出行引导至公共交通的使用上,不仅大大增加了在活动期间高强度密集的交通出行中公共交通优先性,同时也最大限度地减少了城市道路在交通高峰中的压力(Beatley,2000)。

4.2.3 三层分明的系统性公共交通规划

1.区域及城市轨道交通系统的整合

轨道交通作为客运走廊上的公交系统骨干,包括区域级的城际高速铁路及城市轨道交通系统。作为不同层次的轨道交通系统,两者有效地互补,承担了城市中长距离的出行服务。城际高速铁路主要负责区域间、城市各组团间的中长距离联系;而城市轨道交通系统中,城郊快轨满足了城市中心与各组团间的客流需求,地铁则保证了城市内部的几个主要客流方向及重要城市节点间的快捷联系。二者在城市内部充分整合,形成紧密的一体化衔接换乘,有效地扩大城市轨道交通的服务范围,并能进一步凸显其快速运输优势(王晶,2011)。

20世纪80年代初以来,在国家与城市间的合作下,欧洲城市的高速铁路网络得到了大量投资建设,为城市间建立了紧密的联系,而实践证明,这种在重要的人口分布走廊上发展集成的高速铁路网络是十分必要的(陆化普等,2007)。同时,将国家铁路系统及区域高速铁路系统在城市内部也整合进当地轨道交通线路中,在城市内部的路段不仅共享轨道,甚至也可以用公交票乘坐(如主次火车站之间),同时分担了城市内部的部分通勤客流量,使城市公交基础设施的利用效率得到最大化,区域间的铁路和高速铁路出行更具吸引力(Beatley,2000)。

2.电车及快速公交成为地面公交网络的"主干"

电车及快速公交系统穿过城市的主要轴线服务于市中心及主要城市干线,形成地面公交的"主干"网络,提供城市地面上的快速公交服务。

在短途公共交通中,电车比常规公交巴士更为快捷并能适应街道交通的特殊条件,同时拥有更为简单的路线及较高的运行频率,甚至能有效地缓解高密度市中心的由公共汽车造成的街道拥堵饱和问题及空气影响。据统计,在绝大部分欧洲生态城市,甚至是已经大量投资城市轻轨或地铁系统的城市中,电车仍然被看作是城市公共交通系统的核心组成部分,拥有重要的城市客运作用(Beatley,2000)。德国许多城市为促进有轨电车发展,不断加强城市内有轨电车系统,继续延伸和新建有轨电车线路,并对传统电车系统进行现代化的改造,例如法兰克福和弗莱堡(刘涟涟,2011)。

弗莱堡在1972年的公共交通系统规划中即确定了有轨电车的核心地位,进行了大量的政策支持和规划扩充。弗莱堡的电车有效地覆盖了城市的大部分地区,虽然线路不长,但其承运了城市的大部分客流量,为城市提供了便捷的公交服务,同时也为城市街道生活营造出了活力的氛围,"电车到站时的钟铃声、行进中轨道的声音以及经过十字路口呈现模糊的色彩,这些均增加了人们对街道空间的认同及享受感,电车因此而深受市民的喜爱"(Beatley,2000)。

图4.1　弗莱堡的沃邦新区的绿色电车走廊

资料来源:Foletta,2011。

而在密集的旧城地区,案例城市还采取了一系列交通措施以保证与汽车共用道路时电车的优先通行权,减少汽车造成的负面影响。苏黎世采取的措施有"限制41个电车线路上道路的汽车左转弯;72个公共汽车和有轨电车共用道路交叉口的汽车让路标志"等。而大部分内城外围的电车线路则拥有专属车道,并会在轨道间植草,沿电车线路两侧种植树木及规划行人和自行车道,进一步绿化并丰富该公交交通走廊,也成为许多城市的特色风景线。电车因此被称为"绿色电车",而实践发现,这些绿化措施有助于减少电车的噪音,并同时在减少不透水地表面积、增加水资源涵养等城市生态环境方面有很大帮助(Beatley,2000)。

快速公交系统(BRT)主要沿公交专用道以及城市主干道行驶,在不具备修建电车条件的特定城市条件下,可以作为城市地面客运的骨干交通方式,并能作为城市轨道交通的补充,承担大型集点之间、各功能区之间的联系任务,满足居民中长距离的出行。其建设和运行成本低,速度快,灵活性大,可充分利用现有的城市道路,并能随着城市的生长逐步扩展其网络。

3.公交巴士连接"主干"形成密布网络

地面常规公交巴士(Normal Bus Transit,简称NBT)具有对道路路况的适应能力强、线路及站点布局较灵活、站点可达性好、乘坐方便等优点,适合中短距离客运。主要负责连接组团内的客流与轨道交通,实现快速轨道交通之间的横向联系及在边远区域承担骨干客流责任;并且作为轨道交通系统的补充与延续,疏解和引导轨道交通客流,既可辅助实现市中心以外的不同交通模式之间的联系,还可实现郊区轻轨终点站之外的公共交通服务的延伸。而作为电车和快速公交系统的辅助,则承担了那些服务范围和客流需求较小,或具有丘陵等较复杂地形区域的地面交通任务,在这些区域公交巴士相对更为经济有效(刘涟涟,2010)。

案例城市以公交巴士线路横向连接了城市放射状的地铁系统,并服务轨道交通及电车无法覆盖到的地方,解决了霍尔所认为的交通规划的关键问题——城市郊区到郊区的通勤(Hall,1993)。大量城市,包括斯德哥尔摩和赫尔辛基,也通过类似的公交巴士规划来解决这类通勤问题。案例城市的大规模公交巴士系统的规划理念即是为了能够更快速有效地将乘客输送到电车及地铁等大容量快速公交站点中,提高整体公交系统的使用效率。弗莱堡通过对170 km公交线路的重新设计,即成功促进了40%轨道交通乘客量的增长。而巴黎专门规划的175 km的公交巴士网络,即是为连接区域间密集的近郊地区而设计的(Beatley,2000)。

案例城市还实行了"夜班车"服务。与白天的公交巴士路线不同,精简的晚间巴士线路即是连接了城市中的重要活动点与主要社区,每小时一班(如弗莱堡的沃邦新区等),为晚间出行的市民提供了极大便利。城市还实施了相关措施以提高夜间巴士服务的安全性:巴士司机允许在被要求时于指定住宅前停车(Foletta,2011)。

综上所述,生态城市应利用TOD发展模式促进城市与区域自然之间,以及城乡之间关系的良性互动。实施公交优先发展战略,根据各公交模式的功能特征,扩大和改善公共交通系统服务的多样选择性及便捷性,充分利用其综合互补优势,形成适用于不同城市需求的高密度、高覆盖的公交网络,提高城市公交系统的整体服务水平和运营效率。缩小公交与慢行交通的结合通勤及小汽车通勤二者之间的出行时间差距,实现公交与慢行交通结合的出行时间小于小汽车出行的1.5倍,从而有效提高绿色交通的出行率。

4.3 实现公共交通的"无缝"衔接

研究表明,当乘坐公共交通所花的时间是乘私人小汽车的 1.5 倍以上时,人们将选择小汽车出行。当公交可达性低、各种公交方式之间缺乏协调配合、网络缺乏整体性、站点和线路设置不合理、不准时和运行速度低等服务水平低时,将直接影响居民出行时对公共交通工具的选择。因此,合理地进行公交车站和线路设计,重视公共交通之间的衔接换乘,完善综合换乘枢纽设计,进行停车和管理设施建设,采取智能信息系统辅助,均是实现公共交通"无缝换乘"的关键,能够极大地提高公共交通系统的服务效率。

4.3.1 整合式的公交线路及站点规划

国际实践经验表明,进行不同公交模式的线路及站点的整合式设计有助于公共交通的使用及发展。应形成小服务半径的密布型公交站点网络,并结合非机动交通网络规划,使公交站点具有慢易达性。在轨道交通线路设计及站点规划时,特别是在城市中心及主要人流聚集站点,应有效分散换乘人流,并通过增加公交服务密度、精密设计不同公交站点换乘的衔接时间等措施,增加公交运营及出行效率。

1.在城市中心设计综合轨道交通站点

随着土地集约化与空间立体化的发展,近年来国外许多城市在城市中心的重要地段集中设计多个城市综合轨道交通站点,包括了城郊快轨、地铁及轻轨,极大地提高了城市中心的可达性。为了分散换乘人流及减少对中心地段的土地占用,城市中心的轨道交通逐渐转入地下,并采取了多种提高换乘效率的设计措施。在轨道交通线路设计及站点规划时,每两条轨道线路可在两个以上的站点换乘,避免单一站点大量换乘人流的拥堵及滞留,并减少不必要的巨型站点建设;各条城郊快轨可在城市中心路段的多个站点重合;大运量轨道线路可采取同站台的"无缝"换乘衔接;设计轨道交通换乘其他公交工具的短距离便捷路径等。此外,应增加公交服务密度,精密设计换乘的衔接时间,特别是在城市中心及主要人流聚集站点,应有效分散换乘人流,增加公交运营及出行效率。

2.实现轨道交通与其他公交的短距离衔接

在欧洲城市,在公共交通站点,特别是城市轨道交通线路站点的设置上,均充分考虑了转换其他公交工具的最短路径距离和便捷方式,使乘客可以方便地步行无障碍换乘公交巴士、电车等其他公交工具。

目前我国公共巴士站点与轨道交通的衔接方式一般为水平展开式,换乘点往往较分散,换乘距离过长,且缺乏有效的换乘标志导向。规划的关键是注重以人为本,如合理的站点布局和线路网络,车站入口处的无障碍设施等,减少换乘中的步行距离以及换乘等候时间,有效提升公共交通的吸引力、便捷性和舒适性(周岚等,2010)。巴西库里蒂巴的五条主要林荫大道上均设有双向快速巴士专用通道,每隔 1 400 m 设换乘枢纽,可与地方支线巴士换乘;该公交网络高效便捷,承担了该 300 万人口城市 75% 以上的出行,并且,从 1974 年至今,该市人口增长了一倍,但小汽车交通量却下降了30%(张昌娟等,2009)。

4.3.2 综合轨道换乘枢纽的立体设计

可结合城市火车站、步行广场及建筑综合体设计地下综合轨道枢纽,实现与其他交通形式的垂直组织与衔接,高效分散大容量客流,缓和地面道路交通的压力,并可通过梯级容积率奖励,鼓励公交枢纽周边地段的混合高密度社区及地下商业空间的综合开发。

1. 与城市综合火车站结合

欧洲城市的主火车站通常位于繁华的城市中心地区,而次火车站也处在人口集中地区,因此常被规划为区域轨道交通及城市轨道交通的核心换乘枢纽。德国大型城市的火车站大多采取了综合立体化设计,火车站地下集中了多条区域及城市内部的城郊快轨、城市地铁线及电车线路,布局紧凑,垂直方向通过多个楼梯、扶梯和电梯相互连接,实现了垂直空间上的短距离立体换乘。同时,通过对不同轨道交通方式、线路的换乘和步行人群的有效引导,其地下城市轨道交通具有强大的疏解能力,高效分散了大容量的区域间客流,有利于简化组织城市中心的地面交通,能有效减轻地面交通拥堵的压力(刘涟涟等,2009)。

柏林的雷尔特火车站(Lehrter Bahnhof)是欧洲目前最大的综合公共交通立体换乘枢纽,旅客量达30万人/日,列车停靠率达1 100次/日,包括了远程高速列车、区域快车、城郊快轨和地铁等多种轨道交通线路。该站规划设计了地面及地下两个交叉的立体轨道交通站台:东西方向线路站台高架位于地面3层,停靠远程高速列车、区域快车和城郊快轨;南北方向线路站台位于地下2层,停靠远程高速列车、区域快车和城市地铁(王晶,2011)。

斯图加特主火车站共设计了地下3层:地下1层交通大厅设有商场和便利店;地下2层停靠7条城市轻轨线路,于1976年交付使用;地下3层停靠城市6条快轨线路,于1978年交付使用。火车站前广场规划了公共巴士站点和出租车站,周边规划了停车场和长途客运汽车站。而地下步行通道则为火车站及位于城市主干道另一侧的旧城步行区提供了紧密的联系(刘涟涟等,2010)。

2. 与城市步行广场及建筑综合体结合

案例城市对交通枢纽节点的设计已逐步从以往的单一的交通功能转向多种功能,在周围设置金融、商业、咨询、娱乐等各种服务设施,在方便了乘客的同时也促进了物业的开发(林燕,2008)。

轨道交通站点与城市中心步行广场的结合,不仅能够疏解市中心的地面交通压力,提供充足的慢行交通空间,同时也促进了地面及地下的商业空间开发(肖艳,2006)。巴黎地区最大的公共交通换乘枢纽位于德方斯新区的步行广场下,提供了火车、地铁、电车和公共巴士等多种模式的综合换乘,是新区交通出行的重要保障,同时与地下停车场及地面步行网络紧密联系,提供了便利的人流疏散(宿晨鹏,2008)。慕尼黑在1965年提出的交通总体战略中,将一部分现有地面公交网转移到地下,建设成为一个运转能力极高的地下轨道换乘枢纽,而将地面规划为供人们散步、休息的若干大型步行广场,形成了第一代的立体交通体系。其中卡尔广场(Karls Platz)的地下交通综合体是该模式的典型代表。该广场位于城市中心主要商业步行街的终端,地下共5层,汇集了来自郊区各个方向的城郊快轨和地铁,而地面步行广场周围则规划了可从地下轨道综合站点直达的电车和公共巴士站点(王晶,2011)。

与建筑综合体的多样性相结合,为多种公共交通工具提供室内转换的场所,既节省用地又提高了建筑综合体的经济效益,更改善了人们的出行及换乘环境。

4.3.3 公共交通辅助设施的配套优化

公共交通系统的优先发展,乘车时效性、舒适性以及安全性的改善有利于提高公交吸引力,必将会吸引大批客流,有利于提高城市居民公交出行比例及道路利用率。案例城市除了为公共交通规划良好的路线以及便捷的换乘设施外,还对公共交通的配套设施进行投资及优化,如交通信号系统、公交站点的信息服务、站点设计以及车辆设计等,为公共交通系统的使用提供最优的"软环境"。

1.建设智能公交系统

城市道路交叉口上不同交通模式的分流是城市面临的严峻的交通问题之一。苏黎世为解决这个复杂的交通问题,建立了条理清晰的交通控制系统。利用在交叉口给予公交优先信号,提高公共交通运行的准点率。该交通控制系统的解决方案是为位于十字路口的电车和公交车开绿灯,使其不需停车等待而直接穿越路口,实现全城路口的公交"零等待"。每辆公交巴士及电车均安装信号发射器,使交通灯获得信号,而公交巴士和电车司机也将自动获得运行时刻信息。同时中央电脑控制系统对离交通灯 10 m 内的车辆进行监控,若有情况,控制中心可及时纠正并作出反应,候补电车和公共巴士随时待命,需要的时候根据其所在地区提供替补,为城市提供稳定的公交服务。调查显示,苏黎世所改进的公交配套措施,如增加公交数量和改善服务频率,以及交通控制系统为在路口的电车和公共汽车提供绿灯等,减少了人们在公交站点 35% 的等候时间,从而使更多开车市民改乘公共交通(Beatley,2000)。而库里蒂巴通过采取公交进程控制系统,使巴士到达换乘点的时间与开往其他地方的巴士出发时间相衔接。

公共交通系统的准时性也反映了城市交通的畅通性。设置有效的公交实时报告系统,虽然对整体的公共交通规划来说微不足道,却能引导出行者利用公共交通高效出行,并使公众对使用公共交通产生积极感受。欧洲多个国家城市的公交站点均设有电子实时到站信息板,提供全面的城市街道地图和轨道交通的线路换乘指示图、票价信息、公交班次路线及完整的时刻表。德国所有城市的公共交通站点都具有一周及节假日的准确的交通时刻表,斯德哥尔摩的交通管理控制中心还负责收集、处理并提供全天候的交通信息,通过电台、互联网和手机服务,为市民和相关部门提供实时交通状况信息。

2.车站换乘设施及车辆的优化

应将公交站点与非机动交通网络、自行车存放区和停车场结合规划,提供必要的换乘设施。在城市内部公交站点应具有慢行交通的易达性,实现 W+R(walk and ride)及 B+R(bike and ride)的交通转换(慢行交通与公交结合);而在城郊公交站点较不密集地区,则可在站点周边合理设置 P+R(park and ride)停车换乘设施(机动车与公交结合),方便开车居民转乘公交进城,可以有效地减少小汽车交通量(刘涟涟,2010)。苏黎世在 1992 年对城市内部公交站点的非机动连接设施进行了集中改造建设,如公交巴士和有轨电车的停靠岛、公交专用车道,设置仅限公交通行的步行区等。

公交车站的无障碍及便民设计早已成为德国城市交通规划的重要目标,通过采用与巴士车厢地面等高的公交站台,可以方便使用轮椅和推婴儿车的乘客快速上下车,缩短乘客的乘车时间,并极大地提高了公交服务效率。科隆的斯特尔沃克60新区,在2010年开始尝试设计并建设可升降的站台,从而可以匹配更多的车辆类型。欧洲多个国家城市的电车还更新使用了较宽的车厢,使其可充分利用沿大量人口和社区区域分布的现有轨道行驶,极大地减少了城市公共交通建设的资金投入(Beatley,2000)。此外,斯德哥尔摩等多个城市还要求所有新轨道站点的建设或改造项目应注重艺术美与效果。相关部门每年投入了大量经费,用以支持公交站点的公共艺术建设,通过赏心悦目的雕塑、壁画和天花板画等艺术装饰营造丰富的艺术氛围,使公交站点本身具有极大的吸引力,并成为城市特色之一。

4.4 减少机动车交通的负面影响

片面地关注机动车交通的城市道路发展模式暴露出了越来越多的弊端:大量城市用地被道路及地面停车场所占据,影响城市空间连续性的同时,道路活力也随着多样功能的缺失而逐渐丧失,而机动交通的噪音和粉尘污染也对周边环境及居民的生活产生了严重影响。因此,减少机动交通的负面影响是生态城市交通规划的重点之一,应通过弱化城市机动交通、强化公共交通和慢行交通,实现减少机动车使用量及治理交通拥堵的目的。通过路网结构的优化,合理组织城市功能骨架,将人的安全、舒适出行作为目标,使各种交通参与者都能共同分享城市道路空间,并充分挖掘城市道路巨大的空间利用和功能承载潜力。

4.4.1 城市机动道路网络的结构优化

机动车道路网络作为连接城市各功能组团的重要城市结构,支持了整个城市空间范围内的机动车流通,其中流通量最大的是城市快速主干道。但由于快速主干道承载的交通速度高,再加上传统的道路网络规划容易缺乏对环境的整体考虑,因此造成了城市空间的破碎化,产生大量缺乏有效利用的城市荒废空间(李倞,2011)。因此,应通过合理规划,通过限制城市机动交通的路权等措施,控制进入城市中心区等拥挤路段的小汽车流量,保持城市步行网络的连续性和重要的城市步行区域,从而保持由慢行空间所产生的城市经济和社会集聚效应。

应将贯穿城市的快速路、城市环路等城市内部机动车快速道设置在地下,把地面层还给人性化的慢行生活,避免城市快速路对周边地区造成阻隔及空气污染。在地面层规划多种城市功能,如开放空间、生态廊道、公共设施、交通配套设施等,促进区域的整体发展。并且在城市机动路网结构及道路断面设计中,应设计公共交通及慢行交通专用道(自行车道和人行道),并实现其安全性及连贯性。

1.避免城市的穿越交通

首先,应有效避免城市机动交通快速穿越城市中心。可将快速机动车交通沿市中心外围设计为环线,停车楼等停车设施沿环线周边设置,有效控制机动车进入市中心。根据德国案例城市研究,城市中心环路主要围绕中世纪旧城而建,充分保证旧城内部步行区的完整性。其次,应避免城市机动交通快速穿越城市居住生活区。可通过细胞环路的形式组织市区道路,并与城市中心的环路相连(刘涟涟,2010)。在社区中,可采取两种规划措施减少机动车的负面影响。一是将停车位集中在社区四周,结合外围环状机动车道及内部放射状慢行交通网络设计,并通过规划布局设计,使居民从住宅到公交站点及到停车场的步行距离相当或更短。二是紧邻公交站点周边设计"不停车"街区,优先无车居民居住,可通过为其提供更好的公交可达性,影响社区有车居民改变出行习惯。而社区停车位在不用时应变成人行空间的一部分。一般市区道路均可通过采用交通稳静化措施,控制机动车速,保障行人的安全。

2.垂直化设计地下快速环路

斯图加特的城市环线机动干道在通勤高峰时对市中心造成了明显的交通压力,并且也极大地影响了慢行交通。2006 年的城市规划战略研究提出了解决方案,即将城市快速环路及在交叉路口交通压力较大的轴线交通设在地下,形成多层城市交通结构。在保证快速交通通行能力的同时,避免了由高架桥等交通设施造成的城市空间分隔,能够有效降低对周边城市环境的影响。而地面层则改造为适宜步行的林荫大道,通过景观手段形成环境舒适的城市慢行交通及开放空间廊道,在改善交通环境的同时,将城市地面空间还给市民,使其更适于慢行交通穿行,实现城市快速路与周边区域的融合和整体发展(刘涟涟,2010)。

巴塞罗那城市中心 1987 年建成的城市主干道拉格兰维亚快速路,采用了垂直式的多层次道路空间结构方案,利用地表空间承载了不同模式的交通,并重建了快速路两侧区域的新连接,设置多种类的混合城市功能设施,在城市中心形成了新的公共空间(李倞,2011)。

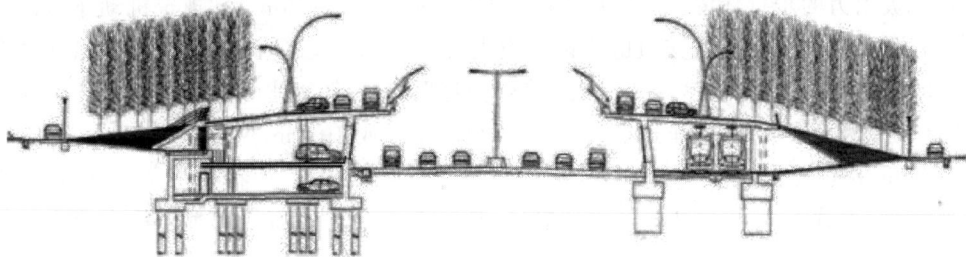

图 4.2　拉格兰维亚快速路多层混合的空间结构

资料来源:李倞,2011。

4.4.2 城市生活街道的交通稳静规划

城市生活街道作为城市街区内部多种交通方式的共享道路空间,也是城市居民日常生活使用的空间,应以慢行交通及公共交通为主要的交通模式,限制小汽车的使用。同时挖掘城市生活街道多样化的使用功能,使其成为更加安全、舒适和贴近生活的城市活力空间。几乎所有案例城市均提出了建设"少车街道"及"无车社区"的规划目标,并通过大量采用交通稳静化措施以限制小汽车的使用及营造安全的非机动出行环境。

"交通稳静区"的概念最早在荷兰提出,目的是通过传统的城市规划技术(如减少路边停车,设计较窄的街道、较大的转弯半径等),从而限制机动车的道路使用权限及通行速度,最大限度地减少骑自行车和步行者直接暴露在机动交通中的机会,增加慢行交通出行的安全舒适性和自由度。该措施能极大地促进城市生活街道中非机动交通或公共交通的发展,已成为越来越具吸引力的交通规划策略之一。根据多个城市的数据统计,这些措施能有效地减少事故的发生,保障居民安全,并能降低噪音水平,减少空气污染,促进居民更多地步行和进行户外活动。根据海德堡的统计显示,实施了交通稳静化措施的社区,成功减低了机动交通的速度和流量,并减少了超过31%的交通事故和44%的人员伤亡(Beatley,2000),有效地提高了城市街道的安全性。

交通稳静规划原则可总结为:不限制机动车通行,但通过路障设计控制车行速度;进行混合利用规划,增加商业区域的步行交通;在街道设计时考虑人的心理感受,通过景观处理来提高步行和骑自行车的安全性,例如把建筑物靠近车行道边缘,或在安全范围内,在机动交通两侧种植高大的树木,使街道产生狭窄感;街道设计应因地制宜,针对当地的实际交通环境及社区特色进行设计(New York Bicycling Coalition,2009)。在案例城市的具体措施实施中,主要采用两种途径,一个是限制机动车的通行速度,另一个是控制社区及城市中心的停车位(Foletta,2011)。

1.限制机动车的使用权限及速度

在交通稳静化的规划措施中,最重要的内容之一就是通过设置道路障碍物、设计曲线路径、降低车道宽度①以及减少车道数量②等手段来限制城市机动车的行驶速度。而采用狭窄车道不仅可以降低建设和维护成本,同时还能为自行车道创造宝贵的空间。

案例城市大范围规划了机动车限速区,用以限制城市中心的汽车流量,为市民制造出安全和具有吸引力的步行环境。英国设定的"家庭区域(Home Zones)"规定机动车最高时速为10 km/h。德国最常见的交通稳静化措施主要有30 km限速区和住宅交通稳静区两种方式,其社区中的交通稳静区又被称为"游乐街道",核心理念是可以让儿童在各个地方玩耍,在该范围内行人优先,汽车速度被限制在20 km/h或10 km/h内,并且必须避让行人;除了装载卸载货物外,仅能在停车标志区停车(刘涟涟,2010)。而在弗莱堡,居民可根据环境需要,向政府或社区申请设立交通稳静区,现在全市几乎所有居民都生活在交通稳静区(Beatley,2000)。

荷兰则在20世纪70年代中期提出了"生活共享街道(woonerf)"的概念,规定在区域里的每种交通模式都拥有同等的交通权利,因此区域内的汽车必须低速行驶,使道路可以与非机动交通安全共享。进入该区域后,道路路面由沥青转变成砖砌,有意收窄了交通车道,采用了大量的道路减速带、急转弯式的岔口设计、树木种植、砖和石材的景观设计等措施,迫使汽车减慢速度。豪藤新区甚至还要求在住宅区街道设计中,其道路的连续直线段不能超过75 m,从而保持安全车速并提高司机对周围环境的警觉度。在荷兰,政策规定普通街道在

---

① 根据实验统计,当车速控制在40 km/h,车道可减少到3 m或3.2 m;当车速为50~65 km/h,则可设置3.3 m宽的车道和3.6 m宽的中央转向车道;而当车速为70 km/h或更大时,若有较大的货车通行量,则应设置3.6 m宽的车道以及4.2 m宽的中央转向车道(New York Bicycling Coalition,2009)。

② 在车道设计时,应将常见的双向四车道以及具有大量的左转车辆需求的道路,重新拆分为一个集中转向车道(center turn lane)、两个机动车道以及两个自行车道,这往往起到提高交通流量的作用。而许多单方向车流量过多的道路则可以由双向车道改为单向车道(New York Bicycling Coalition,2009)。

转变为"生活共享街道"之前,需经过 60％的周边当地居民的同意,但该政策的实施不但没有受到限制,反而由于民众的大量参与而得到了有效实施(Foletta,2011)。

除了对机动车速度进行控制之外,还通过一些重要的设计细节以增强行人的安全性,如设置人行道、行人安全岛、避让标识、道路的色彩或纹理区隔,放大路口和车道的转弯半径等。据研究,在每 500 英尺(152 m)设置一个人行道,将营造一种更传统的城市街道的感觉(New York Bicycling Coalition,2009),此外,以适当的间隔均匀地设置人行道,也可减少行人乱过马路(特别是大街区)的状况。而行人安全岛则可以辅助行人安全地穿越较宽阔的街道。

除此之外,还应通过不同色彩或纹理的区隔,清晰地区分人行道、自行车道与机动车道,使司机更清楚地了解及遵守机动车道的行驶范围(New York Bicycling Coalition,2009)。另有研究显示,在道路标识中采用避让标识比起停车标识对机动车司机和骑自行车者而言更有预见性,因此更容易被接受,同时也避免了在行驶过程中间歇性停车的困扰。斯洛伐克特尔纳瓦生态城即设计了狭窄的车道、彩色反光的路面分隔线,并通过采用粗糙铺路、路障等,有效地降低了车速和交通流量,而汽车行驶在起伏路面的轱辘声也对司机起到了警醒作用。

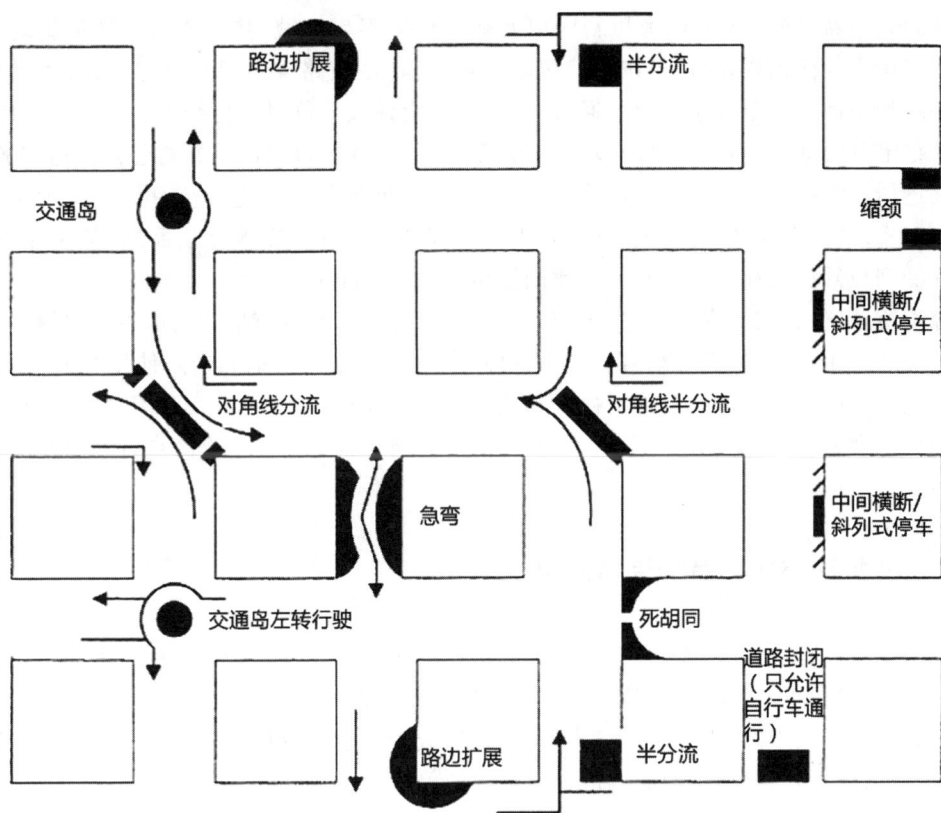

图 4.3　斯洛伐克特尔纳瓦生态城的交通稳静化设计

资料来源:EU Ecocity,2005。

2.控制社区停车位

在交通稳静化规划中,通过控制停车位数量及优化停车位设计,已成为案例城市中限制私人小汽车交通及拥有率越来越普遍的实施措施。控制停车位数量具体有六种实施办法，即：移除所有停车位、移除部分停车位、缩小停车车道、移除单侧的停车位、将斜线停车改为平行停车以及限制员工停车位。移除所有停车位将增加道路的安全性和容量，通常移除单一用地功能比例较大地区的路旁停车位，或移除混合使用社区中住宅道路的路旁停车位。但由于路边停车可以通过成为汽车和其他交通之间的缓冲区而促进交通稳静化，在这种情况下可以移除部分停车位，可只保留单侧停车位，或将其缩小到 2.1 m。而斜线停车占用道路空间较大，并且由于视线不佳而存在危险，应当在设计时尽量避免。

在弗莱堡新区沃邦，虽然允许小汽车进入，但在电车站周边设计了"不停车"街区，为无车居民提供更好的公交可达性，也对有车居民产生了积极影响，起到改变其出行方式的促进作用，尤其是短途出行。通过综合设计，使停车位在不用时变成人行空间的一部分。在多项规划措施的综合影响下，据统计，社区中57％的无车住户在搬入后选择放弃使用小汽车，全社区的公交出行率远高于德国其他地区，而该社区有将近一半的有车住户拥有德国铁路折扣卡（在全德国该拥有率也仅为10％）。可见通过控制新区的停车位数量，对于减少居民的小汽车拥有量以及改变其出行交通方式有很大的影响力（Foletta，2011）。

在阿姆斯特丹的 GWL 特海恩新区以及德国图宾根生态城，其主要的规划措施均是将停车位集中在社区四周，设计外围环状机动车道，将社区道路空间回归给居民，并为其提供更多的绿地空间和儿童游乐场所。通过规划布局，设计大量放射型的行人和自行车网络，使居民从住宅到公共交通站点及停车场的步行距离相当，并通过提供良好的公共交通服务，有效地促进居民选择公共交通。而送货服务、汽车共享俱乐部等则进一步有效地减少了小汽车的拥有率。"无车社区"的实践表明，减少小汽车的使用并不影响生活品质，甚至相反地，能够享受到更舒适的社区环境和更高效的城市生活（Foletta，2011）。

综上所述，生态城市应规划"少车街道"及"无车社区"，在城市生活街道中应以慢行交通及公共交通为主，不限制机动车通行，但通过路障设计限制机动车的道路使用权限，主要包括限制机动车的通行速度以及控制社区和城市中心的停车位；进行混合利用规划，增加商业区域的步行交通；在街道设计时考虑人的心理感受，通过景观处理来提高步行和骑自行车的安全性。

4.4.3 治理机动交通拥堵的综合政策

"所有的机动车限制政策，终将使汽车的使用更昂贵、困难和不方便，从而增加了如公共交通、步行和自行车这样的替代品的竞争力。"（Foletta，2011）

阿姆斯特丹从 1992 年起，多年来持续施行以减少交通拥堵和汽车使用为理念的多种规划政策，包括改善公共交通、增加城市中心地区的停车收费、收取道路拥堵税费，以及 A-B-C 区域土地利用规划策略（在前面的章节中已介绍）。其经验表明，采用单一的规划措施是无法取得成功的，唯有综合实施多项策略才能达到理想的效果。

1. 收取道路拥堵税

交通拥堵税费是一个旨在减少城市中心交通拥挤的有效尝试，就是在一定的时段和区域内，对个体机动出行者所带来的社会成本进行合理收费（周江评等，2009）。该制度在欧洲国家已实施了数年，如荷兰、瑞典、挪威、英国等，是其解决整体交通的重要手段之一。其目标就是"运用行政调控手段,借助经济杠杆,使交通需求在时间与空间上趋于均衡"(马祖琦,2004),以提高道路等公共资源的使用效率。实践证明,该政策能有效减少高峰时段、路段的机动交通出行量,可在短期内缓解交通拥挤问题,并在整体上改善拥挤区域的交通质量。此外,该税收收入可供政府用以补助综合交通系统的建设(周江评,2009)。

不同城市和地区的交通拥挤税政策均有所不同,说明该政策可根据地域特征及特定的社会经济背景而具有独特性。在荷兰,任何机动车辆在高峰时期进入任世达地区的阿姆斯特丹、乌特勒支等多个城市将被收费,收费站设置在城市中最拥挤的路段,以进入市区区域的次数和时间计费,非高峰时间收取费用相应较低。而纽约则对在早上 6 点到晚上 6 点间在曼哈顿指定区域行驶的车辆征收 8 美元的交通堵塞费。该收费可以减少在该区域车辆行驶距离,据统计可使整个城市的挥发性有机物减少 3.7%,氮氧化物减少,一氧化碳减少 2.8%(The City of New York,2008)。

同样为了应对拥堵和机动交通的干扰,斯德哥尔摩在 2006 年开始试验性地收取拥堵税,并在 2007 年正式实施。在周一至周五早上 6:30 到下午 6:30 之间,自动捕捉在城市中心路段通行的瑞典牌照汽车的行驶信号,并通过系统计算定期以账单的形式邮寄给车主。该收取方式并不需要停车收缴,因此不会增加交通停滞负担,可充分保证交通的快速畅通,并为居民提供了便利。其技术设计以及付款、折扣和运行时间等内容均由瑞典交通局负责制定和操作。斯德哥尔摩在实施该政策后,城市公交载客量急剧增长,有效地将开车出行的客流量成功引导至可持续的交通模式上。该实践也很好地证明了推(拥堵收费定价)和拉(改善公交)两方面策略相结合,对城市可持续交通所产生的积极推动作用(Stockholm City,2012)。

实践表明该制度实施运作良好且效果显著,并且不仅能够改善交通流量,还有助于改善城市环境和公共健康。数据显示,斯德哥尔摩自 2007 年实施该制度以来,市中心的机动交通平均下降约 20%,城市中心及周边的阻塞时间缩短了 30%～50%,而市中心的温室气体排放量相应下降超过 14%,空气质量提高了 2%～10%。而伦敦在实施后,交通堵塞程度减少了 30%,早高峰时间公交车的使用率在第一年即增加了 38%。环境方面,城市二氧化碳排放因此减少了 20%,而烟尘中污染物的排放减少了 12%,颗粒物质浓度也得到降低(Stockholm City,2012)。

2.城市中心的停车调控

停车控制策略对于减少城市中心交通堵塞、鼓励可持续的交通出行是最有效的办法之一,具体包括限制停车位及收取昂贵停车费两方面,只有高成本的有限停车场,才可以反映出在城市中心提供该设施的真实代价。

德国城市所采取的措施是,围绕旧城中心区建立城市环路,在城市中心步行区的边缘建立停车楼或地下停车场等停车设施,并与附属大型商场统一规划建设,能够最大限度地将汽车交通控制在城市中心区外围,避免机动交通穿越所造成的负面影响。弗莱堡已几乎全部取消了老城的免费停车区,并曾讨论不再在城内规划更多的停车场,将城市中的汽车使用变得更加困难和昂贵。通过策略性的停车场设计,使其在不使用时变成人行空间的一部分(Beatley,2000)。

在斯德哥尔摩市内及哈马碧新城,城市内的路旁停车位价格较高,平日上午 9 点到下午 5 点间收取停车费,傍晚和夜间免费。城市在市中心外围规划收费的独立停车场并鼓励居民使用,让街道保留一定数量的空闲路边停车位以备不时之需。阿姆斯特丹也同样提高了市内停车费用,大大减少了停车空间,并对公交站点周边的新企业及其员工的停车位数量进行严格限制。甚至有许多城市明确禁止企业员工长时间占用路旁停车位,这一措施使得在停车位总数变少的情况下,同样能提高有效的商业可用的车位量(Foletta,2011)。

在苏黎世中心城区内,严格规定停车位总量只能减而不能增,任何时候新增停车位就需相应减少其他地方的停车位,并将该场地转换成绿地或其他步行公共活动空间。企业不为居住在城区内的员工提供停车位,鼓励其采用步行、骑车或公交进行通勤。提高市中心区的停车收费,市内停车费每小时高达约 8 瑞士法郎,街边露天停车约每小时 3 瑞士法郎,且通常限时两小时(戴德胜,2010)。

3.公众参与交通治理及"无车"决策

市民比一般的政策决策者更得益于公共交通系统,因此公众参与不仅能使城市更好地了解市民的交通需求,更成为许多案例城市执行交通限制措施的重要且必要的前提。如对公共交通等重大公众决策的投票,以及对市中心的分时段交通管制和社区交通流量控制等,均极大地辅助了可持续交通规划的执行。而许多案例城市在城市中心创建无车区域或限制汽车的政策,往往也是公民进行倡议和公投的结果,如指定历史中心为"禁车区"或仅限公共交通通行的政策等。

许多城市也让公众积极参与到社区交通规划中。在对社区实施交通控制措施时,公众的参与能够使居民消除排斥感,并产生更强的认同感与使命感,例如指出儿童上学的路线等,根据居民的自身经验提出街道安全性的改善需求,并确定交通控制区域。通过公众参与决策并改善后,儿童走路上学的比例大幅增加,并且越来越多的社区居民也愿意选择步行,并认为这样更有社区的感觉,在对实施交通流量控制的民意调查中,均表示了对该政策的大力支持(Foletta,2011)。

除了提倡公众参与交通的治理之外,案例城市所提倡的"无车日"在限制私人小汽车发展中尤其有代表意义。1994 年伯明翰、利兹、爱丁堡、阿姆斯特丹等 34 个欧洲城市成立了无汽车城市俱乐部,其宗旨是共同努力减少城市地区的私人小汽车。该网络为其成员提供技术支持,努力通过规划手段、政府决策以及公众参与,积极创造无车或少车环境(Beatley,2000)。

为了避免居民在 5 公里内的短距离出行中对小汽车的依赖,马尔默自 2007 年起,每年在全市范围内举行"可笑的短程汽车之旅(ridiculously short car journeys)"评选活动。活动要求市民提供城市内该旅程的详细路径信息,并可因此赢得自行车。该活动旨在鼓励市民思考如何正确地汽车,以及如何在短程出行中以自行车取代汽车。首次活动就有一半的马尔默居民参与并获得极大的反响,促使居民逐渐开始有意识地用自行车取代短程的汽车出行。由于该活动成功地产生了积极影响,在国际及瑞典国内均获得了广泛的关注和效仿(Foletta,2011)。

4.推广汽车共享活动

作为一种切实可行的可持续交通选择及重要的社会服务,汽车共享既能满足居民少量的小汽车使用需求,同时又能大量减少居民的汽车拥有率。但其所能发挥作用的必需条件是,城市拥有良好的公共交通或自行车网络和设施,并能够便捷地满足居民的日常服务需求。实践证明汽车共享确实具有相当可观的交通治理和环境保护意义,据统计,每辆共享汽车可使得在道路车流中减少 5 辆小汽车(Beatley,2000)。许多案例城市及地区均积极地鼓励汽车共享活动,如柏林、阿姆斯特丹、弗莱堡和斯德哥尔摩等。而对于倡导"无车"的城市新区来说,汽车共享更是必不可少的公共服务之一,如瑞典哈马碧新城、荷兰 GWL 特海恩新区及豪藤新区、德国斯特尔沃克 60 新区以及沃邦新区等(Foletta,2011)。

　　柏林在全市范围遍布 24 小时的汽车共享站点,市民能够在 10 分钟的步行范围内取车用车(Beatley,2000)。斯特尔沃克 60 新区社区所提供的汽车共享服务包括了不同的车型选择。社区居民可免交会员费并享受优惠的租用价格,根据出租时间、行驶距离和汽车类型差异而有不同的收费。基于该服务的便捷性,近 70% 的社区受访者认为根本不需要拥有汽车,该社区中无车家庭的比例是全德国平均水平的三倍。GWL 特海恩新区超过 25% 的家庭是汽车共享公司会员(Foletta,2011),在哈马碧新城则有 18% 的家庭以及超过 100 家公司参与了汽车共享活动。哈马碧新城的汽车拥有率为 21%(远小于斯德哥尔摩的 37%,这在发达国家中算是很低的比例)。低汽车拥有率、低汽车出行比例和较短的通勤距离均有助于减少新城居民的碳足迹,据估计,哈马碧新城整体与交通有关的居民二氧化碳排放量不到斯德哥尔摩居民平均值的一半,也不到瑞典居民平均值的三分之一(Foletta,2011)。

　　弗莱堡新区沃邦则采取了提供可持续交通服务的系列折扣的政策措施。如持有区域公交年票的会员每月仅需额外加 10 欧元,便可享受以下优惠:减免 40% 的汽车共享会费,并减少 20% 的使用费;在自行车停车场和电车站的自行车中心,可享受 20% 的租用折扣;并且在弗莱堡全市预约出租车可享 20% 的折扣等。由于该措施的实施,虽然沃邦社区拥有儿童的家庭比例是弗莱堡全市的两倍,但其汽车拥有量仅为弗莱堡全市的一半(在人口统计学来看该社区的汽车需求应大于全市的平均值)。德国在 2002 年仅有 0.1% 的司机是汽车共享公司会员,却有 39% 的沃邦家庭加入,其中包括 59% 的无车家庭和 11% 的有车家庭。而 70% 的无车居民均表示,是在移居该社区之后才更多地参与了汽车共享活动(Foletta,2011)。

　　综上所述,生态城市应通过停车调控、限制停车位数量及提高小汽车使用成本等一系列政策引导,限制城市机动交通的路权、停车及使用的便捷度。同时,鼓励公众参与城市无车区域的选定决策,提高政策的执行效果。广泛倡导汽车共享活动,鼓励社区为居民提供汽车共享服务。

4.5 营造良好的非机动交通环境

　　非机动交通在城市可持续交通中是最低碳的出行方式,节能环保且方便快捷,并在短距离交通中具有更大优势。欧洲国家最早将自行车出行纳入城市交通发展规划中并取得了很大进展。荷兰许多城市的自行车出行比例接近 40%,在短程出行中则更高。研究显示,自行车出行率较高的城市存在两方面共性。一是通过基础设施的完善提供比汽车更好的交通选择,规划机非分离的绿色慢行交通网络,并提供更好的自行车停车设施等;二是采取有意识的公共政策,通过综合措施的引导,促进居民选择可持续的交通出行模式(Beatley,2000)。

4.5.1 机非分离的自行车专用道规划

非机动交通网络规划的主要内容之一是规划高连接度、与机动车道分离的慢行交通网络，为自行车交通提供连接城市各个主要节点的便捷路线系统，并形成独立的自行车道网络，通过交通稳静化设计尽力使现有的城市环境更适于慢行交通，减少其与机动车道的交接，如通过路口设计让骑自行车者具有优先通过权等，使自行车出行更便捷、安全和无障碍。

对荷兰豪藤新区和英国米尔顿凯恩斯新城的对比研究表明（表 4.5），城市结构、空间设计以及自行车网络等自行车基础设施建设投入的不同，将直接影响居民对自行车使用的认同与愿望（Foletta，2011）。

表 4.5　案例城市自行车基础设施投入不同的效果对比

	荷兰豪藤新区	英国米尔顿凯恩斯新城
交通规划理念	自行车和行人交通集中，城市结构紧凑	设计充分考虑了汽车，专注于低密度和便于车辆高速行驶的道路网格，提供更多停车位，比其他同规模的城市还要高出 2～3 倍（Whiteside，2007）
自行车基础设施的投入	自行车道长度为 3 米/人，畅通顺直且安全	自行车道长度为 1 米/人，设计不够顺畅，居民也难以使用，且有些路段被认为在晚上存在危险
家庭自行车拥有率	每户 3.4 辆，只有 2% 的家庭没有自行车	每户 1.1 辆，有 35% 的家庭没有自行车

资料来源：Foletta，2011。

自行车使用率高的案例城市，往往都愿意通过投资非机动交通基础设施以使道路和城市环境更适合于步行及自行车出行。大量案例城市规划了密布的自行车交通网络并不断扩大，如柏林拥有 800 km 自行车道，维也纳自 20 世纪 80 年代以来也扩大了其自行车道网络。而弗莱堡共拥有 150 km 的城市沥青自行车道，以及供小镇居民通勤的 250 km 沙石自行车道，骑自行车因此而成为 5 km 范围内的短程出行中的主要交通模式。而哈马碧新城在所规划的便捷慢行交通网络中，设计了丰富的自行车道、人行道和人行天桥，改善城市内部慢行交通的同时，也为人们提供了健康休闲活动的场所和机会（Beatley，2000）。

许多城市还将分离式的自行车交通设计充分融入新区规划布局中，使自行车成为能够更快速、更直接地到达城市的各个地区的交通模式。乌特勒支的豪藤新区的规划研究表明，住房、道路布局以及自行车道的位置将影响居民的出行行为。因此新区规划了慢行优先的城市格局，设计了有限的机动车道并进行限速，以及独立的慢行交通系统，拥有超过 129 km 的红色自行车专用道，并通过在十字路口处建设自行车天桥或地道，保持与机动交通的分离。而马尔默的西港新区也充分保障了社区中慢行交通的安全及优先权，其交通网络是由一条独立的机动车道，以及众多步行小巷和露天广场共同组成，该城市结构使机动车容易穿越的同时也减少了各社区的机动交通，如 Bo 01 社区内的道路均设计为慢行道，营造出安全的社区环境。在弗莱堡的沃邦新区和阿姆斯特丹的 GWL 特海恩新区，均为行人和骑自行车者规划了大量林荫道，通过行道树等的景观设计以及停车带的设置，将人行道、自行车道与机动车道分隔，在有效提高安全性的同时也避免其慢行交通受机动交通噪音和空气污染的影响（Foletta，2011）。

案例城市不仅大范围规划城市内部的自行车道网络,还关注于加强城市中心和远郊区之间、城市与城市之间的自行车道连接,使自行车在长距离出行中也成为理想的选择,这在荷兰的新区发展中极为普遍。如阿姆斯特丹的斯洛滕新区沿着电车走廊规划了贯穿全区的大规模自行车道系统。居民通过该网络骑行 20 分钟便可方便地到达阿姆斯特丹市中心。而乌特勒支的豪藤新区和乌得勒支连接的自行车道,为居民骑自行车通勤提供了极大便利(Foletta,2011)。

除此之外,案例城市还广泛致力于完善和升级非机动交通基础设施建设。哥本哈根近年来持续投资为非机动交通建设了横跨海港、跨越城市干道的新桥,进一步改善自行车交通环境,鼓励更多的人骑车通勤及出行。有很多城市还为自行车提供专属的道路交通灯。通过在路口处的传感器检测,优先为自行车给予绿灯,使得自行车交通更为顺畅和安全。马尔默全市有 30 个路口交通灯处给予自行车优先权。除了专有的交通信号之外,大量的荷兰城市也同样设计了多种创新的设施,极大地提高了骑车的安全性和易用性。例如,在交通灯处设置栏杆使骑车的人在等红绿灯时可以方便倚靠,以及在低能见度的交叉口设置镜子增大骑自行车的人的视野,使用不同类型的照明以提高夜间的能见度等。此外,为了进一步提高安全性,还在各自行车道上设置了减速带,用以降低小型摩托车的行驶速度(Beatley,2000)。

4.5.2 城市中心区及节点的步行网络

"城市的先进性不是体现在拥有多少宽广的道路,而是体现在儿童能到处安全地行走。"(Beatley,2000)可以说,城市步行网络系统的完善对于城市居民生活来说非常重要,不仅关系到居民短出行的便捷程度,也关联到以人的尺度对城市空间及生活的体验。应形成高连接度的城市网状步行结构,还应通过该网络将城市的公共设施,如火车站、购物中心、电影院等城市节点联系在一起,使人们步行就可便捷地到达这些城市公共设施。在街区尺度中通过社区步行道的设计,以适当的步行距离为服务半径,提供所需的社区功能性服务设施。构建系统化的城市慢行网络,将城市主要的城市公园、自然开放空间、城市广场及标志性建筑、内城历史核心区以及重要的城市公共设施通过步行线路系统地连接起来(周岚等,2010)。应提高城市道路的步行安全性,通过设计合理间隔的人行道(研究认为约 150 m 的间隔可营造一种更传统而人性化的城市街道感觉)、行人安全岛、设计避让标识等,使现有的城市环境更适于慢行交通。

斯德哥尔摩在其制定的长期战略规划《适合步行的城市——斯德哥尔摩城市规划》中,从步行出发提出了四个城市可持续发展战略,包括加强斯德哥尔摩中心区活力,专注于战略节点的步行规划设计,充分连接城市各区域的步行网络,以及在斯德哥尔摩全市创造充满活力的城市环境。将这些战略很好地实施并实现平衡,就有可能达到实现适合步行的城市规划目标。

从城市空间设计来说,步行网络的规划也应同时配合以积极的城市设计方案,通过升级提高城市空间的吸引力,给予行人愉悦的空间变化感受,使人们在步行速度下能认识到美好的城市景观(Beatley,2000)。而富有吸引力的城市环境也可能会进一步鼓励人们步行。在适当条件下,可使用一系列规划设计策略来达到效果,包括良好的公共交通服务,提供足够的住房密度和社会活动的组合,设计极具特征、场所感以及设计水平的城市空间,创造高质量的空间环境的人行道规划,以及有意识地处理建筑物、空间、颜色、植被等。

欧洲成功的城市步行网络案例包括哥本哈根、维也纳、弗莱堡、阿姆斯特丹和斯德哥尔摩等城市。哥本哈根在1962年改造了第一条步行街,其所采取的综合策略中,除了设立行人专用区和拓展自行车网络外,还积极改进了公共交通系统,并配合实施以每年持续减少2%至3%市中心停车位的控制政策。在综合措施的影响下,如今有越来越多的城市空间远离了机动交通,取而代之的是充满活力,以及能给人们提供建筑、雕塑、喷泉、音乐会等视觉和听觉上享受的人性城市空间。

维也纳的玛丽亚希尔夫大街(Mariahilf strasse)及新巷街(Neu baugasse)也是十分出色的案例。玛丽大街并没有完全禁止汽车通行,而是采用交通稳静化处理,同时提高市中心的停车成本,并积极推广自行车和公共交通的使用。为了减缓机动交通,大多数机动车街道设置为单向车道,大幅拓展人行道,收窄十字路口并加高部分道路地面。鹅卵石铺地将路旁停车位与主要的交通区域区隔开,设置的路旁花盆和广告装饰带起到提醒行人与汽车隔离的保护作用。沿街建筑尺度宜人(多是四到六层),多样的建筑色彩、高度和细节使街道丰富并充满活力。而新巷街在一开始提议作为行人专用区时,遭到了商家的大力反对。然而实践表明,限制街道的机动交通(某些时段或全天)能够增加步行客流量,反而使商业活动和利润得到提高。新巷街也同样缩小了机动车道,只提供公交车道和自行车道。取消路旁停车位,收窄人行道,用以放置花盆和树木。街道的活力与周边的教堂等重要的城市建筑、雕塑、喷泉充分结合,形成了维也纳独具吸引力及活力的城市中心(Beatley,2000)。

4.5.3 实施意识引导的城市公共政策

虽然很多人支持可持续交通的想法,但对于首次尝试可持续出行,最大的障碍往往在于交通习惯的改变,许多人还是需要外力的推动(Beatley,2000),因此,政府有意识的交通规划与公共政策的引导显得十分必要。如巴士专用道或步行区等专用区域的设定,不仅从规划措施上,更是从文化价值及舆论上体现了对公交优先、行人优先的鼓励及倡导。

荷兰是欧洲的自行车使用大国,实施了多项公共政策以促进步行和骑自行车出行。例如在荷兰政府为居民提供交通通勤费用补贴的减税政策中,通常情况下可报销汽车燃料费、停车费等,而在乌特勒支的豪藤新区,则规定只能提供有关自行车或公共交通的补贴费用,以此鼓励居民选择可持续的交通方式。此外,豪藤新区还制定政策,为开车的人免费提供一个月的自行车使用权,并向那些拥有汽车或计划购买汽车的人免费提供三个月的汽车共享协会会员资格。荷兰政府的这些引导行为均取得了很好的成效(Foletta,2011)。

在利用公共政策引导非机动交通上,荷兰最富影响力的案例则是阿姆斯特丹在20世纪60年代提出的公共"白色自行车"的构想。居民可通过电子信息亭预留城市中任意公共自行车站的自行车租还服务,并根据行程距离和目的地车站的自行车数量进行计费,若目的地自行车库有空余的停放位置则该行程免费,否则将收取相当于运输自行车的必要费用。除了阿姆斯特丹外,斯德哥尔摩、巴黎、伦敦等多个城市地区也成功地实施了自行车共享计划,规划了覆盖全市的自行车租赁服务站,有的还提供24小时联网租赁服务,可在城中任一租车点取车还车,半小时内免费,家庭或者团体租车还可享受特殊优惠(Beatley,2000)。

通勤交通在城市交通中占有很高的比例,荷兰同样尝试通过政策引导将自行车引入高流量的日常通勤交通中。应通过公共政策引导,推广城市自行车共享计划,除了休闲功能外,可将自行车共享用以辅助高流量的日常公交通勤:在城市内部可缩短住宅与公交站点之间的路程时间;而在城郊地区则可用以延长公交站点的服务半径,扩大公交服务的辐射范围。为了强化远距离的公交通勤服务,荷兰政府通过关注换乘的流畅性,鼓励并优化 B+R(自行车+公共交通,bike and ride)转换的出行模式,将自行车与公共交通的顺畅衔接作为城市可持续交通规划的核心内容之一(Foletta,2011)。乌得勒支研究发现,一辆汽车的停放空间可以容纳 6～10 辆自行车,因此许多城市逐渐把汽车停车位转换为自行车停车位,并在关键的巴士站设置便宜的自行车锁放设施、月租的自行车储物柜等。荷兰不仅在全国各火车站设有大型的自行车存放处,还提出了以通勤出行为目的的公共自行车计划,利用自行车实现站点与住宅间的直接联系,有效延长公交站点的服务距离,扩大公共交通服务的辐射范围。其公共交通自行车(OV-Fiets)计划始于 2002 年,是由荷兰公共交通系统集中提供的自行车出租服务,现有超过 160 个站点,主要分布在荷兰各地的火车站。该计划主要针对频繁的通勤用户,鼓励采用自行车往返于住宅与工作场所之间。目前有 50% 的荷兰铁路乘客使用该项服务,居民可使用铁路公交卡或会员卡进行注册,而与公交绑定的收费制度能够使用户长期保持使用自行车的习惯(Beatley,2000)。

案例城市还进行了其他大量的自行车交通和公共交通的衔接尝试,使乘客可以安全、快捷地到达车站并换乘。如阿姆斯特丹的 GWL 特海恩新区在对电车总站进行的改建和扩建中,规划的自行车道中一条直接与电车站台相接,为骑自行车的人提供最快捷的搭乘连接。而哈马碧新城所有的渡轮均可以携带自行车上船,渡轮码头紧邻自行车道,为自行车和轮渡之间提供简便的转换,该服务对增加哈马碧新城自行车的使用和步行起到了积极作用(Foletta,2011)。

4.6　总结

本章介绍了国际生态城市案例在交通系统方面的主流实践经验,经归纳总结主要包括以下几点:

1.应实施公共交通优先发展战略,扩大和改善公共交通系统服务的多样选择性及便捷性。充分利用不同公交模式的综合互补优势,形成适用于不同城市类型、经济发展水平和交通需求的高密度、高覆盖的公交网络,并实现分层次的互补性:区域及城市整合的快速轨道交通系统,两者有效地互补承担城市中长距离的出行服务;电车或快速公交组成的城市地面公交"主干",提供城市地面上的快速公交服务;提供中短距离客流的常规公交巴士网络,负责疏解和供给轨道及快速交通客流,建立轨道及快速交通间的横向联系及在边远区域承担骨干客流运送任务。除此之外,应对不同交通方式的出行比例及交通耗时进行统计监控,促进规划设计与交通管理的整合,实现公交与慢行交通结合的绿色通勤与小汽车通勤之间的出行时间比例不超过 1.5。

2.应进行不同公交模式线路及站点的整合设计,形成小服务半径的密布型公交站点网络,实现易达的站点分布及高效的换乘衔接。应规划在城市内部实现慢行交通与公交结合的停车换乘设施,在城郊公交站点较不密集地区,可在站点周边合理设置机动车与公交结合的停车换乘设施。同时,应优化公交配套设施,通过公交优先信号、运行时刻表及实时到站信息服务等,提高公交服务效率。而在公交线路设计、站点选址及配套设施建设决策中均可充分体现公众参与的优势。

3.设计轨道交通站点或综合公共交通枢纽时,应实现高效换乘,有效分散换乘人流。地下综合轨道枢纽应结合城市火车站、步行广场及建筑综合体立体化设计,可采取的具体措施包括:各条轨道线路可在城市中心路段的多个站点重合,实现多站点换乘;大运量轨道线路可采取同站台的"无缝"换乘衔接;设计垂直组织轨道交通与其他公交模式的短距离便捷换乘路径等。此外,应通过增加公交服务密度、精密设计公交站点的换乘衔接时间等措施,提高公交运营及出行效率。

4.应在城市中弱化机动交通,同时强化公共交通和慢行交通,实现减少城市机动车使用量并治理机动交通拥堵的目的。通过限制城市机动交通的路权、限制停车位数量、提高小汽车使用成本及鼓励汽车共享活动等措施,控制进入城市中心区等拥挤路段的小汽车流量。应将贯穿城市的快速路、城市环路等城市内部机动车快速道设置在地下,把地面层还给人性化的慢行生活,避免城市快速路对周边地区造成阻隔及空气污染。同时,应在居住区及人口集中地区进行交通稳静化设计,规划"少车街道"及"无车社区",减少地面机动交通与慢行交通的交接,通过限制机动车的通行速度以及控制社区和城市中心的停车位,进行混合利用规划,增加商业区域的步行交通及景观处理来提高慢行安全性等措施,促进区域的整体发展并实现慢行交通的安全连贯性。应促进公众参与城市交通治理及无车区域的选定决策,提高政策的执行效果。

5.应规划高覆盖、高连接度的独立慢行交通系统,并充分连接城市重要节点、主要的公共服务设施及居住社区。此外,应采用一系列积极的规划策略以及城市设计方案进行辅助促进慢行交通,如为慢行交通提供良好的公共交通服务、足够的居住密度和社会活动基础等,鼓励以慢行交通辅助城市公共交通,形成便捷、高效的绿色交通网络。同时,应通过公共政策引导,推广城市自行车共享计划,除了休闲功能外,可将自行车共享用以辅助高流量的日常公交通勤:在城市内部可缩短住宅与公交站点之间的路程时间;在城郊地区可用以延长公交站点的服务半径,扩大公交服务的辐射范围。

第 5 章

基于实践的生态城市景观生态与水系统研究

5.1 减少生态系统的人为破坏

在城市化地区,城市扩张改变了自然用地性质和自然系统的资源分配,破坏了原本稳定的自然土地覆盖状态,并改变了地表自然生态系统的结构和功能,集中体现出人类决策和城市生态过程之间的复杂关系(Alberti,2008)。因此,必须平衡自然用地性质的转换,选择对生态条件冲击性较低的城市发展模式,在减少生态系统的人为影响的同时,优化城市生态系统和人类功能相互作用能力。

5.1.1 城市化对城市生态系统功能的影响

与自然生态系统相比,城市消耗大量能源并高度依赖外部资源和原料的输入,除此之外还同时产生废气和废物。在城市化地区,随着空间环境条件的变化,及大量牺牲自然生态功能的人工基础设施的建造,使得城市的气候、水文、地貌以及物质及生物环境均产生了巨大改变,并因此影响了城市各个空间尺度及梯度中的能量流动、养分循环、水文功能等动态生态系统过程。例如,城市化产生的大量城市热岛效应,对城市微气候和空气质量造成了负面影响;而城市发展导致不透水地表面积的增加,也直接影响了城市流域的自然水文过程。

城市发展格局的变化及高度集中的人口,直接干扰着生物栖息地的结构、生物多样性和物种丰富度,包括栖息地的生态特性、物种的相互作用等,因为从区域范围来看,人口集中区和生物多样聚集区是重合的。由于城市化的负面影响,生物栖息地的数量及物种丰富度会随着距离城市核心越近而呈梯度下降,因此生物多样性被生态学者认为是判断生态系统功能良好与否的指标(Alberti,2008)。

研究表明,不同物种在生态系统内具备各自独特的功能,如促进营养物质循环、调节营养机制、播种及控制自然干扰等,因此,具备良好的生物多样性,能够使生态系统功能在多变环境中获得缓冲并维持稳定。改变物种组成、物种丰富度及功能,将影响生态系统效率,物种的丧失将损害生态系统的动态物质环境。而当具备某种特性的物种被替代时,物种组成的变化可能意味着生态系统功能的转变(Alberti,2008)。

因此,城市生态系统中的人类和自然功能看似独立运行,实际上却是复合统一的。人类影响着环境,但生态条件变化到一定程度后反过来将限制人类的行为,甚至产生不可逆的后果。生态环境的演变使人类活动和自然栖息地的空间格局产生改变,从而影响城市发展决策及土地利用等城市的各种社会经济和生态过程。

5.1.2 整合区域地景元素并构建生态网络

生态规划理论学家福曼(Forman)近年来提出了土地嵌合体(land mosaics)理论,认为生态保护应将地景区域空间视为一个自然与城市交错的动态嵌合体,在城市中建立或恢复生态廊道,有利于生物的空间移动与生物多样性基因库的形成,所形成的地景生态与基础设施兼容的网络也须满足人类活动的需要,即是一种从生态斑块、生态廊道,进一步延伸建立为生态网络的观点(杨沛儒,2010)。

根据杨沛儒(2010)的研究,区域中斑块、廊道和基质之间的空间关系,是影响区域自然生态系统运作与流动过程、动植物的迁徙与运动以及人类的土地利用模式的关键因素。大尺度生态斑块是整个区域范围内唯一完整的景观结构,足以保护水源及溪流廊道,并维持斑块内生物多样性及动物栖息地。大多数自然度较高的地区,多以林地与农地为主要基质的分布形态,呈现出较粗放的空间肌理模式。斑块形式的发展受该地区的地形与气候条件、坡向与风向关系的影响而有所不同。在城市发展交界处的斑块,应尽可能发展成复杂曲线的边界,以维持与外界更大的互动和交流。许多生态保护的观念是保护所有未开发的大型斑块,然而区域中的大型斑块并非维护生态多样性的最佳方案。反而是许多小型斑块,或其间相互串接的踏脚石系统(stepping stones system)可补充大型斑块的不足,特别适于提供某些物种散布其间(杨沛儒,2010)。研究称,一个复合生态原则的斑块发展,应以较大型斑块作为核心保护区,在周围地区辅以大量小型斑块与核心独立串接,并通过廊道连接成为城市生态网络。而国际实践也表明,生态城市应实施自然景观保护及修复战略,保护区域景观斑块,并将区域中的剩余景观碎片通过生态网络进行整合和连接;保护区域生物栖息地及生物多样性,构建以空间连接度为基础的生态网络。

荷兰在发展生态网络中已有很长的历史,在全国范围实施了自然景观保护及修复战略,并细分至区域和城市层面具体落实。国家生态网络是荷兰自然政策的有效措施及重要组成部分,该规划基于广泛的背景研究,划定出全国性的生态网络地图,成为国家、区域和地方生态保护的行动框架,为区域和城市的土地利用规划提供了重要规划依据(Beatley,2000)。各省级政府必须在其省级自然政策规划中细化,地方规划则应在这些区域指定的网络基础上实施。地图上所划定的区域保持和连接了大范围的残余自然土地补丁及典型的生态系统。地图包括三方面内容:"核心地区"是超过500公顷规模的自然区域,能够为生物提供小型生态系统;而"自然发展地区"同时也是适合生态恢复或重建的区域,往往是可转化为湿地或林地的农田;"生态走廊"则连接了核心地区,并为生物提供迁移路径。

维也纳是少数几个将大量的城市面积作为国家公园的城市,其城市土地面积近 50% 是绿地,其中森林占 18%,农业用地占了近 16%(Beatley,2000)。维也纳在 2005 年的新市镇发展规划中通过延伸城市绿带,将城市规划中未充分整合的剩余碎片及独立区域,通过共同的框架进行整合和连接。沿绿带设置远足步行道,定期组织徒步等活动,为当地居民提供更完整的自然体验。由于完善的规划及政策推动,覆盖维也纳及周边共 51 个城市的超过 10.5 万公顷的自然区域,被联合国教科文组织评定为生物圈公园,使维也纳森林等多个分散的斑块一起作为整体受到保护,同时提升了景观价值。在该规划中,政治边界的限制和影响都是次要的,核心目标是将该区域规划为一个景观和文化相互融合的地区,并成为动植物物种的良好栖息地,提高当地的生物多样性(Beatley,2000)。

德国许多城市均规划了全面的生物环境对应措施,如柏林和海德堡。海德堡采取了大量政策及空间规划措施,营造新的城市生物栖息地以保护自然物种,例如补贴农民保持草原栖息地,建立新的两栖类动物公园和湖泊及建立蝙蝠栖息地等。而澳大利亚珀斯则在 19 世纪末规划了大型中央城市公园并成立了多个具有树林再生功能的城市公园。通过公共管理和公众参与,同时实施多项生物多样性倡议及项目,对许多退化的树林区域进行修复,在保护特有物种的栖息环境之外,还维持大规模的物种数量(Beatley,2000)。

5.1.3 构建城市与区域间的生态廊道连接

根据土地嵌合体(land mosaics)理论,廊道由于具有极为明显的空间特征,其结构和功能与景观区域内的连接程度密切相关。可以将廊道定义为一种狭长形的袋状栖息地,许多廊道的形成和地形、气候与植被的分布有密切关联。杨沛儒(2010)将廊道区分为植被廊道、踏脚石系统、河流廊道以及交通廊道四个范畴。在边界空间中植被廊道通常是已建成的城市开发区与大型生态斑块之间的缓冲带。而生态踏脚石系统则是位于大型斑块之间,由一连串小型植被斑块所组成,其关键功能是提供高度的连接性,提供许多小型生物空间移动的可能性,但可能会因人类或自然的干扰而使其功能受阻断。此外,踏脚石系统的最大有效间距需视不同的生物保护目标而定,如对许多基于视觉行动的生物而言,必须落在其可视间距范围内才具备连接功能。而对于人类活动而言,城市内部规划的邻里公园网络即是城市已建成区的踏脚石系统,提供居民在步行范围内的公共空间。例如,美国波特兰规定每个邻里公园的最大间距不得超过家庭主妇推婴儿车步行十分钟的可达范围内(杨沛儒,2010)。因此,应在城市内部加强植被廊道、踏脚石系统等生态廊道元素的设计,应建立城市与区域间的生态廊道连接,加强城市和区域之间生态系统的连通。将自然引入城市中心,通过生态水道、树木走廊以及公园和开放空间的连接系统,构建城市内部密布的生态廊道。

欧洲城市较早就开始重建城市与其腹地之间的联系,许多案例城市努力将自然引入城市中心。荷兰城市尝试使城市规划和发展的决定适应并融入区域的生态网络,而在城市层级,该网络则由生态水道、树木走廊以及公园和开放空间的连接系统组成。大部分荷兰城市居民距离大面积的绿地只有几百米,骑自行车即可到达湿地和野生动物的自然地区,如荷兰格罗宁根、阿姆斯特丹和乌得勒支等。

　　同时,在生态廊道中规划与城市慢行交通系统紧密连接的慢步道及自行车道,并以公共交通网络辅助,使人们可以通过绿色出行,从城市各地区便捷地到达自然开放空间,甚至城市周边的自然地区。应将城市的生态廊道保护及构建与休闲、娱乐功能充分结合,鼓励定期组织多种户外活动,为居民提供完整的自然体验。北欧城市很重视发展绿色和蓝色走廊,许多城市采取了保护城市外围的森林等绿色空间的多种措施。在芬兰,国家城市公园的设立对于许多城镇来说是十分重要的城市荣誉及自然资源。其重要选择标准是绿地和周围景观之间的密切连接,即十分重视人们是否能够通过步行或骑车,经城市绿色空间从城市一侧的郊野地区进入城市并穿过市中心,再穿出城市到达城外郊野地区。哥本哈根和斯德哥尔摩等城市通过交通和开放空间规划,广泛规划及建设非机动交通,使人们可以通过步行和骑自行车便捷地到达城市外部的自然地区。斯德哥尔摩具有丰富的城市自然区域,而其所面临的挑战便是在快速城市扩展及人口增长中保持城市绿色和蓝色廊道。斯德哥尔摩共拥有 8 个自然保护区,为市民提供了户外游憩和亲近自然的机会,约 90% 的城市人口住在距开放空间如公园绿地和不同的水景 300 m 的距离内。斯德哥尔摩皇家国民公园是瑞典在 1994 年设立的第一个国家城市公园(National Urban Park),该公园占地很大,其城市自然资源和文化资源还受到特殊的法律保护,成为瑞典国家绿色基础设施行动的重要范例(City of Stockholm,2007)。

　　澳大利亚阿德莱德也于 1994 年规划了"都市开放空间系统(MOSS)",以此保护阿德莱德平原区域现存的自然环境、城市水道和海岸线(Planning SA,2001)。在此之后,该规划覆盖范围越来越大,而城市开放空间的质量通过国家及当地政府采取的综合措施逐步得到改善,其中包括了两个大型保护公园、贯穿大都市区的主要河道、10 个沿各主要溪流和河流的线性公园及被称为海岸公园的 70 km 城市海岸线等。而悉尼地区也规划了大规模的生态绿地系统,约 49% 是由国家公园、国家森林公园、自然保护区和休闲区所组成,其城市绿地网络超过 31 000 公顷,包括本地或区域公园、休闲活动场地或灌木林地。规划实现 91% 的市民住宅与开放空间距离约 800 m 或 5~10 min 的步行路程(Beatley,2000)。

5.2 基于绿色基础设施的生态治理

　　城市绿色基础设施具有净化空气、截留降水和污水及棕地净化等方面的生态功能,能够对城市生态退化区、工业废弃地及垃圾填埋场等城市生态环境较恶劣的地区进行生态治理。在解决城市土地集约利用问题的同时,促进生态环境提升与城市功能更新的良性互动(周岚等,2010)。同时,能够提升城市生态系统的自我恢复能力和稳定性,为物种提供了更多的栖息地和生存空间,为人类提供休闲娱乐、环境保护、交流交往的场所。生态城市应强调城市用地的生态适宜性和敏感性,使城市规划和发展的决定适应并融入区域的生态网络。应当基于区域生态网络基底,通过生态补偿机制,整合城市棕地治理、河流廊道与交通廊道修复等绿色基础设施建设,实现区域生物及生态系统要素的自由迁徙和流通,降低城市发展对区域生态环境的干扰程度,实现对区域生态网络的保护。

5.2.1 城市多种类型棕地的治理

城市发展对土地空间需求不断增长的同时,大量的废旧基础设施用地在城市中分布广泛,如废弃的道路、码头、铁路、机场等,都应该作为城市的重要土地资源被合理高效利用。通过建设绿色基础设施进行棕地治理,可以重新挖掘这些功能性衰退的废弃城市空间的发展潜力。结合基础设施的生态治理功能,解决棕地的污染、不安全因素、活力丧失等城市环境问题,并赋予重建棕地多样的城市公共使用功能。城市垃圾填埋场仍然是许多城市处理固体废弃物的主要方式。通过绿色基础设施改造,可使其成为具有科普教育、休闲娱乐功能的城市公共空间。

纽约的五个城区中均存在由于过去的不当使用而残留污染的废弃土地,如工厂、加油站等,总面积共计 7 600 英亩。城市土地需求紧缺意味着必须促进这些土地空间的重新利用。作为棕地治理的基础调研,纽约政府对全市的废弃土地进行了污染程度探测,对城市土地历史功能建立长期数据库,并根据城市土壤情况制定修复准则,建立适应当地的污染治理条例,重建税收激励机制,成立专门的城市棕地办公室为开发商和社区提供资源及支持,鼓励更广泛的参与(The City of New York,2010)。

5.2.2 城市河流廊道的生态修复

城市河流一直以来都是城市区域中最重要的自然环境资源和生态功能载体,同时具备了包括水源供给、水质净化、提供动植物栖息环境等自然功能,以及调节水量、抵御周期性洪水、休闲游憩等人类功能(White,2002)。而河流廊道为一种线形空间形态,狭义上指河道水体及其周边带状植被的生长,就生态过程而言,包含了水文流动、物质流动、生物流动以及人类活动四个方面(杨沛儒,2010)。随着城市的发展与蔓延以及各类土地的使用,许多人为因素的施加造成了前述的水文、物质与生物流动模式的改变。

一般以建设人工构筑物手段来控制水文不确定性,如洪水,其结果往往是彻底改变了河流廊道原有的结构与功能,反而造成廊道空间窄化、连接性被截断等问题,影响河流的生态环境(杨沛儒,2010)。从生态保护角度来看,规划设计应尽量避免建设人工构筑物,并减少人为活动对河流廊道的干扰。应在城市生态网络框架下,进行城市河道的环境治理,将人工硬质护岸改为自然生态河岸带,努力恢复河流廊道的生态环境,维护河流生物多样性,使绿带具有雨洪调节和水质净化功能,并同时实现对部分城市污水的自然净化功能。

1.湿地及河道水系修复

湿地对于维系水体甚至改善水质起着重要作用,可以过滤和吸收雨水径流中的污染物,降低高含量的营养物——如氮和磷,并能通过捕获淤泥和其他细粒物质从而减少当地水道的污浊程度。湿地及河道水系的修复除了能改善水质之外,还可以抵御洪水,提供重要的野生动物栖息地和公共休闲地,甚至储存 CO_2。因此应对包括湿地及河道水系在内的城市河流廊道进行自然修复,尽量消除如堤坝等的大规模人工改造,充分利用自然河流廊道的修复及净化能力,一定程度上能为城市提供应对气候突变的安全缓冲空间(White,2002)。

生态城市应加强对淡水湿地的法律保护,成立相关保护组织对湿地周边等城市流域的建设和景观结构进行评估和优化,并提出自然保护的指导建议。设立河流廊道中的生物保护区,建设干扰性小的休闲娱乐场地,丰富城市综合景观。纽约市的湿地由于环境变化及城市发展已经消失了 86%。为了进一步保护纽约市的湿地,纽约市实施了淡水湿地法,为地方政府采用淡水湿地保护措施提供了法律框架,并成立湿地专题小组以评估包括湿地在内的城市闲置土地,且提出保护建议。而纽约展望公园的人工水道和自然坡体在传统的城市绿地建设中已失去了原有的特点。为了将其恢复成为城市生态廊道,纽约市在 1994 年启动了为期 25 年、总耗资 43 亿美元的修复工程。在水道岸线种植适应河岸生态条件的本地植物,恢复滨河自然景观,形成小型的动植物栖息环境,并设立鸟类保护区,规划形成了供候鸟休憩的湿地、池塘和森林,并设计了拱桥、瀑布等多样水景和溜冰场、钓鱼区等多个休闲场地,营造出丰富的综合城市景观(The City of New York,2009)。

　　国际实践案例中,广泛在河流生态廊道内建设慢行系统,并与城市慢行交通网络有机结合,向沿途社区开放。在河岸绿带及湿地中,采用贴近自然、生态的模式选择引入当地树种并充分保留现有植被,营造生物栖息地,恢复河流廊道和湿地的生态功能,维护河流生物多样性及生态系统的连续性,最终形成有机生长的城市开放空间系统。例如,哈马碧新城在沿海岸区域减少的橡树林中种植了新的树木,并对芦苇河滩进行修复,逐渐形成了多种昆虫和鸟类的自然栖息地,形成具有吸引力的市民休憩环境。而苏黎世在 20 世纪 80 年代即对城市河流廊道进行了生态修复,约 100 km 被"渠化"或覆盖的河流和小溪被重新规划设计,最终基于原有历史地理记录,形成了 40 km 连续的开放溪流带,并与现有的步行道和周边开放空间紧密连接,形成容纳丰富的动植物资源的重要的城市生态廊道(Beatley,2000)。

　　2.水体净化

　　城市发展使得水流在到达污水处理系统或水体前携带了更多的人为污染物,包括大量的沉积物、重金属、营养成分、有毒物质和细菌等,使城市流域面临严峻的水污染问题。可利用城市自然的水处理系统,通过物理过滤和生物吸收净化相结合的方式,模拟自然水净化过程,对城市雨水、部分生产和生活污水、经过初步净化的再生水以及城市河流湖泊水进行净化。自然的净化功能完全依靠太阳能及生物的生态功能,效果明显且成本低,还能够同时提供动植物栖息地及城市的休闲娱乐等功能。生态城市可以通过建设绿色基础设施,如生态雨水设施、雨洪公园、人工湿地公园,以及具有生态水质净化和防洪功能的梯田式景观设计等,进行水敏感场地的生态设计和生态水处理。在建设水体净化的绿色基础设施的同时,可结合参观、教育等文教功能,提高市民相关的环保知识。

　　湖泊和水道是斯德哥尔摩城市生活及景观的重要组成部分,但由于城市发展产生了大量的水质量退化问题。斯德哥尔摩针对湖泊和水道进行了综合修复规划——"水计划2006—2015",水计划的目标是使所有的城市地下水、湖泊、河道及湿地均达到良好的地表水状态,满足城市水体的综合娱乐开发需求。该计划中针对主要的水体富营养化和有害物质问题,针对城市每个湖泊及水道建立了 DPSIR 模型,进行详细分析。根据模型分析结论,其状态的出发点是水、沉积物和地下水,而影响土地使用及湖泊水质的压力因素(P)则主要是集水区的营养和金属负载。可以通过种植废物处理型植物,显著增加城市的废物处理能力(Stockholm City,2006)。

　　荷兰哥伦布的 EVA 兰斯梅尔新区利用动植物的生物作用原理建设了生态生物污水处理厂,称为"生活机器"。用不同处理池分阶段消化和分解污染物,并利用阳光及受控的植物和微生物环境加快自然的净水过程。"生活机器"的大小、形状和材料将根据所处理的废水而有所不同,根据气候条件,被放置在露天、温室或半透明的屋顶下,各种微生物、藻类和多种类的植物及蜗牛和鱼类在处理池中相互作用。该"生活机器"将社区黑水及有机废料变成混合肥料,以工业热电厂的余热进行供能。净化后的水将可能被再利用,或重新返回到地表水系,或者回馈到正逐渐干涸的现有湿地中(Beatley,2000)。

5.2.3 城市交通廊道的生态补偿

交通廊道往往具有一定的生态负效应,如产生噪声、污染、土壤流失、阻断生境功能等,也较少成为除人类外的生物迁徙廊道。从景观生态角度看,交通廊道虽然往往与植被或河流廊道相冲突,却是全球各地最普遍的共同景观元素。据统计,大部分区域中交通廊道所占的面积为 1%～2%。从区域生态角度看,交通廊道规划在路网布设的早期阶段,就应同时考虑其对区域中各种生物、物质、能源及自然过程的影响。在规划中,如何在区域与景观生态基础上整合生态系统与交通廊道,并特别处理廊道交错中的空间节点,是非常重要的环节(杨沛儒,2010),如可通过道路周围的绿化以及部分构筑物的设计,降低道路网络对生态环境的干扰程度(周岚等,2010)。应建立跨越交通廊道两侧的生态联系,特别是在重要的生态斑块地区,实现区域内各生物栖息地的紧密连接,还可结合设计慢行交通系统,实现人行的连接需求。

1.城市交通廊道的生态跨越式连接

城市快速路在建立区域快速交通连接的同时,会由于其难以穿越而成为割断其两侧空间和功能联系的屏障(徐小东等,2009)。在区域和城市道路规划建设之前,应对区域中各种生物、物质、能源及自然过程进行调查,并对当地生态廊道及生物栖息地的空间分布进行评估,以此作为城市交通发展及道路选线的规划基础。在城市道路规划,特别是在公共交通廊道设计中,可以原有自然生态廊道为基础,整合与交通廊道平行或跨越式的区域生态廊道建设,积极进行生态补偿。建立生态桥等跨越城市快速路的绿色联系,不仅能够连接城市各生物栖息地,同时也能满足非机动交通的连接需求,兼具优美景观环境与综合公共功能。

哈马碧新城在高速公路上方建设了植物高架桥,使城市公园全部与城市郊区的纳卡(Nacka)自然保护区的森林相连,成为新城核心绿楔的重要部分。澳大利亚的许多公路两侧要求维持一定宽度的原生植被保护带,以创造道路生物多样性的保护网络,在荷兰则要求采取隧道或高架方式,以维持区域及地景空间内的生态流动(杨沛儒,2010)。自 1998 年以来,荷兰相关部门已建立了多个野外的野生动物高架桥及高速公路的绿色天桥,实践证明其运作良好,野生动物也能方便利用。而法国在近年来的高速公路建设中,在鹿群等野生动物的关键活动地段建立了隧道和桥梁,以确保其顺利通过,有效地降低了道路对生物迁移的阻隔作用(王建国,1997)。

2.城市街道及停车场的绿化及雨洪改造

城市街道的网络化特征使其成为城市生态廊道和公共空间网络的载体。传统的城市街道及停车场极大地增加了城市不渗水地表面积的总量,而利用地下排水管网的直接雨洪排水模式,则造成了巨大的雨水流失率及道路排水压力。城市街道及停车场应大量铺设可渗透的地表材料,就近对汇集雨水进行过滤净化,并渗透到地下补充土壤水分。而研究表明,绿树成荫的街道具有较好的方向识别性,能提供舒适的步行道,树木能起到夏天遮阴、冬天防风以及减少交通噪音和车灯眩光的作用,同时减缓氮氧化物和挥发性有机化合物产生地面臭氧的过程。同时停车场改造后还可融入城市公共空间网络,使其具有多种城市公共功能,提高空间利用效率并使其更具有使用活力,成为城市景观的一部分。

欧洲许多城市正努力减少城市混凝土硬质地表的使用,在停车场通常种植具有树影遮蔽的巨大树木,强调以透水砖或透水铺路材料取代大面积的硬质不透水铺地材料,如柏林等(Beatley,2000)。而阿姆斯特丹的GWL特海恩新区将树木和植被作为主要设计元素,项目规划了被大量绿色植被所覆盖的公共场所,特别在主庭院和街道两侧进行了创造性的行道树种植设计,并给予植被良好的生长环境和充足的空间,该设计同时兼具了绿化和交通稳静的作用(Foletta,2011)。奥地利格拉茨则规定新停车场设计时应满足每三个车位需至少种植一棵树木的要求(Graz-Team of Eco,2000)。

据统计纽约的城市停车场占据约1%的城市用地,其中仅有10%有树木覆盖。纽约市为此修改了区划规范,要求超过6 000平方英尺的商业或社区停车场应进行绿化,并在周边人行道种植树木;超过1.2万平方英尺的停车场还需要种植规定数量的有冠树木。此外,为减少雨洪径流,纽约规划开展40个新的绿色街道项目,在未来25年里持续扩大城市内可渗水地表面积,规划覆盖面积为75英亩。纽约的绿色街道项目规划在城市中增加种植100万棵树,新树坑设计也将有效地增加雨水容纳量。通常行道树往往种植于土壤紧实、空间受限的小树坑中,且间距较小,极大地限制了植物根部吸收氧气、养分和水的能力,容易造成树木生长过程中的不易存活或损坏人行道的现象,同时也限制了可蓄集的雨水量。因此在提高行道树数量的同时,还需改良道路隔离带、人行道和树坑的设计,结合道路具体情况,设计结构简单且形式灵活的种植池,并通过采用结构化的土壤等技术措施,提高树木存活率,并增加树坑收集、储存的雨水量(The City of New York,2010)。

5.3 城市开放空间的复合利用

开放空间主要指开敞的、为多数民众提供服务的空间,不仅包括公园、绿地等园林景观,还包含城市中的广场和庭院等构筑物。由于城市的建设扩张需要,城市开放空间逐渐被侵蚀,仅剩为数不多的开放空间环境也受到严重影响,应在因地制宜保护生态系统多样性的前提下,充分挖掘开放空间复合利用的可能性,在有限的空间内,满足居民更多种类、更长时间的活动需求。同时,应在新发展项目和城市区域修复改造中,在其开放空间设计中充分融入自然生态特性,如规划性地植树、屋顶绿化、垂直绿化及使用可渗透的城市路面等。利用植被的光合作用、蓄水特性和滤水性能,及其降温、增湿、吸尘能力,尽量增加城市的软地面和植被覆盖率,对在城市建设和发展中损失的绿地进行补偿,能减少热辐射,缓解城区的热岛效应。

5.3.1 设计满足多要求的城市开放空间

各种各样的城市开放空间,有助于凸显区域的鲜明个性,并为居民提供了脱离城市喧嚣的休闲活动场所。城市应形成步行可达性良好的高质量绿化空间,应具有能为市民提供与自然短距离便捷接触机会的、一定比例的有效绿化覆盖面积,从而充分发挥缓解城市热岛效应的作用。

1.满足对规模及可达性的要求

在城市开放空间规划中,应满足居民对场地规模、功能、可达性及使用时间的要求,建设适宜所有年龄段人群,满足不同休闲、娱乐、健身需求的城市户外开放空间及公共文体设施。斯德哥尔摩积极地维护所有开放空间及公共场所,城市规划公共绿地共计 30 万 m^2,其发展目标是为每间住宅提供 25 m^2 的公共绿地及 15 m^2 的私人庭院空间。而哈马碧新城的规划不仅具有斯德哥尔摩内城街道的尺寸、街区规模、建筑高度、密度和混合功能等,规划的城市空间还与大量开放空间、水岸景观等自然资源整合,设计了丰富的公园、绿地、码头、广场和人行道网络,为户外活动提供了多样空间(City of Stockholm,2007)。

马尔默的西港新区规划者希望市民能够从新区步行到达马尔默市中心的公园和绿地,因此创造了一系列的开放空间,不仅提供了绿色的步行道,也形成包括咖啡馆、攀岩墙、滑板公园、儿童乐园等在内的综合活动场所,提供多样的休闲活动并成为所有年龄层居民的会面场所(Foletta,2011)。

纽约展望公园(Prospect Park)规划方案是基于该地区现有的街道、公园、广场、步行街及其之间相连的步行道路系统。目的是增强街道的交通稳静化,提供各个开放空间的必要连接,同时将其延伸至城郊的居民区和自然区域。整体区域将建成新的公园、广场和空地,其中包括了网球场、慢跑道、河滨公园等休闲娱乐设施,能够很好地满足各种休闲需求(The City of New York,2010)。

此外,增加城市绿化物种的丰富性将有助于营造多样化的城市景观感受。国际实践经验中,对城市自然绿化空间的规模、可达性及绿化质量进行了优化控制,并对户外休闲场地及运动设施的服务质量、服务容量及服务时间进行规定。纽约政府在"更美好的纽约"规划中认为,公园应当是不小于 0.25 英亩,并且能够为纽约人提供运动或者放松和享受的开放空间。纽约的公园系统由一系列可达性良好、富有吸引力的区域及城市公园组成,为居民提供全方位的运动、文化、教育和游憩体验,并不断吸引更多的使用者参与其中(表5.1)。纽约市还提出到 2030 年实现全市居民均能居住在距公园"十分钟步行圈"内[①]。为了保证公园系统质量,纽约在全市发掘了八个分散在各城区的具有良好开发资源的自然区域,为市民提供更多的开放空间(The City of New York,2010)。

2.满足对使用时间及功能的要求

由于人口及用地需求的不断增长,城市开放空间的比例越来越少,而用于新建开放空间

[①]　即让 99% 的纽约人步行 0.5 英里,85% 的市民步行 0.25 英里就能到达一个不小于 0.25 英亩的公园或娱乐场地。该距离以 10 分钟的步行范围而定,一个成年人 10 分钟可以走 0.5 英里,而老人或是带着小孩的父母则只能走 0.25 英里(The City of New York,2010)。

的用地将会更加难以寻找。除了新建场地和设施之外，应通过对既有公共设施进行扩容更新改造、改善既有公园的绿化活动场地、增加场地的夜晚照明等措施，提高现有开放空间的质量。同时可以通过公众调查了解市民的使用需求，鼓励市民参与到城市自然开放空间的规划及设计中。鼓励拥有文体设施资源的学校、社区及私人机构等组织，对城市开放共享，使社会资源实现最大化。

随着城市不断增加的多元化人口对各种运动的需求，纽约市已经没有足够的草地来满足现代游憩设施的使用需求。通过有效利用现有资源，政府与社区共同规划挖掘出城区中大量未被充分利用的场地空间，包括娱乐场地、开放空间及高质量的竞技场地等，并通过重建设施或者分享使用权的形式将其转化成为社区重要资源，用以建设绿色空间、适宜所有年龄段人群的户外休闲中心以及运动设施等。具体规划中，纽约市采取了三项措施：首先，升级既有公园用地，开放数百个校园作为本地娱乐场地，使其可以被更多居民使用；其次，增加灯光照明和草地，延长现有场地及高质量公园的使用时间；第三，在每一个社区增加新绿化带和公共广场，从而美化街道并将其转变为人行公共空间，使社区更具活力。通过这些措施，纽约市最终将把规划深入每个社区，将规划超过 800 英亩的公园用地和开放空间，实现纽约市总开放空间面积将达到 4 000 英亩，使所有居民都能使用到娱乐和游憩场所（The City of New York，2010）。

表 5.1　纽约市域的公园规划改造项目汇总

公园	范围	现状	规划
布鲁克林区德赖尔·奥弗曼公园	77 英亩	多数娱乐场地由一些社区型组织独立建造，缺乏资源及有效的协调规划	到 2013 年，修建足球和篮球场地，并将成为布鲁克林南城居民的竞技足球和棒球中心
曼哈顿区华盛顿堡公园	160 英亩	拥有网球场、棒球场和哈德逊河岸步行道。但被城市干道与城市分隔开，并且这个长达 1.5 英里的公园只有一个主要入口	纽约州交通运输部将筹集资金以改进公园大道及公园的入口。改善公园林荫路系统，建造新的足球场和排球设施，让曼哈顿北部的居民能够最大限度地利用
皇后区高地公园	60 英亩	拥有一个大面积的自然水库，在 1989 年前曾经被作为布鲁克林区和皇后区的备用供水系统，但现在已经杂草丛生	进行湿地治理，将三个湿地中的两个设为自然保护区，并修建新的娱乐中心
布鲁克林区麦卡伦公园	36 英亩	始建于 1936 年，但 1984 年因为设施老化而关闭	重修公园游泳池，使之达到奥运会标准，新建一个全年开放的娱乐中心，为布鲁克林北城的居民服务
史坦顿海洋清风公园	110 英亩	公园内大部分是沙丘和湿地	维持自然状态，开发约 10 英亩的空地作为休闲娱乐活动的场所，将建成史坦顿岛最急需的主要运动设施，包括足球场、棒球场及纽约市第三个室内跑道

续表

公园	范围	现状	规划
布朗克斯区桑德维尤公园	212 英亩	修建在一个垃圾填埋场上,已有六个草地棒球场,板球场、田径场、足球场和娱乐场地各一个	在闲置的 93 英亩空地上为发展中的布朗克斯南城社区提供更多游憩用地,除了修建新的运动场地外将进一步提高自然环境质量,包括恢复一个盐水湿地
布朗克斯区和曼哈顿区高桥公园	36 英亩	拥有一座纽约保存至今最古老的桥——高桥,它最早在 1848 年开放,但在 1970 年左右停止开放	修复高桥,使其成为布朗克斯区居民到达曼哈顿北城绿带公园的新路径,并为市民提供一条连通河道两岸的重要人行及自行车林荫道,一座高桥游泳池和一个休闲中心
皇后区洛克威尔海滩公园	44.5 英亩	35 年前洛克威尔半岛的平房区和游乐公园由于城市整修计划而被铲平,之后由于计划未执行而废弃至今	规划一条能够吸引大量市民的海滨大道,在海滩木板道上修建便利设施,将为全市居民提供海滩游憩设施

资料来源:The City of New York,2010。

纽约规划将 20 个沥青场地改造成为多功能人造草场地,以使用最先进的设计和技术使这些场地能够更好地承受频繁使用,举办更多的接触性运动。通过增加运动场周围的夜间照明设备,最大限度地延长现存场地的使用时间,而只需花费比新建少得多的成本。纽约市共有 36 个这样的场地得到改造,新的照明在夏季延长两个小时的使用,而在春秋则可延长四个小时。与此同时,改善现有的校园、运动场和开放公园,通过增加一些新的娱乐设备及绿化,为这些娱乐场地注入生命力和绿色活力,使其能够最大化地被利用。预计截至 2030年,这些运动场地可以为超过 36 万名儿童提供合适的娱乐空间,不仅解决了场地缺乏的问题,同时也极大地缓解了现有娱乐场地过分拥挤的状况(The city of New York,2010)。

5.3.2 营建城市的农业景观及农业花园

随着城市的不断发展,城市人口规模不断扩张,城市自身的食物生产能力严重不足,面临着愈发沉重的城市外围的食物供应压力。城市周边的大量农田在城市扩张中被用于城市化建设,农业生产与城市距离的加大使运输等附加成本不断增多(李偼,2011)。将城市景观与农业生产进行有机结合,发展城市农业景观基础设施的新模式,可对城市经济和生态系统产生积极的意义。而随着生活水平的提高,许多城市居民开始将农业生产作为休闲活动,并同时可获得新鲜环保的农业产品而乐于参与其中。因此,生态城市应尝试将城市农业融入城市生态廊道及城市景观,并在社区中为居民规划种植鲜花和食用性果蔬的社区分配农园。

1.城市农业景观基础设施

与传统农业和城市观光农业不同的是,城市农业景观基础设施可结合城市景观进行设计,充分挖掘如屋顶绿化、阳台、路旁空地等城市闲置土地的利用空间,或者与社区庭院、城市公园等城市公共绿地结合设计。在具体实施中,最重要的一点是应将城市居民作为主要的农业生产者,同时应强调物质的闭合循环,在生产中尽量利用雨水、净化的再生水和有机生活垃圾堆肥等,并应注重发挥农业基础设施的综合生态功能,同时可以整合生产和消费,赋予如娱乐、教育功能等的更多综合社会功能(李倞,2011)。

英国拥有发展完善的城市农场网络,甚至组成了全国城市农场联盟。通常来说,这些农场主要资金来自于当地政府的支持,而农场本身同时也被要求通过销售农业产品和农业副产品来维持自身的正常运作。

欧洲许多城市都在独立研究并且运营着此类城市农场。维也纳在 2004 年颁布的《农业发展规划(Agricultural Development Plan)》中,采取了多种城市农业策略,并明确强调农业是城市绿带的首要形式,共占维也纳城市总面积的 17%。规划指定碧森伯格(Bisamberg)山上的葡萄园作为农业优先区,并要求农民参与到"栖息地葡萄园"的自然保护项目中。该项目将农业区营造成为生物栖息地,并进一步成为自然保护区。此外,该规划强调了城市农业在生物多样性上的重要作用,并极大地促进了都市农业的扩张,探讨了城市生态管理和农户之间新的生产合作方式的可能性(Beatley,2000)。

奥地利格拉茨市与农民签订了协议,让其到城市住宅区中收集有机废料、有机混合物(种类分离)和花园有机废弃物,之后集中送到在距离格拉茨 60 km 内的农场里,废料经过 10～12 星期的堆肥处理后可用以农业施肥。农民的收入按照入肥的吨数(公制)以及额外的农田收入进行计算。这一措施大量减少了城市处理生活废料的费用。总体来说,该项目是作为一个城市与农村之间的双赢项目来运营的,格拉茨市住宅区的生活垃圾因此主要用作农业堆肥,城市周边所环绕着农业土地也因此产生了更大的价值(Graz-Team of Eco,2000)。

2.社区分配农园

田园城市中提出"应更加系统深入地研究及处理社区和食物间的联系"(李倞,2011),以此实现社区农业生产的自给自足。在很多欧洲国家农业用地是城市绿化的重要组成部分,并有着悠久的分配农园(allotment gardens)的传统,即通过租用或分配为普通市民提供用来种植鲜花和食用性果蔬的园地。农业花园在许多城市大规模存在并逐步扩大,例如哥本哈根、阿姆斯特丹、柏林和海德堡等,利用社区的低效使用空间、花园和绿地等公共空间,以及阳台和庭院等住宅开放空间,开发成为社区农业景观基础设施进行农业生产(李倞,2011),提供绿色空间的同时也有助于改善居民的生活质量。

弗莱堡在城市里共有大约 4 000 个社区农园,每个通常只有大概 200 m² 的规模,但在第二次世界大战后成为城市居民所需食物的重要来源。城市目标是在尽可能地贴近住宅区为每一位需要的居民提供一个花园,据统计,城市每年都会新增 300 到 400 个花园给穷人。城市要求使用者缴纳一定的租金并搭建一间花园屋,可以在租赁契约到期时被拍卖(Beatley,2000)。

阿姆斯特丹的 GWL 特海恩新区以及赫尔辛基的生态维基新区都有类似的尝试,进行食物和花卉的种植的同时,形成了丰富互补的绿化生态环境。维基公园中心毗邻城市森林建立了一个集中的花园培植中心,附近居民可在这里租用 500～1 000 m² 的农园,该地区还包括了家畜、牛棚和一个为这些种植地块服务的共同社交空间(City of Helsinki,2005)。

图 5.1　赫尔辛基的生态维基社区农业花园

资料来源:City of Helsinki,2005。

综上所述,根据对国外实践经验的研究,生态城市应充分整合生产和消费,发挥城市农业基础设施的综合生态功能,构建农业生物栖息地,并可赋予如娱乐、教育功能等更多综合社会功能。进行城市农业发展规划,将农业作为城市绿带的重要组成元素,并可进一步将农业区营造为生物栖息地和自然保护区,探索城市生态管理和农户之间生产合作方式的可能性。对城市农场进行资金支持,并对社区分配花园的建设提供经济补助,同时要求农场本身通过销售农业产品和农业副产品来维持自身的正常运作。

5.3.3 构建社区的自然生境及生态功能

在城市内部设计自然型社区生态花园,能够在城市结构中充分融入丰富的自然植被及生物栖息地,形成充满自然野趣的开放绿色空间,有利于保护生物多样性。通过溪流、池塘及各种植被等景观及场地设计,加强社区自然雨水收集系统与景观的结合。而设计纳入建筑结构的自然垂直绿化,则有助于缓解城市热岛效应并丰富社区的生物栖息环境。

1.具有生物多样性的城市生态庭院

在欧洲案例城市中,自然相对密集并且深入城市内部,例如柏林和海德堡等城市,就拥有着丰富的植物和动物多样性。在许多被遗弃或废弃的地区,甚至在室内、庭院空间和建筑屋顶上,显示出了复杂的动植物群落和独特的生境。在瑞典马尔默新区西部海港项目中将"绿色空间因素"作为一个定量制度,规定每 $100\ m^2$ 建设面积应包括至少 $50\ m^2$ 的植被,而且每个庭院至少应具有 10 项生物栖息地特性,包括建造蝙蝠筑巢箱、采取蝴蝶友好型的种植计划、种植本地野花草地以及提供可供种植蔬菜的足够的土壤深度等(Beatley,2000)。在这些规定下,该社区内绿色的庭院包含了各种植被和池塘,以及大量的绿色屋顶和攀缘植物,体现出了极大的自然特性。

奥地利巴德伊舍生态城的绿色元素充分融入不同的城市公共空间中,被设计成一个由广场、不同特点的街道和不同用途的绿地所组成的网络。居民可以便捷地通过步行到达城市内部及周边的草地和森林。沿城市河流两岸种植了丰富的绿色植物,大量的绿色林荫街道和广场中设计种植了有着不同特征的树种,营造出不同色彩、形态、季节等的多样的城市空间感受。而在住宅区中,居民被要求根据个人风格设计院子并在其中种植大量的各种植物,形成极具特色并充满自然野趣的半开放绿色空间。通过溪流、小池塘、广场上的喷泉等水景的补充,及与儿童游乐场相结合,创建出多元化的优美社区环境(EU Ecocity,2005)。

2.具有生态功能的屋顶及垂直绿化

屋顶及垂直绿化具有显著的生态效益,是增加城市绿化面积及提升生态功能的重要模式,能够缓解城市热岛效应,实现 CO_2 封存。据测算,建筑物朝阳面的立体绿化可以降低温度 10～15 ℃,而屋顶和垂直绿化可以节约建筑 30％的夏季能耗(周岚等,2010)。同时,也能从垂直上丰富社区的生物栖息环境,有效促进城市的生物多样性。

纳入建筑结构的垂直绿化空间,如阳台、屋顶花园和私家花园,在欧洲已有很长的历史,尤其是在奥地利、德国和荷兰。奥地利林茨为弥补被建筑物所占用的城市绿地损失,成为欧洲范围内进行最广泛的绿色屋顶建设的城市之一(Beatley,2000)。20 世纪 80 年代后期以来,全市对屋顶绿化工程进行全面补助及推广,政府承担 35％的建设成本。该项目成功地规划建设了约 300 处绿化屋顶,包括医院、幼儿园、酒店、学校、音乐厅等不同类型的建筑,甚至是加油站(Beatley,2000)。

可以利用绿色屋顶进行雨水的吸收、净化和储存,在实现建筑雨水管理功能减少径流量的同时,补充了部分社区低质水的用水需求,并营造了优美的外部景观环境(李倞,2011)。在阿姆斯特丹的 GWL 特海恩新区规划中,结合建筑的斜屋顶及层层退台设计,雨水经过上层绿化屋顶渗透吸收后,通过埋在植被底层的管道将溢出水排出,引导至下一层绿化屋顶再次吸收,最终流到地面的开放绿地。所有绿化屋顶覆土仅需 10 cm,周边设计了供居民休憩的区域。

纽约市通过住宅及商业建筑的试点分析了绿色屋顶对城市合流制排水系统的潜在累计效益。从 2007 年开始,纽约市将开始为绿色屋顶提供为期五年的激励机制,通过降低物业税来抵消 35％的绿色屋顶建造费,以支持大规模的屋顶绿化。五年后政府将评估该技术的成效并进行改良。

5.4 城市水资源的生态化管理

城市化地区的水资源分配及生态水文功能同时受两方面所控制,一方面是自然生态过程,如气候、地形和地质等;另一方面则是人类城市化的发展。城市开发改变了流域的土地覆盖格局,对城市内部及周围区域的微气候和地理环境产生影响,而将自然地表大量铺装为不可渗透的硬质铺地,以及用人工排水设施替代了自然流域的水文功能,阻止雨水和融雪渗入土壤和地下水中,改变了城市水循环及水文功能的应变能力,增加了径流的数量和速度,造成洪水频率增加、洪峰变高及平时基流量减小等现象。通过提取水源供人类使用,影响了城市流域的水流体系而改变了水文循环(White,2002)。

由于城市化与人为扰动的力量,以及人类对水资源的过度开采、浪费和污染,城市流域已经很难维持其原有的生态和水文功能,而自然水资源的短缺和水质恶化现象也已严重影响到城市的水资源使用,许多城市开始面临水资源危机的现实困境。因此,基于对城市流域自然水文功能的最小冲击原则,对城市水资源进行合理分配及管理显得十分必要(White,2002)。

5.4.1 城市水文功能及雨洪管理

根据国际实践经验,生态城市应基于城市综合水循环战略,资源化管理城市多种水资源,提高城市水质量。通过对城市雨洪、地表径流等过程的分析和空间模拟,构建维护雨洪安全的关键性空间格局,保护地表饮用水源及地下水补给的城市水生态安全。进行城市综合水循环战略规划,利用模拟调控技术,建立连续完整的水系网络和多层次的滞洪湿地系统,恢复水系的调洪蓄涝能力,最大限度地维持水系统的自然生态平衡。

1.不渗水地表是雨洪管理的关键

在由人工河道、沟渠和涵洞所组成的人工基础设施网络中,许多城市河道被截弯取直,大量城市河流被修建成混凝土硬化河渠,以满足理论上洪水来临时的迅速排洪,河流原有的自然河岸生态环境被破坏;为了能获得更多的城市建设土地,一部分城市河流被填埋或设计为地下暗渠,使原有连贯的城市河流水系被破坏。而水流传递到溪流等自然水体中的速度加快,增加了城市化流域内的短时间内的水流速度和水流量,使水流峰值出现得更为频繁,造成猛烈的城市洪水。

其中,不渗水地表面积的增加是城市化降低流域拦截和保留雨水能力的最直接原因。在降水较多地区,不渗水表面在降水和排洪过程中,将明显缩短雨洪滞后时间,产生更高的雨洪量及更明显的雨洪变化。研究表明,在城市化的盆地区域,10%~20%的不透水地表面积就可能增加一倍的地表径流量,并且拥有大面积不渗水地表的市区,雨水流失率将高达约55%,而自然地区的雨水流失率则只有10%~15%(White,2002)。

因此,在预测因城市化产生的水文变化时,流域总不渗水地表面积(TIA)是重要指标(White,2002)。当雨水渗透量减少时,缺乏补充深层地下水的水资源,将降低流域的平均流量,并大大减少了干旱期河道的可用水量。相反,在有着大量不渗水地表及人工管道化雨水排放设施的地区,大量雨水产生径流,水流变化将变得快速且频繁,有可能会给城市带来突发的雨洪灾害。

在城市形态“集中分散化”的发展趋势下,城市的水文生态功能将会趋于平衡。在紧凑的城市格局下,虽然不透水表面会增加径流,但可通过生态化的自然排水渠设计进行缓和,并可将其融入道路的断面设计中。而分散化的城市格局,则可以使城市地表径流被绿楔中的大量植被拦截(Beatley,2000)。

2.城市综合雨水管理系统

进行城市雨水管理系统设计,将有助于实现雨洪的源头径流削减及过程控制。应通过雨污分离、地面渗透等技术管理城市地表水、地下水及当地的水道,以地表自然排水系统代替地下排水管道,分散设置雨水收集系统、雨水回用系统及雨水储存设施,将大部分径流留在原地补充地下水。

德国、日本、美国、澳大利亚等发达国家在科学地设计、建设和管理城市雨水系统方面已形成较成熟的理论和标准化、产业化的技术体系,并已有了广泛的工程应用经验,逐步向集成化、综合化方向发展。具有代表性的雨水管理模式包括美国“最佳管理实践(Best Management Practices,BMP)"和"低冲击开发(Low Impact Development,LID)"、澳大利亚"水敏感城市设计(Water Sensitive Urban Design,WSUD)"、英国"可持续城市排水系统(Sustainable Urban Discharge System,SUDS)"(王建龙等,2009)。

美国"低冲击开发模式(LID)"是通过推行模拟和遵循自然规律的规划设计模式,采用自然、生态的途径实现雨水的渗透和蓄集,将大部分径流留在原地,并对地下水进行补充,从而最大限度地维持水系统的自然生态平衡,最大限度地减小对水自然循环乃至整个生态系统循环的干扰和影响(周岚等,2010)。低冲击开发作为一项基于综合措施管理城市雨水的方法,既适用于新城开发,又适用于旧城改造(周岚等,2010)。其主要技术包括保护性设计、渗透、径流蓄存、过滤、生物滞留、低影响景观等。与传统雨洪控制利用方法相比,具有可持续、分散化、节约投资、与场地开发和景观设计相结合等特点。

"可持续城市排水系统"则在英国被广泛地应用。英国比彻斯特的西北新城实践表明,在生态城规划发展中,特别是在水资源压力较大的地区,应对以下两方面内容进行研究:一是水循环战略措施,提高水的质量,管理地表水、地下水及当地的水道,以防止这些水源的地表水泛滥;二是可持续城市排水系统(SUDS),避免地表水径流直接排入下水道。生态城的规划应包括维护、管理和采用该系统的长期战略。水循环战略应该做到:规划设计和实施应限制新发展对用水的影响,并且任何采取其他措施的规划,如更广泛指定区域内的现有建筑的存量,将有助于实现水中立以控制整体用水量;新住宅建筑应满足可持续的水消费要求;新的非住宅建筑的设施配备应满足其关于生活用水的高用水效率标准(White,2002)。

5.4.2 城市雨污洪水的系统设计

城市所普遍采用的集中管道式的人工雨污合排系统,使城市面临缺水困境的同时严重浪费雨水资源,并将逐步加重管道敷设及污水处理等基础设施压力。许多案例城市将地表自然排水系统作为雨洪管理的关键元素,代替地下排水管道,采用雨污分离、地面渗透策略,进行蓄水池、植被浅沟、绿色屋顶、雨水花园的规划建设,模拟雨水的自然循环过程,减缓地表水流速度从而减少径流量。还可在输送过程中,利用雨水形成优美的水景,营造雨水储存和再利用等多种综合功能的城市开放空间。可设计池塘和洪水台地,在河床及河岸种植本地湿地植物,使其在流动过程中得到净化过滤,并逐渐蒸发、被植物吸收或自然渗入地下。

1.结合城市道路的自然洼地设计

在街区尺度上,应减少城市交通用地,如街道及停车场的热辐射及地表径流,以透水砖或透水铺路材料完全取代大面积硬质不透水铺地。在城市停车场应种植具有较大树冠遮蔽的树木,在道路两侧应大量栽植行道树,结合植被浅沟设计改良道路绿化隔离带和树坑,增加雨水的就地收集净化、植被储存及回馈下渗率。

在奥地利林茨太阳城开放空间规划中,特别强调了一体化的可持续雨水管理概念。该理念基于以下原则:首先,雨水通过地表导向的分散系统在下雨点就进行本地处理,使自然的雨水周期具有可见性并便于理解;其次,雨水的排放、收集和处置主要通过排水沟、蓄水凹地和植被沼泽地实现;最后,规划将这些都集成为一个连贯的、相互联系的系统,最后汇入自然溪流和冲积草原进行吸收。这些蓄水凹地和植被沼泽地的堤岸很浅,坡度小于1:2,即使在潮湿时也易于行走,最多能够涵养30 cm雨水并抵御五年一遇的强降雨情况(Linz,2009)。

　　纽约市在公园道路沿线、街道或公园小道、道路隔离带及停车场等地,大量建造有着植被覆盖的沟渠(即洼地种植),能够接收径流,沿水道将雨水缓慢地引到泄水口,并在过程中通过植被存储部分雨水,减少进入合流制排水系统的水量。洼地提供了土壤和植被的天然净化功能。纽约市通过两年的检测研究表明,该项目减少了街道 99% 的雨水径流总量,提高了城市流域的水分涵养量,还有效地减少了风暴对大型水体带来的污染影响,使可供公众使用的城市支流从 48% 提高至 90% 以上,城市也因此能够开放更多的水道用于市民休闲活动(The City of New York,2010)。

　　2.社区的综合雨洪系统设计

　　赫尔辛基的生态维基社区规划通过多条蜿蜒迂回于住宅区的水沟和洼地,将各个地块中地表水引入住宅之间的指状绿地及具有自然溪流功能的社区水渠中。还设计了较低的水渠溢流护栏、多个池塘和洪水台地,并在河床及河岸种植了大量的本地湿地植物,以此更好地减缓地表水流速度(图 5.2)(City of Helsinki,2005)。

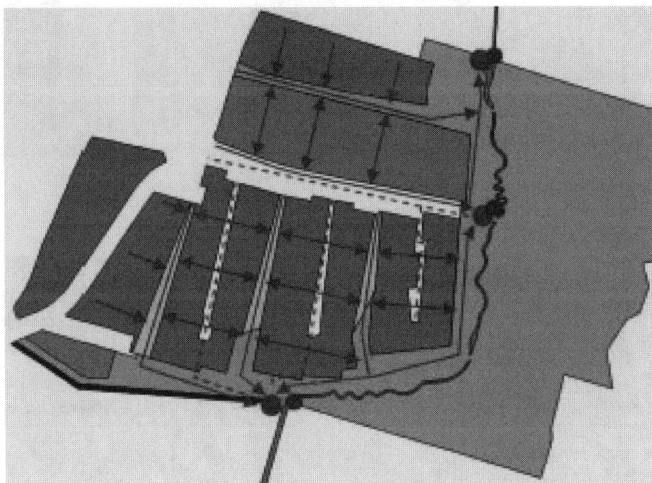

图 5.2　生态维基社区的综合雨洪设计示意图

资料来源:City of Helsinki,2005。

　　生态维基社区改造后的水渠还实现了在水流进入自然保护区和自然水域前改善雨水水质及栖息地植被的功能。经过几个生长季节之后,水渠周边的植被已郁郁葱葱,为鸟类、小动物和昆虫提供了良好的栖息地环境。而社区建设的手动雨水泵井则方便居民采用雨水来浇灌花园。赫尔辛基市环境中心会定期对水渠的水质和排放情况进行监测检验,并就水渠中植被的生长进行研究。该规定促进了庭院区域的生态土地利用(City of Helsinki,2005)。

　　哈马碧新城在雨洪管理上运用了"本地雨水处理"系统,即将所有的雨水和融雪水通过综合措施在本地进行处理。新城的雨洪水经过景观设计引导,渗入地面或由围绕建筑物和庭院的大量小水渠收集后排入特殊盆地,新城有两个封闭的沉淀池,雨水会留在沉淀池几个小时,沉淀污染物之后再排入雨洪运河中。雨洪运河贯穿了新城中的主要公园,最终通过水阶梯景观流到自然水系。该雨洪运河在 2005 年被瑞典建筑师协会授予了卡斯帕·萨林奖。开放雨洪池的土壤和植物可以在污染物沉淀后进行吸收及处理。新城还通过城市的"生态走廊"引进自然元素,使水和绿化能够沿溪流和街道深入到城市环境中并与之融为一体。来自屋顶和其他密封表面的雨水将被种植区域的土壤吸收,同时起到灌溉的作用(Foletta,2011)。

The storm water canal, Sjöstadspar-terren, with its surrounding apartment blocks, was awarded the Kasper Salin Prize in 2005 by the Swedish Associa-tion of Architects.

图 5.3　哈马碧新城的雨洪景观设计

资料来源:Foletta,2011。

与此同时,哈马碧新城施行了雨污分流,当地的废水及雨水、融雪水分开处理和排放,从源头上降低了家庭废水的污染度,易于净化回收并减轻了当地污水处理厂的压力。哈马碧新城的污水处理要求非常高,目标是分离污水中 95% 的磷并回收作为农业使用,减少 50% 的重金属和其他有害物质含量,污水中的多余热量回收为家庭取暖,污泥回馈到农业用地中,而处理过程中产生的沼气则主要用作当地的交通燃料(Foletta,2011)。

5.4.3 城市供水管理的系统优化

在世界许多城市,缺水已经成了一个越来越普遍和不容忽视的问题。而远距离的水资源利用需要消耗更多的能源和材料,将极大降低系统效率。水资源优化配置是通过管理和工程措施,对有限的多种水资源进行合理分配,从而实现水资源的可持续利用。因此,应采用分质供水系统,优化水资源配置,提出多水源组合方案,减少城市对清洁饮用水的消耗需求。以用水节约高效、非常规水源补充、污废水回用减排、水系统循环利用为重点,在城市水资源承载力与城市水环境容量可承载的范围内,实现城市供水对自然水系统循环的最小干扰,促进城市水资源系统的平衡运行和生态良性循环。

1.采用分质供水系统

传统的城市供水系统对于不同用水需求都采用统一的优质水标准的供应方式,对清洁水资源造成了极大浪费。研究表明,在所有城市用水需求中,用于人们饮食所需的饮用水标准实际仅为 5%(姚美康,2009)。分质供水是一种针对不同用水途径和对不同水质水量需求的供水方式,可以实现城市水资源的节约开发与优化利用。在国外,采用分质供水系统有着长期历史。应鼓励在积极开发雨水、再生水的基础上,提出多水源优化组合方案,优化多种水资源,从建筑到住宅小区,再到城市区域,逐步推进分质供水,以可饮用水系统作为城市主体供水系统,在城市局部地区另设非饮用水管网系统作为补充,包括低质水、回用水或海水等,用以提供卫生洁具冲洗、车辆清洗、园林绿化、道路浇洒及部分工业用水使用(如冷却水),实现水资源最大化的综合利用。

应进行长期的城市供水规划战略设计,实现城市阶梯级的水循环利用。例如墨尔本,在确保几十年内城市供水系统不需进行大规模扩建的目标下,针对供水设施实施了长期的供水规划战略,旨在满足城市各社区超过 50 年的使用。规划研究认为,城市应建立一个系统的供水框架,以整体性的视角对所有可选水源进行合理评估,比较多元化水资源供应的可能性、成本以及社会收益;优化可用水源,采取特定的水供应和需求的设计方法,从而形成合理并具有弹性的供水系统及水资源的综合平衡(图 5.4),以应对气候变化和自然灾害的冲击。该系统的有效实施需要各级政府、供水设施和开发商之间采取综合政策引导及管理,包括:形成基于供水的综合水循环管理标准;形成相应的规划和建设法规,以提高所有规划尺度上的综合水循环管理的应用及集成;形成能够支持灵活供水的管理机制;在水系统规划和城市规划间形成知识共享及紧密合作关系;测试多种建筑形式模型的用水效率(City of Melbourne,2009)。

2.控制城市清洁水的耗水量

节水不是不用水,而是通过提高水的利用效率,减少无效用水,真正实现节约水资源的目的。人均用水量在城市之间各不相同,取决于许多因素:气候,城市住宅区、商业区和工业区的混合,地段和家庭大小,收入水平和公共使用度。推广应用节水器具和设备,是城市节水的一个重要方面。因此,应限制城市新的发展对城市用水的影响,可采用政策积极机制促进社会的节约用水,而在住宅中则可广泛采用单户用水计量表、能耗水耗监控系统、家庭节水设备等措施。

墨尔本的供水部门在《供水需求策略 2006—2055》中,考虑了节水电器的激励机制和退税计划、奖励节约用水的定价机制、调节水效率的标签和标准等,目标是用行动和信息来推动社会普遍的行为变化和节约用水(City of Melbourne,2009)。该战略不仅可以有效利用水资源,也广泛增加了社会对水资源再利用的认识。

美国从 2008 年开始,通过针对马桶、小便池、公寓和洗衣机的更换项目,旨在降低 5% 的城市用水量。这个项目将可以节省约 6 000 万加仑的水资源,而为推广这个项目的 3 400 万美元预算也已经得到审批,其他诸如节水型工业设备、节水型洗碗机、食品服务行业的制冰

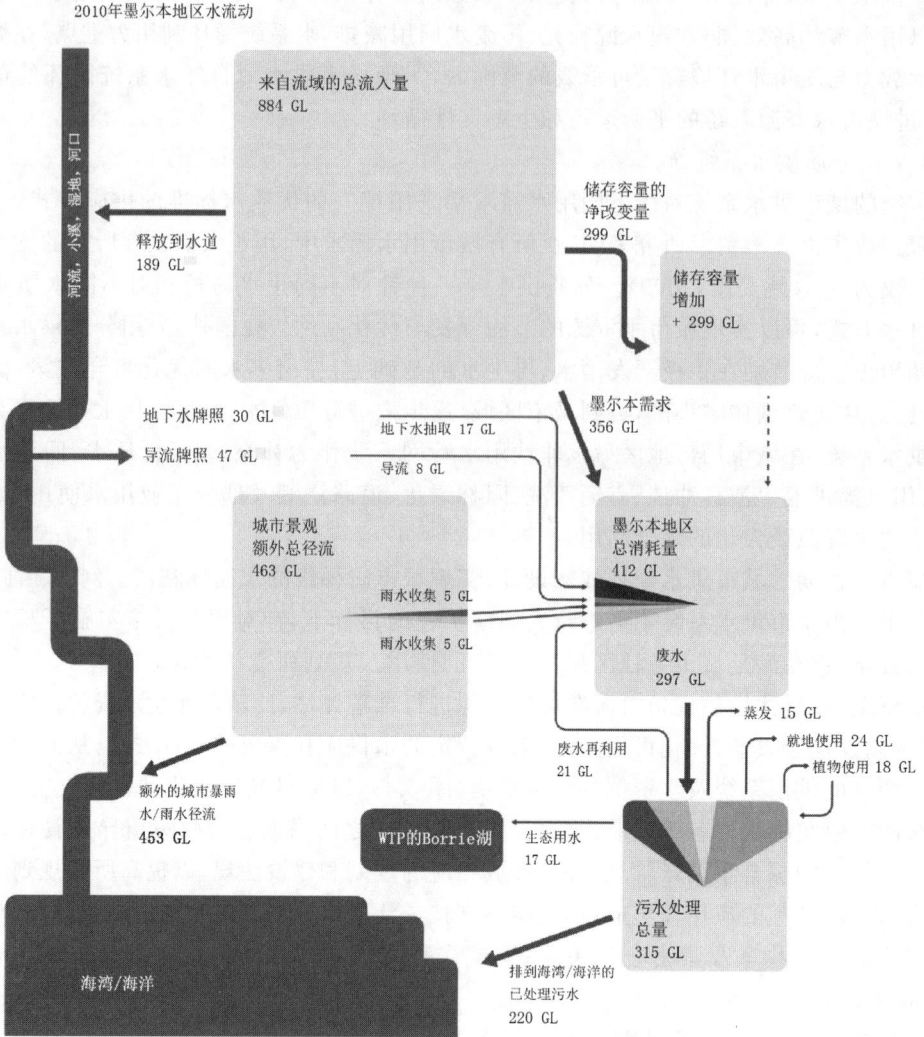

图 5.4　墨尔本的水资源综合平衡示意图

资料来源：(City of Melbourne,2009)。

机、水表计、泄漏检测仪和水的再利用与再循环等项目,也正在进行评估。从 1990 年到 2005 年,纽约市通过确定泄漏点并修复泄漏设备共计节省 1 580 万加仑水(Pla NYC,2012)。

在芬兰,节约用水已成为重要的城市目标。赫尔辛基的生态维基社区的规划及建筑设计对于社区用水量的控制给予了强烈的关注,目标是实现每位居民每天用水量 125 升,这比一般情况少了大约 22%。在住宅建设中所采取的措施包括:每个住宅单独用水计量、温室阳台、节水型水管装置(比如厕所)、收集和利用雨水浇灌花园等。经统计,社区的实际人均用水量基本实现了规划目标。荷兰哥伦布的 EVA 兰斯梅尔社区,也广泛采用了家庭节水设备,并最大限度地减少不必要的用水量,主要包括:采用低耗水量的节水马桶,居民自制的节水淋浴喷头和节水型水龙头。每户均设置了两套供水系统,一个是饮用水,另一个是生活用水,以及三个独立的排水管线,分别供雨水、灰水和黑水使用(City of Helsinki,2005)。

3.城市中水的再利用

城市污水不但数量巨大而且水量稳定集中,不受气候与自然条件的影响,且不需长距离运水。再生水是城市稳定的淡水资源(王效琴等,2007),因此应将再生水利用作为解决城市水资源不足的战略性对策。城市市政、社区及建筑的低质用水需求可由经净化处理的雨水、污水及建筑中水满足,取代对清洁水的消耗。据统计,约80%的城市供水排入了污水管网中,其中70%经收集处理后作为再生水可以替换等量的自来水,供应城市的低质水需求(高德红等,2008)。

建筑中水再利用是一种分散式的污水利用方式,随着建筑中水处理技术的日益成熟,未来建筑中水处理技术将趋于多样化,并向小型化、集成化、装置化、自动化的方向发展,以节省空间、提高安全可靠性(许文峰,2010)。在荷兰阿姆斯特丹的 GWL 特海恩新区中,住宅建筑在使用节水厕所的同时利用屋顶收集雨水进行冲厕,只有当水位太低时,才会启动自来水的储水箱。这一举措减少了该社区50%的冲厕用水量。而市政中水再利用则是一种集中式的污水再生利用方式,即将城市污水处理厂出水经深度处理后回用于农业灌溉、工业回用(冷却水、工艺用水、洗涤水等)、城市杂用水(浇洒、景观、消防、绿化、洗车、冲厕、建筑施工等)、地下回灌、渔业养殖、河湖补充用水等。

目前,世界上不少国家已将污水回用作为解决城市水资源不足的战略性对策。美国有300多个城市实行了污水回用;日本的污水处理厂已由单独的排放功能转向回用功能,工业用水中的70%循环使用。英、法、德污水处理率和污水管网的普及率都在90%以上,伦敦、巴黎、柏林等西欧国家首都城市都已实现城市污水100%处理,并且大部分作为回用水源。

为了应对城市所面临的水安全及短缺困境,澳大利亚在国家水再生准则中强调了通过再生水对现有供水进行补充的重要性。其中包括污水处理厂中再生水的集中处理和利用,同时也强调了分散使用不同规模的各种再生水源的重要性,如雨水、灰水和经过处理的污水。墨尔本制定了州级政策以确保进行包括海水淡化、再生水和调水项目在内的多元化水供应投资并发展了一项水资源管理规划,即通过实施系列管理措施和寻求替代资源,实现到2020年停止用饮用水灌溉城市花园的目标。城市收集的雨污水经当地的污水处理厂处理后,每天可以生产3万升高品质的再生水,用以灌溉城市公共花园。除此之外,墨尔本城市湿地承担了处理从周边的郊区道路、建筑屋顶和排水沟所汇集的雨水的功能,为野生动物提供栖息地区域的同时,也提供了再生的灌溉水(City of Melbourne,2009)。

综上所述,生态城市应在源头上实现城市污水的分流及治理,将生活黑水与中水分离并资源化,将污染程度低的废水与雨水分散资源化。支持再生水处理设施的建设,建设本地化分散式的小型污水处理厂等再生水处理设施,并以政策引导的手段,促进市政、社区及建筑中的再生水利用。

5.5 总结

本章介绍了国际生态城市案例在景观生态和水系统方面的主流实践经验,主要观点包括以下几点:

1.应实施覆盖全国并细分至区域和城市层面的自然景观保护及修复战略,保护区域景观斑块,通过生态网络将区域中的剩余景观碎片进行整合和连接;保护区域生物栖息地及生物多样性,构建以空间连接度为基础的生态网络。应建立城市与区域间的生态廊道连接,加强城市和区域之间生态系统的连通,将自然引入城市中心,通过生态水道、树木走廊以及公园和开放空间的连接系统,构建城市内部密布的生态廊道,并与城市休闲、娱乐功能充分结合。同时,还应在生态廊道中规划与城市慢行交通系统紧密连接的慢步道及自行车道,并以公共交通网络辅助,使人们可以通过绿色出行,从城市各地区便捷地到达自然开放空间。

2.应使城市规划和发展的决定适应并融入区域的生态网络。在区域和城市道路规划建设之前,应对区域中各种生物、物质、能源及自然过程进行调查,并对当地生态廊道及生物栖息地的空间分布进行评估,尊重城市用地的生态适宜性和敏感性,以此作为城市土地利用、交通发展及道路选线的规划基础。同时,应基于区域生态网络基底,整合城市交通廊道建设与区域生态网络的保护,通过生态补偿机制降低城市交通发展对区域生态环境的干扰程度,建立城市交通干道两侧的生态廊道连接,如生态隧道或高架生态桥等,以此连接区域各生物栖息地,实现区域生物及生态系统要素的自由迁徙和流通。

3.应保护城市自然水资源系统,进行城市水系的生态环境治理。通过恢复河流廊道和湿地的自然形态及生态功能,营造河流生物栖息地,维护河流生物多样性及生态系统的连续性。同时,应对湿地等城市自然流域周边的景观结构进行评估、优化和保护,通过绿色基础设施建设,如生态雨水设施、雨洪公园、人工湿地公园,以及具有生态水质净化和防洪功能的梯田式景观设计等,进行水敏感场地的生态设计,使城市绿带具有雨洪调节和水质净化功能。还应通过引入当地树种及保留现有植被,形成有机生长的自然型城市开放空间系统,并实现与城市慢行交通网络的结合。

4.应进行城市综合水循环战略规划,资源化管理城市多种水资源,提高城市水质量。通过对城市雨洪、地表径流等过程的分析和空间模拟,建立连续完整的水系网络和多层次的滞洪湿地系统,恢复水系的调洪蓄涝能力,最大限度地维持水系的自然生态平衡,保护地表饮用水源及地下水补给的城市水生态安全。同时,应进行城市雨水管理系统设计,通过雨污分离、地面渗透等技术实现源头径流削减及过程控制。具体措施包括:建设城市雨水管网,分散设置雨水收集系统、雨水回用系统及雨水储存设施,以地表自然排水系统代替地下排水管道等。在街区尺度上,应减少城市交通用地的热辐射及地表径流,以透水砖或透水铺路材料完全取代大面积硬质不透水铺地,通过种植植被及自然性景观浅沟设计,将大部分径流留在原地并补充地下水。

5.应进行城市长期供水战略规划,采用分质供水系统实现水资源优化配置,并减少城市的清洁水消耗量。将清洁水作为城市主体供水系统,供应城市饮用水需求,应进行阶梯级的城市水循环利用设计,并采取城市、社区、建筑等多层次的节水措施。与此同时,应在城市局部地区另设非饮用水管网系统作为补充,将再生水利用作为解决城市水资源不足的战略性对策,应建设本地化分散式的小型污水处理厂等再生水处理设施,实现污染程度低的废水与雨水分散资源化,满足城市市政、社区及建筑的低质用水需求。

6.应优化城市自然开放空间的规模、慢行可达性及绿化质量,并增加城市绿化物种的丰富性,营造多样化的城市景观感受。同时,应满足居民对休闲场地及运动设施的场地规模、功能、可达性及使用时间的要求,建设适宜所有年龄段人群,满足不同休闲、娱乐、健身需求的城市户外开放空间及公共文体设施。除了新建场地和设施之外,应通过对既有公共设施进行扩容改造、改善既有公园的绿化活动场地,增加场地的夜晚照明等措施,提高现有开放空间的质量。此外,应鼓励市民参与到城市自然开放空间规划设计中,并鼓励拥有文体设施资源的学校、社区及私人机构等组织对城市开放共享,使社会资源实现最大化。

7.应进行城市农业发展规划,将城市农业融入城市生态廊道及城市景观中。利用城市闲置和未充分利用的土地如屋顶绿化、阳台、路旁空地等,或者结合城市的公共绿地设计,例如社区庭院、城市公园等,构建城市农场。应将农业作为城市绿带的重要组成元素,并可进一步发挥农业基础设施的综合生态功能,将其营造为生物栖息地和自然保护区。同时,农场可以附加娱乐、教育等综合城市功能,并可实现农业有机物的回收,为城市提供生物质能。

8.应在城市内部设计有利于生物多样性的自然型社区生态花园,使城市中融入丰富的自然植被及生物栖息地。在住宅区中设计充满自然野趣的开放绿色空间,并通过与溪流、池塘及各种植被等景观及场地设计,加强社区雨洪管理收集系统与景观设计的结合。设计纳入建筑结构的垂直绿化,如具有自然特性的绿色屋顶和攀缘植物,缓解城市热岛效应并丰富社区的生物栖息环境。运用蓄水池、植被浅沟、雨水花园、池塘和洪水台地等生态景观设计措施,模拟雨水的自然循环过程,减缓地表水流速度,净化过滤雨水并促进自然下渗,减少径流量。

第6章

基于实践的生态城市能源系统研究

　　城市的发展依赖能源的持续供给,而随着化石能源的日益稀缺,以及化石能源的使用将直接导致温室气体排放增加、气候变化的严重副作用等问题被全球所关注,寻找化石能源的清洁替代品已成为关乎全球环境、经济安全及城市发展的原则性问题。因此,生态城市应对气候变化的负面影响采取全面的能源系统规划行动,积极采取能源减排策略,优化燃料效率并使燃料结构向低碳化转型,有效实现温室气体的减排,积极减缓气候变化进程。

6.1 应对气候变化的能源策略

　　气候变化带来的一系列副作用已经严重影响到城市的生存和发展:城市空气质量和居民健康受到气温升高的不利影响;沿海城市的安全受到海平面上升的严重威胁;城市的可利用水源由于降雨频率的改变而产生不稳定性;城市基础设施及城市环境则由于极端天气而受到破坏(华虹等,2011)。在全球气候变暖的大环境下,应对气候变化也成为从国家战略到区域统筹以及生态城市规划,各个层级中必不可少的关键内容。在国家层面应设定能源发展战略目标,并从供电、供热、可再生能源、建筑节能、工业节能等角度构建能源相关法律体系并制定详细的政策引导,为战略目标的实现提供有效的法律保障及实施途径。以此为基础,在城市层面确定城市气候应对及减排目标,并制定相关综合行动计划。

6.1.1 制定国家层面的能源发展策略

1997 年的《京都议定书》[①]被认为带动了能源经济的急剧变化,从 2010 年起多个国家制定了预测气候变化的方案,并制定了相应的能源政策,旨在促进能源节约和进行可持续能源生产,积极进行新能源生产技术的可操作化研究。在国家层面实行碳排放权的交易制度、碳足迹制度和企业分类管理制度等,实现政府政策与市场机制的有机结合。而目前国际上节能技术及可持续能源技术也已进一步得到发展。这些努力将使气候不再受全球高碳经济的影响,实现气候问题的"安全着陆"(Concerto,2012)。

欧洲国家在促进能源高效上一直处于领先地位,在制定国家层面的能源发展策略上,英国和丹麦可以称为典范。2003 年,英国在《我们未来的能源——创建低碳经济》中率先提出低碳经济发展,此后制定了应对气候变化、发展低碳经济和技术的长期而严格的国家发展战略导向,从制定经济政策和法律,到提倡社会节约资源的低碳行为,通过一系列低碳发展计划来实现减排目标。2007 年颁布《2007 年能源白皮书》并提出"低碳城市"理念,要求英国所有建筑物在 2016 年实现零排放。2008 年颁布了全球第一部应对气候变化的国内法《气候变化法》,确定英国到 2020 年减少 2 300～3 300 万吨,2050 年将总排放量削减至少 80% 的中长期减排目标(阳文锐,2011)。于 2009 年连续出台了《国家低碳转型》《可再生能源战略》等一系列国家战略规划,提出英国未来能源的重要组成为核能、可再生能源和洁净煤。此外,英国在建立排放贸易机制的同时还建立碳信托基金以鼓励和促进开发低碳技术,重点加强碳捕获与封存(CCS)等关键性温室气体控制技术的研发和创新(陈柳钦,2010)。

丹麦政府也十分重视通过制定国家层面的能源战略,引导转变能源使用模式,并通过制定和实施节能激励机制和完整的能源法律体系,对能源供应、可再生能源利用、建筑及工业节能等能源利用的全过程进行管理。在 2007 年实施的《丹麦能源政策展望》中,提出应促进多样化的能源供应,应发展可再生能源,通过热电联产等提高能源使用效率并鼓励节约能源,以及摆脱对化石能源的依赖的长期能源战略方向(肖荣波等,2009)。

除了制定国家能源战略之外,英国和丹麦均十分注重政府政策与市场机制的有机结合,提出年度节能利用目标,并充分发挥政策及经济的引导作用,以市场导向的激励措施来调节能源供应和社会消费行为,包括征收气候变化税,对清洁能源的使用减免税收等。同时政府支持新能源技术的研发及市场推广,例如鼓励发展提高能源效率的热电联产技术,以及采用新型可再生能源等(肖荣波等,2009;阳文锐,2011)。

日本由于发展资源有限,自从 20 世纪 80 年代起就在国家战略层面提出发展低碳社会,提倡技术创新、制度变革和社会生活行为转变,并制定了一系列法律以支持节能减排措施的全面推动,优化能源供需结构。在技术创新上,提出在中短期内推广现有技术、在中长期发

---

① 《京都议定书》主要内容包括:到 2010 年所有工业化国家必须共同减少二氧化碳总排放量水平达到至少低于 1990 年水平的 5%;与 1992 年的《里约热内卢气候协议》不同的是,《京都议定书》是强制性的;直到 2010 年发展中国家将不被强制性地限制排放。

展低碳创新技术。2007年颁布《日本低碳社会情景》,提倡社会简化生活方式,从高消费向高质量转变。大力鼓励节能技术及清洁汽车技术的研发,促进提高太阳能、风能及生物质发电比例,鼓励生物质燃料、多种合成油等新型燃料的应用及氢燃料电池车的开发,并探索温室气体零排放技术。2008年在《福田蓝图》中提出到2050年减少60％～80％的长期减排目标。而在制度变革上,日本同意并积极实行了碳排放权的交易制度、碳足迹制度和企业分类管理制度,并对节能产品减免税费及进行经济补贴(阳文锐,2011)。

6.1.2 制定城市气候应对及减排目标

应在分析城市的能源供给现状和未来的能源增长需求及消耗状况的基础上,制定城市气候应对及减排目标。通过调整城市中不合理的能源消耗并逐步引入可再生能源,减少城市对化石能源的依赖,重构城市能源结构体系,实现城市的可持续循环代谢平衡,从而实现三个主要目标:减少温室气体排放、节约能源并提高能效以及促进可再生能源应用。

在实施气候应对政策中,在地方层级转化为可实施的项目是重要部分,地方的各级政府、研究机构及社会组织在其中扮演了主要角色。大量案例城市均提出了气候应对计划及相应的减排目标(表6.1),实施了大量综合规划措施,并要求企业和政府部门自主选择最符合成本效益的气候应对措施,例如避免或减少能耗及提高能效等,同时在实施中引入多元化的讨论和反馈机制,对减排进程进行监控和评估。政府将基于温室气体排放反馈和减排目标基础,对这些行动的成本效益进行分析。

斯德哥尔摩通过提前建立系统决策以应对气候变化,实现全市既定的"持续减少温室气体排放量,并到2050年完全摆脱化石燃料"的长远目标。城市的战略是,要求企业和政府部门自主选择最符合成本效益的气候应对措施,例如避免或减少能源消耗、更有效地利用能源和使用可再生能源等。政府将在排放反馈和减排目标基础上,对这些行动的成本效益进行分析。现已实施了两个为期五年的阶段性行动方案:第一阶段(1995—2000年)的目标是将电力、供热以及交通所产生的温室气体排放量减少到1990年的水平,即人均二氧化碳排放量约为4.5吨/年,到2000年底已实现低于目标排放量。第二阶段(2000—2005年)的目标是温室气体排放量减少到人均4吨/年。第二阶段期间,瑞典全国的总排放量下降了7％,而斯德哥尔摩人均排放量从4.5吨/年减少到4吨/年,减排量大于25％,全市二氧化碳排放量总计共减少了65.5万吨。斯德哥尔摩与社会各界共同制定计划,以实现2015年人均排放量3吨/年的目标。采取的措施包括将燃煤热电联产厂50％的煤燃料换为可再生燃料等(City of Stockholm,2009)。

表 6.1　国际生态城市案例的能源及温室气体减排目标表

序号	项目/城市名称	可持续能源及温室气体减排目标
4	默德灵,奥地利	到 2010 年 CO_2 减排 50%(相比 1990 年水平),实现每年减排 11%
14	赫尔辛格,丹麦	90%的区域供热将基于可持续能源
15	希勒勒,丹麦	建设零碳社区
41	弗莱堡,德国	到 2030 年 CO_2 减排 40%(相比 1992 年水平)
43	汉堡-哈堡,德国	2020 年温室气体减排 40%,到 2050 年减排 80%(相比 2010 年水平)
45	汉诺威,德国	能源节约量比最小标准少 25%
48	内卡苏尔姆,德国	实现 CO_2 减排约 55%
52	威勒巴赫,德国	到 2015 年实现碳中和
54	欧布达,匈牙利	节约区域 70%的能源
55	雷克雅未克,冰岛	到 2050 年前实现摆脱化石能源,全国 100%电力基于可再生资源生产
61	雷当恩,卢森堡	能源 100%通过可再生能源供应
62	阿尔梅勒,荷兰	建设碳中和社区,能效比国家标准高 42%
63	阿姆斯特丹西部新区,荷兰	实现 CO_2 减排 70%
64	阿陪尔顿,荷兰	到 2020 年实现碳中和
65	代尔夫特,荷兰	到 2020 年,家庭供热平均能耗为 1999 年的 60%,可持续电力产生量占总电力使用量的 15%
68	海尔伦,荷兰	可再生能源供应量增长 60%,实现 CO_2 减排 50%
72	奥斯陆,挪威	到 2050 年实现温室气体的中和
79	邓多克,爱尔兰	2010 年实现 20%的供热及 20%的供电为可再生能源,实现建筑节能 40%
88	萨拉戈萨,西班牙	能耗为国家标准的 30%,预计达到 CO_2 减排 70%
94	赫尔辛堡,瑞典	人均总能源消耗到 2010 年减少 4%(相比 1990 年水平),区域供能系统中的化石能源使用量减少 20%
95	马尔默,瑞典	到 2020 年实现碳中和,到 2030 年 100%使用可再生能源
96	斯德哥尔摩,瑞典	到 2050 年完全摆脱化石燃料
97	斯德哥尔摩皇家海港,瑞典	在 2030 年前摆脱化石能源
99	维克舍,瑞典	在 2009 年实现了人均碳排放减少 34%(相比 1993 年水平),到 2015 年实现减排 55%
100	巴耶桥,瑞典	耗能比国家标准低 40%,90%的能源来自可再生资源
102	纳沙泰尔,瑞士	降低 23%非可再生能源使用量
105	阿伯丁,英国	在 2020 年前实现 CO_2 减排 42%(相比 2008 年水平)
109	格拉斯哥,英国	在 2020 年之前实现 CO_2 减排 30%

续表

序号	项目/城市名称	可持续能源及温室气体减排目标
112	兰贝斯,英国	降低25%的供热需求,CO_2减排83%
113	曼彻斯特,英国	到2020年全市减排30%～50%
125	维多利亚绿色码头,加拿大	建设碳中和社区
126	多伦多,加拿大	到2009年,温室气体减排40%(相比1990年水平),规划到2050年温室气体减排80%
127	温哥华,加拿大	到2020年温室气体排放量降低33%(相比2007年水平),并降低居民的生态足迹(与2006年持平)
142	丹佛,美国	2012年降低50%的能源使用(相比2010年水平)
143	华盛顿,美国	到2013年实现能耗量减少50%,到2015年减少75%
145	纽约,美国	在2030年前实现CO_2减排30%(相比2005年水平)
146	波特兰,美国	在2030年前实现CO_2减排40%(相比1990年水平),到2050年减排80%
147	劳埃德路口,美国	减少场地的CO_2排放至未开发前的水平并实现碳中和
148	西雅图,美国	2010年化石能源使用量减少60%,2030年前完全碳中立;温室气体排放和耗水量减少50%
153	悉尼,澳大利亚	到2030年温室气体减排70%(相比2006年水平)
177	横滨,日本	在2010年废物量减少30%,实现温室气体减排40%
179	藤泽可持续智能城,日本	到2030年温室气体减排70%(相比1990年水平)

资料来源:笔者整理。

注:表中案例后数字为表2.3的项目统计序号。其中,序号1～122为欧洲案例,123～150为美洲案例,151～159为澳洲案例,160～187为亚洲案例,188～195为中东及非洲案例。

荷兰代尔夫特在2000年正式成立能源机构DEA(the Delft Energy Agency),以促进实现能源使用的合理化及可持续能源生产的目标,由包括政府部门、开发商、能源机构和高校在内的多方人员共同负责协调能源项目的实施。该能源机构于2001年制定了代尔夫特能源总体规划,并在2003年再次制定的可持续发展规划中确立了长期的能源目标(2010—2020年)(图6.1):到2020年,家庭供热平均能耗为1999年的60%,可持续电力产生量占总电力使用量的15%(Concerto,2012)。

此后,《代尔夫特气候规划(2003—2012)》进一步将《京都协议书》的内容转换成了更具体和切实可行的方法,基于以下三项策略:(1)实现最终用户的节能以减少能源需求;(2)采用可持续资源;(3)持续优化化石燃料应用的能源效率和可靠性(图6.2)。在实施上,代尔夫特气候规划通过系列讨论确定规划目标及详细方案,设定了CO_2的还原潜力、成本和投资这三个指标,用以指导各个项目的实施。所有行动均显示出了巨大的减排潜能,即实现该气候规划的定位目标:每年减少CO_2排放量超过3.35万吨(Concerto,2012)。

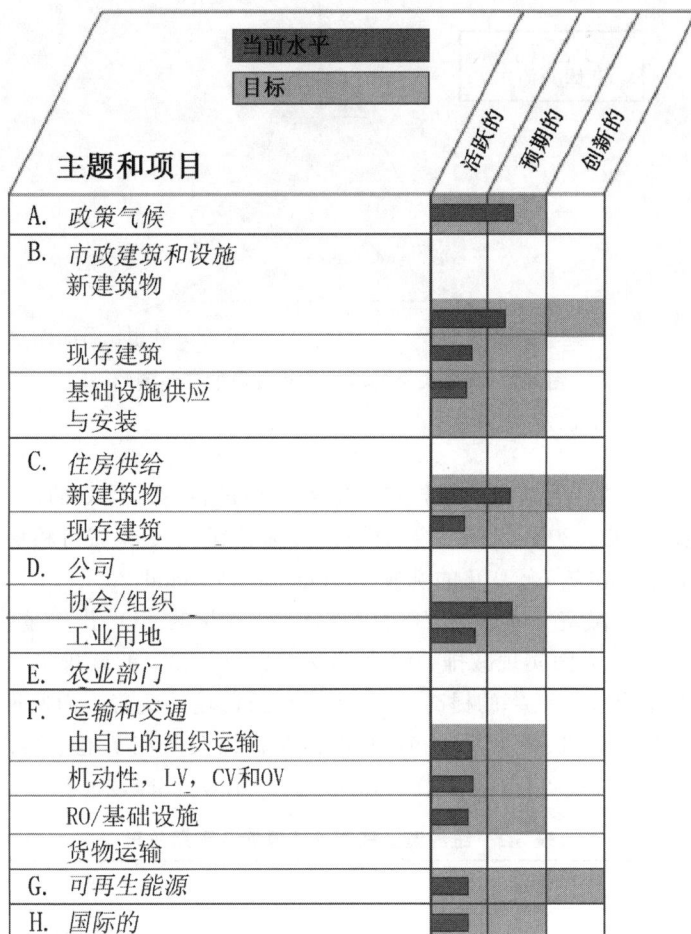

图 6.1　代尔夫特的城市气候政策目标

资料来源:Concerto,2012。

　　波特兰在 1993 年成为全美第一个采取气候行动计划的城市。该计划覆盖了交通、能源效率、可再生能源、热电联产、循环利用、城市林业、宣传减排行动等多个领域。实施措施包括:减少空气污染;提供具成本效益的电力和天然气;增加对可再生资源的依赖;扩大资源回收;防止城市扩张和交通堵塞。在 1994 年通过了一套运作原则,目标是"建立稳定的、多元化和公平的经济保障,保护空气、水、土地和其他天然资源,以及原生植被、野生动物栖息地和其他生态系统,最大限度地减少人类对本地及全球生态系统的影响"。波特兰在 2000 年通过增加城市密度及提高 30% 的公共交通乘坐量,有效地减少了汽车尾气排放,实现人均 CO_2 含量下降 7%。在 2009 年颁布的《波特兰应对气候变化行动计划》中,确立了 CO_2 减排的中期目标是到 2030 年减少 1990 年总排放量水平的 40%,远期目标是到 2050 年减少 80%。该计划共确定了六个分类共 100 多个行动,包括:建筑和能源;城市形态和流动;消费和固体废物;城市林业和自然生态系统;粮食和农业社区参与气候变化的准备;和当地政府的运作。为了更好地完成目标,还制定了具体的实施计划:(1)每年完成一份社会库存和地方排放趋势、化石燃

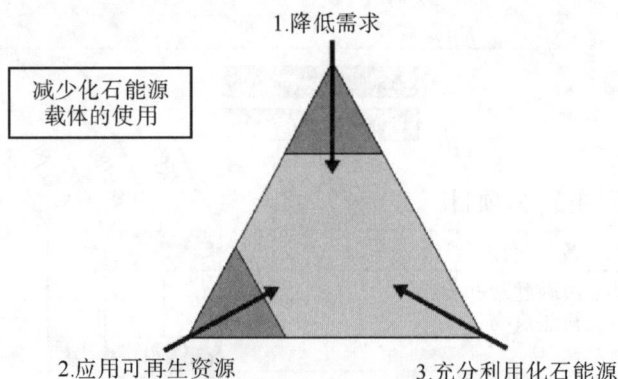

图6.2 代尔夫特的城市气候政策的三角策略

资料来源:Concerto,2012。

料的使用以及实施行动进展情况的报告;(2)每隔三年进行行动计划的修订和新的确定,并在其后三年实施;(3)在2020年发展一个新的计划,确保到2050年城市和乡村均实现80%的减排目标,以满足任何适应气候变化的挑战(Sustainable Portland,2008)。

纽约市在制定的《温室气体减排战略》中预计,2030年的CO_2排放量将比2005年增加超过27%,计划从三个方面实现减排30%的目标:其中约50%的减排将来自于建筑物能源效率的提升,32%来自发电效率的提高,18%来自交通运输的改善。而通过经济化和推广太阳能、采用生物燃料发动机、风力发电和燃料电池车辆以及采用节能电器设备等措施,将有助于实现超过30%的减排目标(表6.2)(The City of New York,2008)。

表6.2 纽约温室气体排放数据及预期效果

分类	目标	措施
避免城区的无序扩张	至2030年,通过吸引90万新居民实现减排1 560万吨	建造可持续发展的经济适用房 为所有纽约人提供便利可达的公园 扩建并改善公共交通 复垦污染土地 开发水道的游憩功能 确保可靠的水源和能源供给 通过植树创造更健康美丽的公共领域
清洁能源	通过改善纽约市的电力供给实现减排1 060万吨	应用最新技术替代低效电厂 扩建清洁分布式发电 推广可再生能源
高效节能建筑	通过减少建筑能耗实现减排1 640万吨	提高现有建筑物的能源效率 倡导高能效的新型建筑 提高电器设备的能源效率 绿化城市建筑和能源规范 通过教育和培训提高能源意识
可持续性交通运输	通过加强纽约市的交通运输系统实现减排610万吨	通过改善公共交通减少车辆使用 提高私家车、出租车和黑车的运输效率 减少燃料中二氧化碳的浓度

资料来源:The city of New York,2008。

6.1.3 制定和实施城市综合能源规划

应从城市层面推动城市能源系统规划,评估并优化城市能源结构体系,促进可再生能源项目的实施,在城市规划层面执行减排战略,提高城市的整体能源储备和流动,实现更高效和环境友好的能源系统,并逐步整合新能源和可再生能源,实现城市的可持续循环代谢平衡,减少城市对外部能源的依赖,并有效实现城市温室气体减排的目标。欧洲城市的能源规划研究起步较早,理论及实践体系已较成熟完善,在欧洲范围内持续实施了多项能源实验项目,在欧盟、各国及各城市政府的支持及各社会团体、学术组织的推动下,在多个城市之间组织形成了城市可持续能源网络,以此促进并推广城市能源规划的实施。其中成立于 1994 年的欧洲城市可再生能源战略联盟(Renewable Energy Strategies of European Towns net,简称 RESET net)即是主要由各城市规划、建筑及技术专家负责运作的多个大型工业城市的能源工作联盟。本章节主要参考了余威等(2009)对该联盟的城市能源规划研究的整理。

1.城市能源规划的制定

根据 RESET net 的研究,城市能源规划应评估城市的能源供给现状和未来的增长需求,并对城市各子系统的能源消耗状况和比例进行分析研究。优化调整城市能耗结构体系,通过生产及使用可再生能源,降低城市的化石能源消耗量,实现温室气体减排、能源高效和节约利用以及促进可再生能源应用的目标(余威等,2009)。

英国城市能源规划重点关注建筑和交通两个领域,强调以降低城市的碳排放总量为目标,结合技术、政策和公共管理手段制定、评估和实施多种措施,推广可再生能源应用,提高能效及控制能源需求。伦敦在修订城市规划时,充分整合了可持续发展和气候变化应对策略;注重通过低碳社区规划和绿色建筑设计实现低碳能源分层;实现城市分布式本地可再生能源供应;通过废物和水管理逐步实现城市资源循环;通过媒体宣传,倡导公众积极参与节能减排行动(阳文锐,2011)。

为遏制全球变暖,纽约市能源规划采取了几大行动:实施积极的能源效率和高峰负荷管理措施,升级老旧污染的发电厂,建设更多清洁分布式发电,发展可再生能源。但是现有的组织、项目和过程不足以执行这些政策,因为他们不需要考虑以下这些目的:清理环境、调节价格及减少土地使用的影响。纽约市设立了能源规划局,其职能是审查和批准能源供给和需求战略的规划,以满足城市的需要。该规划将提交给公共服务委员会(PSC)进行管理和拨款。能源规划局将设立降低需求的目标,将其纳为城市整体能源规划的一部分,并为实现这些目标而提出筹资标准和审批战略。

2.城市能源规划的实施

RESET net 经研究,探索出城市能源规划技术路线,余威等(2009)将其总结为分析、设计和实施三个阶段。

分析阶段工作是对现有的发展模式进行评估。首先,调研统计城市能源和环境现状的基础信息,并对支持城市经济发展的各类能源和资源进行综合评估;其次,评价城市的能源消耗及其环境影响,按 CO_2 等量排放指标将城市根据碳排放量的不同进行分区评估;最后,以多层评估为依据制定切实可行的城市节能减排目标,重点关注于城市可再生能源评估、环境影响评价、社会和经济影响等内容。欧洲城市节能减排目标的制定过程充分体现了公众参与性,通常会组织 25～30 个城市各行业居民对政策制定进行讨论,分别代表包括政府部门、学者、企业和社会工作者在内的不同社会角色,最后基于对所有可行性方案的汇集总结,形成包括减排目标及优先措施的行动规划方案库(余威等,2009)。

设计阶段则根据城市所设定的 CO_2 减排目标及评估结果,从行动规划方案库中选取最具可行性的能源政策,并进行项目的规划建设,实现对城市能源供应及消费结构的优化。RESET net 提出,城市在规划过程中应慎重考虑大比例使用可再生能源的可行性,并且由于涉及的利益团体较多,在选择方案时应对整体方案进行政策评估并提倡公众参与。

而在实施阶段,引入多元化的讨论和反馈机制则更为必要。其中"规划监督"监控、回顾和评估 CO_2 的减排进程,"规划反馈"则采用确定关键指标、收集信息和计算执行指数等方法,共同确保整体方案及单体项目在实施过程中能够根据反馈信息不断完善。RESET net 经研究认为,规划方案的制定和实施时,应通过政府推动,在建筑、交通、经济发展及社会教育等方面同时实施多个项目,所形成的规模效应将有利于引起社会关注,从而确保规划的顺利实施。而在建筑、交通等各领域中已确定的 CO_2 减排措施,可通过能源示范项目的形式由独立企业推动实施(余威等,2009)。

6.2 案例城市的能源技术分析

欧盟协奏曲项目旨在推动能源高效措施和可再生能源系统的实施,以通过技术创新来促进可持续城市的发展,该项目下的众多案例均广泛进行了创新的能源技术实践及探索,45 个社区仅通过提高能源效率和优化能源结构,明显减少了化石能源的使用量。规划预计,项目每年可减少近 9 万吨 CO_2 的排放量,通过可再生能源产生电力 200 GW·h/a(相当于 12.5 万吨 CO_2),并通过可再生资源产生热能 340 GW·h/a(相当于 10.5 万吨 CO_2),总计项目每年的 CO_2 减排量将达到约 32 万吨(Concetro,2012)。

根据对协奏曲项目中实践成效最为显著的示范案例进行技术应用及实践成效的比较分析(表 6.3)可以看出,这些示范案例所采用的都是相对成熟、完善的能源技术,其中应用最为广泛的是分布式冷热电联产的区域供能网络技术,而大量采用的可再生能源则是太阳能和生物质能,有不少项目仅通过三项技术即产生了颇为可观的本地可再生能源的供应量和能源节约量(Concetro,2012)。

表 6.3　欧洲能源示范案例所采用的能源技术及实践成效汇总

项目序号	多联产区域供能	光热	光电	地热能	水电	风电	木质燃料	沼气及有机垃圾	回收废热	绿建色筑设计	既有建筑改造	能耗监管系统	建筑改造节电量 MW·h/a	本地可再生能源发电量 MW·h/a	建筑改造节热量 MW·h/a	本地可再生能源产热量 MW·h/a	预计CO₂减排量 t CO₂/a
3		●	●	●						●			375	12	4 060	1 025	1 800
4	●	●					●	●					886	7 060	756	3 300	6 150
6	●	●				●					●	●	215	0	2 601	2 880	1 820
8	●	●					●				●		34	17	350	4 668	1 580
10	●	●									●		225	0	1 829	372	820
12	●			●			●				●		151	67	571	2 389	1 050
14	●	●					●			●			995	4 620	995	4 620	5 190
15	●	●					●					●	633	1 924	2 185	8 889	4 990
16	●							●					363	3 5544	10 166	30 257	58 750
17	●	●					●			●			107	600	2 049	1 916	1 660
18		●					●			●			1 007	1 740	1 294	3 425	3 150
21		●								●			65	4	237	1	120
23	●	●			●		●			●			128	2 380	1 992	7 772	4 550
24	●	●	●				●					●	5 115	200	3 797	5 270	6 070
25	●		●	●									577	201	4 581	680	2 100
45	●	●	●				●				●		337	78	931	3 230	1 540
48	●	●	●				●				●		105	2 691	1 975	13 002	6 340
49	●	●	●				●			●			135	4 956	752	30 590	12 790
52	●	●				●						●	217	6 300	2 312	2 438	5 480
54	●	●	●				●						355	0	2 188	726	1 120
56	●						●						4 386	1 382	9 462	6 030	8 330
59	●	●									●	●	111	187	669	0	2 000
61	●	●					●				●	●	92	0	1 617	23 200	7 690
62	●	●				●					●		116	3 399	7 118	13 885	8 630
63				●						●			0	28 048	2 790	30 500	31 640
64	●	●					●				●		450	7 520	3 150	14 220	10 260
65	●			●				●	●		●		0		2 203	3 002	1 600
68	●	●	●	●									5 522	14 493	6 578	133	14 420
69	●										●		5 073	0	7 805	9 862	8 570
73	●						●	●				●	3 067	0	9 134	681	4 910
75			●				●				●		67	0	768	0	280
79	●						●	●		●			4 638	6 716	3 522	15 180	12 760
80			●				●				●	●	0	2 840	7 574	3 953	5 300
82				●					●		●		227	2 250	5 490	15 000	7 830
84		●					●						5 787	12 960	191	81 960	36 580
86		●					●						630	10 400	5 460	1 000	8 790
87							●						988	7 161	987	7 161	7 540
88		●					●						2 787	3 360	5 360	751	5 670
90		●					●						502	29 198	893	16 750	23 760
94							●	●					995	4 620	995	4 620	5 190
100	●										●		602	0	1 833	72	960
101									●	●		●	6 977	0	0	23 256	4 800
102	●		●		●						●		597	9 741	1 225	1 920	7 350
112							●				●		270	157	4 411	28	1 630
114	●		●	●						●		●	639	331	607	0	790

几乎在所有案例中应用了太阳能,而区域供热系统大多采用生物质能和沼气的热电联产或供热站,以及与区域供热网络连接的大规模太阳热能场。在制冷方面,许多项目中采用太阳能驱动吸冷技术、区域供热或排气热泵。而在一些社区中,还对风能利用、小尺度的水电厂以及废物产能技术的使用进行了探索。

在建筑的能源高效利用方面,主要关注于大规模的既有建筑改造及绿色建筑设计。此外,广泛采用了综合监控和社区能源管理系统的集成策略,实现能源需求及供给的平衡。据统计,有近1/3的案例采用了各种形式的能源管理系统,并取得了很好的成效。据奥地利图尔恩规划实践的统计研究,该地区通过采用分散能源管理系统,能源效能增加了至少5%,并且在理论上能达到25%(Concetro,2012)。

6.3 城市节能减排的综合措施

城市既是能源消耗的主体,也是节能减排的重点,有效利用能源是生态城市建设以及实现节能减排的重要途径。建筑能耗、交通能耗和工业能耗是城市能源消耗的三个主要方面。研究表明,建筑在生产、建造和运行中不仅消耗了全球50%的能源、42%的水资源和50%的原材料,而且导致了全球50%的空气污染、42%的温室效应、50%的水污染、48%的固体废物和50%的氟氯化物(周岚,2010)。从现阶段发展情况来看,建筑能耗占全社会能耗的比例呈现逐年上升趋势,尽管工业能耗目前所占比重较大,但随着产业结构的不断优化调整和城市化进程的不断加快,建筑和交通已成为增长较快的耗能领域。各案例城市均积极探索了城市及建筑的高效能源使用模式,采用的共同措施包括建筑节能改造、建设绿色建筑及低能耗社区,实施能源管理系统推进社会节能及促进可再生能源使用。

6.3.1 既有建筑及社区的节能改造

欧洲在大型住宅区中引入节能和可再生能源方面有较成熟的经验,实践表明,通过实施既有建筑的节能改造,能够大幅度降低能源消耗及提高能源效率,是减少建筑能耗及实现CO_2减排十分有效并具有重要意义的措施。应积极进行既有建筑及社区的节能改造,并对不同建筑节能改造技术在当地所产生的不同能效进行评估,实施最具成本效益的节能改造措施。政府部门和能源机构应相互合作,为家庭、商业和工业的建筑节能提供相关信息、技术支持以及咨询和培训服务,控制建筑的最高用电量、供热及制冷能耗量。

根据斯德哥尔摩能源中心对不同改善能效的节能技术效益进行的调查研究显示,节约能源战略的关键是通过改进建筑绝缘水平减少热损耗,减少建筑物热损耗的节能措施只比其常规的建设投资成本增加不到3%,却可减少采暖能耗的50%~60%,实践证明具成本效益(Concetro,2012)。因此应通过执行严格的建筑外形改善和隔热处理,改进建筑隔热水平。影响建筑热量消耗的关键因素包括通风和热回收、房屋类型、住户密度、家用热水消耗、供暖和制冷系统等。具体改造措施包括:改进建筑隔热,采用低能耗窗户提高气密性,进行通风系统热回收和温度控制;采用低温供热系统、高效能的节能设备和可视化的能耗计量等技术减少能源消耗;升级热水供应系统,使用太阳能等绿色电能;将既有建筑连接到区域供热网络中,建设社区生物质能站,将社区有机废物转变成能源,在优化能源使用结构的同时实现本地式的垃圾处理及可再生能源供应(Concetro,2012)。

在欧盟协奏曲项目(EU CONCERTO Programme)中,通过既有建筑的节能改造进行能源优化的项目占了总项目近 1/2,并得到了很好的成效。例如,荷兰阿姆斯特丹西部新区,通过既有建筑改造实现 CO_2 减排 70%;德国内卡苏尔姆,通过翻修学校及改造住宅节约了 30% 的能源;瑞士纳沙泰尔,则通过既有建筑改造减少了超过 2/3 的能源需求;而斯德哥尔摩 2009 年对哈马碧新城和斯德哥尔摩皇家海港项目等多个郊区项目进行了广泛的既有建筑节能改造,每个改造项目实现节能达 15%~35%,Järva 地区在 2010 年总节能量达到了 40%(Concetro,2012)。

在阿姆斯特丹西部新区,规划对 20 世纪 60 年代建设街区的共 300 栋住宅进行生态改造示范,并为 5 万套住宅提供了改造范本。每栋改造建筑将通过隔热、连接热泵或区域供热以及使用绿色电能等综合措施实现 CO_2 减排 70% 的目标。具体措施包括执行严格的建筑外形改善和隔热处理,升级供热系统及家庭热水供应系统,在屋顶安装太阳能光电板,并安装双层玻璃窗。项目还规划建设了一个新的沼气站,把废物转变成能源并连接到区域供热系统中,使废物的能源转换效率从 50% 增加到 90%(Concetro,2012)。

在斯图加特的东芬得恩新区,除了使用可再生能源以及建设节能建筑,也充分挖掘了既有建筑中 CO_2 减排的可能性。当地市政厅、学校、运动场馆等市政公共设施是整体能源消耗的重要组成部分,城市能源部门对其能源数据进行了详细监测,并且重点密切监测耗能较大建筑物的热、电、水消耗率的关键数据。通过建立基于长期数据分析的地理信息系统,为管理整个街区的能耗提供了很好的解决方案。规划还将逐渐对能耗管理系统进行优化,发展能源消耗水平的自动报告系统,以此分析最佳的用户能源消费行为。在网络上进行数据公布,让居民在能够在了解住宅能耗情况的同时,改善用电和供热习惯。城市已出台了市级节能条例标准,规定新建筑应减少 30% 的能耗(Concetro,2012)。

德国汉诺威则规划改造了 400 户公寓,规划目标是实现能源节约量比最小标准少 25%(表 6.4)。示范改造项目包括改善建筑立面及屋顶隔热,及建设生物质能集中式区域供热系统等,并为城市露天泳池安装了德国最大的太阳能装置用以供热。规划还建设了木质燃料中心为住宅和商业建筑提供可再生燃料,定期举行节能咨询活动并为公寓住户及学校提供节能咨询服务等(Concetro,2012)。

而在非发达地区,仅通过最传统的建筑隔热改造技术,也可达到很好的节能效果。保加利亚的索非亚城市改造街区的老混凝土建筑隔热效应差,其木质及金属框架窗户也需更新。改造增加了隔热层及替换窗户,实现供热能源使用下降 50%。通过安装遮阳板,使街区内不需安装制冷系统。在建筑屋顶安装太阳能集热器提供了热水,并将建设备用的燃气锅炉,使该街区的热水供应与区域供热系统分离,同样显著地提高了区域供热系统的效能。而匈牙利欧布达,项目预计通过建筑改造可节省该区域 70% 的能源。措施主要包括:优化建筑隔热以减少能源损耗,在屋顶和整个建筑立面增加隔热,更换窗户并更新建筑的供热系统(Concetro,2012)。

表 6.4 德国汉诺威既有建筑改造实践汇总

关键领域	措施	目标	成果
现有公共设施改造:改善室外泳池的供热	利用太阳能集热器加热池水,减少现有的天然气燃煤锅炉的负载;通过海报等宣传方式提高公众意识;获取良好的监测数据(包括能源消耗、建设成本、维护成本、技术经验)	实现节约不可再生能源,每年减少 450 兆瓦(35%)的天然气消耗,95 吨 CO_2(减少 40%)的排放量	太阳能系统运作两年,节省约 950 兆瓦的天然气,相当于减少了 240 吨 CO_2 的排放量
对现有市政建筑进行能源扫描(如图书馆,学校和体育中心等)	各种节能措施的应用,使用可持续能源、可持续建筑措施	减少市政建筑能源的使用,提高公共设施能源的效率	
市政建筑和设施的能源管理	每隔三个月将有一次完整的能量记录以及对该记录的分析,并反馈给政府官员和建筑物的用户	控制能源流量,节省城市能源使用,从中心运作的能量管理系统中获得关于所有市政建筑和设施能源使用的一系列图像资料	
现有住宅改造	采取多种节能或可持续能源措施,改造建筑维护结构	20%的能源节约,每年减少供热耗能超过 2 000 兆瓦	CO_2 减排量实现 380 万吨/年(58%)
	与生物质燃料的区域供热系统的连接,消除临界地区严重的水损耗。因为气密性的提升,舒适程度提高了;减少住户的能源成本;增加公寓的价值和收益性	每年节省化石能源近3 000兆瓦,相应地减少 CO_2 排放量 500 吨	

资料来源:Concetro,2012。

6.3.2 绿色建筑及低能耗社区设计

绿色建筑及低能耗社区的设计是减少碳排放及可持续发展的重要组成部分,许多国家通过实施低碳示范项目来推广绿色建筑及低能耗社区的节能实践。

欧洲城市在社区中引入节能和可再生能源有较成熟的经验。许多城市都朝着大幅度降低能源消耗及提高能源效率的方向发展,在减少城市能源消耗的同时,努力提高建筑物的自身效率,并降低其能源消耗。据研究总结,其规划建设低能耗社区普遍采用的重要策略包括利用本地可再生的天然资源、促进资源回收利用、采用绿色交通模式、保护自然环境和当地文化、合理的建筑布局和建设密度、实现自然通风采光以及减少采暖、电能和水的消耗。

大量经验表明,在建筑及社区的规划设计阶段就能充分运用各种手段降低能耗,是成本最低也最有成效的途径。在规划阶段应融入节能理念,通过建筑整体体量和合理的建筑朝向,最大限度地利用日照和自然风,降低建筑对能源的消耗;在设计阶段,应从大量消耗能源、依靠机械系统营造室内环境向更多融合自然、充分利用各种被动的节能技术营造适宜的室内环境转变,降低建筑对不可再生能源的需求。例如充分考虑自然通风和自然采光,通过合理设计建筑形体,尽可能地利用自然通风;同时最大限度地利用日光解决建筑物照明的要求。在此基础上,采用主动式节能设计方法,通过合理设计扩大太阳能、风能、生物质能等可再生能源在建筑中的适用范围,尽可能将这些可再生能源转换为建筑物所需要的电、热和燃料,进一步减少建筑对不可再生能源的需求,降低建筑能耗。

英国为了促进低能耗社区的发展,专门构建了低能耗社区能源规划框架进行指导。制定社区能源的发展设想与战略,针对社区所在的不同城市区域,根据区域特征、建筑场地条件、新旧建筑类型比例、能源及资源的组合配置可行性和可再生能源利用方式选择等内容,制定不同的中远期社区能源利用规划方案(肖荣波等,2009)。

丹麦的希勒勒被规划为零 CO_2 社区,其中超过 7.8 万 m^2 生态住宅的能耗仅为当前能源高效标准的 1/4。项目采用综合的可再生资源产能,燃烧生物质能发电和供热产生 500 kW 热量。此外,还建设了 3 000 m^2 的太阳热能站,与区域供热网络连接,并采用了大量可再生资源技术作为补充,包括风能、太阳能光电、热泵和低能耗区域照明。而丹麦赫尔辛格及哥本哈根的瓦尔比新区,新建生态住宅的总能源消耗比普通标准减少了 30%,包括供热、热水、照明、通风和制冷(Concetro,2012)。

德国斯图加特的东芬得恩新区被规划为低能耗生态社区,包含了工作场地、居住区和绿色区域。电力和热能均通过木质燃烧联产站及 6.3 MW 生物质能联产单元供应,还建设了 200 m^2 的太阳热能站和屋顶太阳能光电板。总计 17.8 万 m^2 的新住宅和商业建筑 80% 的电力需求由可再生能源提供。而社区住宅均按照高能源效能标准建设,包括采用先进的通风设备,优化隔热、低温供热和制冷系统,并最大限度地利用自然光。规划还将建设公共能源管理系统,在社区中实现能源的供需平衡(Concetro,2012)。

法国里昂规划在三个大型新住宅街区实施能源高效及可再生能源的使用,包括共 620 户住宅和超过 1.5 万 m^2 办公建筑,实现传统能源消耗比标准实践降低 77%。项目采用多联产设备,包括约 800 m^2 太阳能光热板、1 800 m^2 光电板以及 3 个木质燃烧锅炉,以天然气作为备用。这些能源资源将提供该项目所有建筑的供热及热水需求,实现可持续能源资源占所有能源需求的 80%。而法国阿雅克修新建的生态建筑则通过采用多联产设备为办公建筑供热和制冷,利用太阳能为住宅供应热水以及支持通风系统运行,这些措施能使社区每年减少 4 000 吨 CO_2 排放,并节约 20% 的能源使用(Concetro,2012)。

除了在规划时采取节能设计之外,在建筑设计施工时也应进行充分的综合考虑:尽可能延长建筑物的寿命;采用尽可能少产生建筑垃圾及有利于提高建筑物质量和抗力的结构设计;尽量采用绿色环保、可再生和可循环再利用的建材;强化建筑工程的施工管理。通过在建筑设计及施工阶段进行科学监管、工序验收和材料预算,有效避免建筑材料的浪费。在施工回收阶段将建筑垃圾分类处理,并将其中可再利用、可循环材料回收和再利用。

赫尔辛基的生态维基社区规划标准规定,社区建设产生的建筑垃圾量不应超过 18 kg/m^2,比一般标准量少约 10%,对建筑垃圾进行了严格的分类规定,还要求开发商在项目建成时需提供废物量报告。统计数据表明,该施工管理措施成功减少了建筑垃圾产生量,而社区实际建设时的建筑垃圾产生量仅为 5~15 kg/m^2,低于规划的预计标准。在建筑垃圾再利用方面,循环利用的建筑垃圾不仅降低了现场清理费用,还能减少建材需求,许多国家对此进行了广泛的实践。英国格林威治千禧村社区,规划通过精密建设,尽可能使用预制材料,并实施建筑废物管理监控,减少现场废物量;通过土方平衡避免非污染土的移除等措施,实现建筑材料的循环利用率达到 80%(City of Helsinki,2005)。

综上所述,生态城市应引导新建建筑进行绿色建筑设计,达到较高的建筑节能标准,并基于自然生态条件,建设绿色节能社区。在建筑设计及施工阶段进行科学监管、工序验收和材料预算,对建筑材料的选取和使用进行审查控制,有效避免建筑材料的浪费,并促进循环利用,减少施工废物量。采用主动式节能设计方法,通过合理设计扩大太阳能、风能、生物质能等可再生能源在建筑中的适用范围,将可再生能源转换为建筑物所需的电、热和燃料,减少建筑对不可再生能源的需求,并进一步降低建筑能耗。

6.3.3 城市的资源管理及调控政策

1.城市综合能源监控

实施城市综合能源监控管理系统是提高城市综合能效的有效途径。通过对建筑能源数据进行详细监测,重点密切监测耗能较大建筑物的热、电、水消耗率的关键数据,并建立基于长期数据分析的能源消耗数据库,能够将不同节能技术及区域能源生产网络进行整合,更好地选择并实施各种节能减排策略,为管理街区能耗提供高效的解决方案。

在英国的米尔顿凯恩斯新城、意大利的托里诺以及荷兰阿珀尔多伦的查德布克新区,均采用综合能源监控系统管理当地能源供求,并建立能源消耗数据库,将所有不同的节能措施及区域能源生产网络联系起来,同时为居民提供能源消耗信息,极大地改善了该示范项目的可持续性(Concetro,2012)。

卢森堡的雷当恩通过分布式能源管理系统对能源供应网络进行重组,涉及当地能源公司及当地能源部门。通过新软件系统、培训,对不同能源网络进行调查和优化,安装和连接新的能源生产、存储和消耗单元,实现能源管理的综合转换。德国威勒巴赫也采用分散能源管理系统监控能源消耗,并以此管理路灯和公共建筑的能源供应(Concetro,2012)。

丹麦的希勒勒通过能源数据收集系统将每个住宅的能源使用信息收集到中央计算机中,并为其提出针对性的能源建议。瑞士的纳沙泰尔通过采用能源精明需求管理系统则使当地区域供热系统中的废水热能利用更加高效,该能源管理系统已在一所新医院及其他 50 栋建筑中实施。此外,法国的里昂、挪威的特隆赫姆、爱尔兰的索夫区域、波兰的索比册以及西班牙巴塞罗那的萨达纽拉新区也均采用能源综合监控管理系统提高当地能效(Concetro,2012)。

2.城市高峰负荷管理

除了降低整个城市的日常能源使用量,通过城市可持续能源管理,高峰负荷管理项目可满足电力供需平衡,稳定城市高峰时期的用电需求,可以减少城市能源的供给量并减轻电力输送网的负担。

纽约市通过增加负荷管理项目和实时定价来削减 25% 的高峰负荷。虽然减少日常能源消耗是实现 30% 的碳减排目标和节省整个城市能源开支的关键,但仍需采取特别措施来管理夏季高峰时期的能源负荷。纽约市通过智能电表来扩大高峰负荷管理项目的参与。在高峰负荷管理项目中,无论是通过使用较少的电力或是使用替代能源发电,客户签约同意在高峰时减少用电负荷,并将因此得到补贴。现有的客户可总共减少约 500 兆瓦或市内 4% 的高峰负荷电力需求。参与者都安装了智能电表系统监测其能源使用影响。为了应对电表安装费用昂贵等挑战,并鼓励更广泛地参与高峰负荷管理项目,纽约市政府规划在为所有建筑安装智能电表。据统计,这可以使市政府的市政建筑能源消耗在高峰期时下降 4%,总能耗减少 5%。纽约市还将支持在全市开展实时定价,并使消费者能通过收费差价相应地调整行为(The City of New York,2008)。

3.城市交通能耗管理

交通能耗也是城市能耗中的主要部分,并且交通中化石燃料的使用还严重影响了城市空气质量。可通过推广清洁汽车市场和车辆可再生燃料的使用,建设清洁燃料站和电动汽车的充电基础设施,升级和改造货车等措施,提高燃料使用效率,减少城市中的交通能耗及污染物排放。可采取经济激励手段,对使用清洁能源及可再生能源的企业和车辆提供经济补贴,对汽车燃油使用征收附加税,税款可用于补贴公共交通。

斯德哥尔摩公交部门所采用的交通能源将近 75% 是可再生能源,公交巴士则 100% 采用可再生能源。20 世纪 90 年代中期以来,还一直致力于增加清洁汽车市场的比例和可再生燃料车辆的使用,建设了大量电动汽车基础设施。而马尔默为减少公交巴士的废气排放,在城市公交车上采用了风力发电和氢能源。斯德哥尔摩皇家海港新区的可持续公共交通包括引入生物燃气公交巴士,提供电动车充电站(City of Stockholm,2009)。纽约则采用免税政策鼓励人们购买清洁汽车,提升旧柴油车性能,并同时提高城市校车、公交车、出租车和共享汽车的效率,来减少标准污染物和二氧化碳的排放。

4.城市静脉产业及有机废料管理

垃圾回收和再资源化利用等相关领域的产业,最早由日本学者形象地称为"静脉产业" (Venous Industry),意指承担垃圾收集运输、分解分类、资源化或最终处置等过程的产业。日本在城市发展策略中引入循环经济理论,通过推进分类收集,健全收运体系,发展静脉产业以及提高居民环保意识等措施的有效实施,实现了城市垃圾的减量化、无害化和资源化利用,实现了物质和能量的循环流动,减少环境资源消耗,并解决了有机垃圾过剩和资源短缺这两大难题(周岚等,2010)。

国际经验表明,鼓励静脉产业发展,垃圾分类与集中处理,不但可以提高资源回收利用率,还可以促进利用生物质能,提高能源转换效率,可有效降低化石燃料的消耗。应从源头上实现垃圾减量及精细化、资源化分类,除了废纸、废塑料等可回收物之外,应对有机垃圾和危险垃圾进行重点分离。危险垃圾应进行无害化处理,而生活有机垃圾应在当地进行生物处理降解产生沼气或干燥化后焚烧,为区域热电联产站提供生物质原料。

欧洲城市从源头上将城市废物分为四类:责任制的建筑垃圾、室内食物等有机物废弃物、室内的大件垃圾以及危险垃圾。有机废弃物转换成污泥作为农业肥料再利用,可燃垃圾转化为区域供热和电力,而报纸、玻璃、纸板、金属等所有可回收的材料被送到回收站,危险废物进行焚烧或回收利用。赫尔辛基的生态维基社区规定,家庭必须进行垃圾分类,社区生活垃圾产生量不得超过人均 160 kg/a,约是标准量的 80%(City of Helsinki,2005)。

丹麦在 20 世纪 80 年代颁布法律规定,垃圾制造者须支付垃圾填埋和焚烧处理税,哥本哈根于 1991 年通过了全面的城市生活垃圾监管制度,2001 年制定了城市固体垃圾 58% 回收、24% 焚烧、18% 填埋的目标。英国贝丁顿生态城则规定,社区垃圾 70% 回收,有机废物

66％～90％实现现场堆肥,废物填埋小于3％。厨房和花园废物已实现60％的回收堆肥,变成社区粮食种植的养分资源。社区还提供了白纸回收和再生服务,统计显示,纸张在来自办公室的商业废物中占了40％(Beatley,2000)。

5.节能减排的社会宣传活动

只有当社会各界人士意识到能源缺乏的紧迫性,并了解在日常工作和生活中实现节能的可能性及途径,才能实现城市的节能减排目标(秦波等,2011)。因此,政府部门和能源机构应该相互合作,通过定期发布能源消耗水平报告分析用户能源消费的最佳行为,为居民提供能源消耗信息,通过开展广泛的教育和培训进行生活节能引导,促使其改善能源使用习惯。在居住区中,实施分户计量收费方式,在建筑中安装智能电表及进行用电高峰的实时定价措施,并对超过用电及耗能限额部分实施阶梯价格。为家庭及工、商业提供建筑节能信息和技术的支持,包括技术咨询和培训等,采取经济补贴等财政手段,提高能源的使用效率及促进清洁能源的开发利用。可通过经济激励机制,对大量使用化石能源的企业征收高额的环境处理税(Concetro,2012)。

纽约市通过协作型节能教育、意识和培训宣传来提高能源效率措施的影响。因此纽约市能源效率管理局将开展广泛的教育、培训和质量控制项目以推广能源效率。在管理局成立之前,政府将通过系列活动来推行这些项目,例如针对不同行业提供专门的培训,包括开发商、制造商、设计师、零售商及能源服务机构等,以确保能够实施最有效的能源策略(The City of New York,2008)。

除此之外,还有多种形式的社会活动。例如法国里昂通过采取渐进步骤、企业合作、社会融合、培训活动以及社会监管,将社区层面上的经验融入政府能源策略咨询中。而在英国阿伯丁,则通过举行一系列年度活动,在社会中宣传气候变化意识,例如以减少塑料袋使用、家庭种树等内容为主题,使社会各界参与到保护和改善城市环境的行动中(Concetro,2012)。

6.4 新型高效的再生能源供应

现阶段能源紧张已经开始制约城市发展,在逐步改善城市发展与能源约束的关系中,除了节约化石能源使用,还应合理开发使用新能源,并最大限度地降低能源使用对环境造成的影响。扩大对可再生能源的依赖可以提供可靠的能源供给,减少温室气体的排放,并提高空气质量。而城市的能源战略和政策取决于不同的社会及地理背景,分布式能源及热电联产技术均适用于人口密度相对较高的地区,太阳能、生物质能及天然气普遍适用性较广,例如英国米尔顿凯恩斯新城采用太阳能光电板和地源热泵联合供能的燃气热电联产设备。西班牙Tudela采取综合的能源管理,关注改善能源效能及可再生能源替换,设计了一个包含风、太阳能光电板和热能的混合能源系统。水电及地源热泵取决于地区的自然资源,而风力发电更适用于城市郊区(Concetro,2012)。赫尔辛基在多个城市相关部门的协作下,实验性地采用了风力发电的路灯,而马尔默的Bo 01新区则利用区域边界上较高的建筑进行风力发电。以下主要分析案例中采用较多的能源供应技术(Foletta,2011)。

6.4.1 采用分布式再生能源供应

国际实践经验表明,采用分布式冷热电联产的区域能源供应网络及综合可再生能源系统,能够提高能源转换效率,高效地实现能源的梯级利用,降低污染物排放及稳定能源供应。可采用的分布式可再生能源包括太阳能光伏、小型风电、小水电、地热能、分布式储能、生物质能锅炉等。其中,太阳能及生物质能普遍适用性较广,还可融入城市的区域供热网络,并结合其他能源高效措施应用在多个领域;风电、水电及地热取决于地区的自然资源,较大型的风力发电适用于城市郊区;还可充分采用垃圾焚烧、工业余热等资源进行循环利用。应对区域可利用的可再生能源资源进行评估,并与区域建筑能源需求进行匹配,选用最具成本效益的可再生能源利用模式。促进以高效能源转换的多联产设备替换传统燃煤发电设备,及促进采用智能能源负荷管理技术提高系统的整体效能。

欧洲案例城市大量采用了区域供热网络及热电联产(CHP)技术,并已有了长期和较成熟的发展。在欧盟协奏曲项目(EU CONCERTO Programme)中,采用该技术的项目占总量近 2/3,是城市可持续发展的重要技术。分布式发电是位于或靠近消费源的微型电厂,由于能源传输距离短,因此能保留更多的能源,是一种更有效的能源生产方式。而清洁分布式发电可以用发电的余热制造热水,为建筑物供暖和制冷,因此通常被称为热电联产(CHP)或冷热电联产(CCHP)。其使用燃料的效率远远高于无热交换器的传统冷凝发电站,使用同样多的燃料,其可比老旧的传统发电厂生产多两倍的能源,因此特别环保高效,并可大量节省成本(Beatley,2000)。微型热电联产特别适用于工业和综合公共建筑体(例如,政府办公楼和医院),或作为社区内多个建筑物的“迷你电网”,也被称为“区域能源”,适用于为密集的周边建成区提供能源(Concetro,2012)。

区域供热系统是芬兰各地城市标准之一,也是赫尔辛基的主要供热来源。丹麦的热电联产和区域供热网络的扩建,很大程度上是国家的政府财政补贴和支持的结果。国家政府提供了一系列重大的投资补贴,并利用其绿色税收中的大量资金进行补助(丹麦能源局,1998)。德国汉诺威也积极采用区域供热进行地区供暖,虽然用于地区供暖的热电联产比例仅为 30％左右,但仍大比例高于全国平均水平的 12％。汉诺威 60％的电力由热电联产电厂产生,将生物垃圾处理厂及污水处理厂收集的甲烷用于发电,在 2005 年分别产生电力19.2 亿千瓦时及 9.9 亿千瓦时。马尔默的 Bo 01 新区则通过热泵系统区域地热进行加热和冷却。英国兰柏使用了太阳能光电及光热技术,并采用热电联产设备为新社区的供热系统提供电力和热能,以实现降低 25％的供热需求及 83％的 CO_2 排放的规划目标。规划的多联产设备结合了热电联产设计与智能负荷管理技术,提高了系统的整体效能(Concetro,2012)。

斯德哥尔摩关注于城市内自主的分布式能源生产,包括供电、区域供热和区域供冷,使城市在这一领域处于世界领先地位。50 多年前,斯德哥尔摩大胆地进行了分散式区域供热的基础设施建设项目。区域供热市场份额的增加及其供热生产的变化,是斯德哥尔摩的温室气体减排中最大贡献策略中的两个。如今的区域供热包括约 80％的可再生燃料或来自废物及余热的能源。区域供热系统满足了近 80％的斯德哥尔摩的总供热需求。区供热管网正不断扩大,目的是进一步提高城市中区域供热的比例。区域供热使用先进的污染控制和优化过程,减少了小型的老旧油锅炉的使用,燃油加热到区域供热的转换,自 1990 年以来减少了 593 000 吨的温室气体排放量。这同样也减少了危害健康物质的排放量,自 20 世纪 60 年代初以来,二氧化硫排放量减少了 95%(City of Stockholm,2009)。

除此之外,斯德哥尔摩区域供冷网络是世界上最大的同类网络,几乎涵盖整个斯德哥尔摩市中心。来自湖泊和海的冷水被用以实现区域冷却。该工艺采用热泵从海水或废水中提取能量产生冷却效果。在斯德哥尔摩的区域供冷系统的使用,每年减少约 5 万吨的二氧化碳排放量。相同的热泵可根据季节的需要用于区域供冷或区域供热。通过大量的供热设备以及食物产业,区域供热在工作场所内产生了最大的效益。区域供冷同样取代了效率较低的小型独立冷却厂(City of Stockholm,2009)。

当哈马碧新城建设完成时,居民自身将生产所需能源燃料中的 50%,经过处理的废水和生活垃圾将被能源设备转换成供热、冷却和电源。哈马碧新城热电联产电厂使用家庭生活废弃物作为能量源(燃料),用以生产区域供热和电力,以节约资源。污水处理厂废水的余热经过热力转换,则成为当地热能厂区域供热所需的燃料。而处理后的废水经由热泵冷却,还可以被哈马碧热能厂所利用——其中的废冷作为纯粹的废弃产品,可以用于冷却哈马碧新城中区域供冷网络中的循环水(Concetro,2012)。

但这种技术并不总能与现有的电网兼容。纽约市政府与电力公司及有关机构合作,减少与资金、技术和程序性有关的并网障碍,目标是到 2030 年实现最低 800 兆瓦的清洁分布式发电。与此同时,在政府促进下,电力公司对城市内部多个区域能源项目的经济和技术可行性进行更详细的分析,如果研究可行,则将落实区域能源规划。此外,通过建筑规范规定对大于 350 000 平方英尺的新开发建筑完成热电联供并经经济可行性分析,帮助业主了解热电联产的优点,加快纽约市热电联产市场的转型(The City of New York,2008)。

6.4.2 利用太阳能光热光电技术

欧洲许多城市的太阳能利用已被广泛引导向技术和公共政策方向,甚至通过提供政府补贴积极推动社区及建筑广泛利用太阳能,用以提供建筑照明、生活热水和空调能源等。在欧盟协奏曲项目中,采用太阳能光热及光电技术的项目数量占总量的近 2/3,两项技术的使用数量相当,而同时使用两项技术的案例数量则占了近 1/3。

在德国、荷兰等欧洲国家太阳能利用已普遍纳入新建设和重建项目中。在德国,内卡苏尔姆自 2004 年起,采用了德国密度最高的太阳能光热和光伏系统(平均每名居民拥有 0.35 m^2 光热板及 114 W 光电板)。实施能源保护和生态能源供应计划,并设立能源部门为人们提供能源节约措施。太阳能光热系统与地下大容量存储设备连接,900 户住宅的 50% 的供热需求由太阳能供应。采用有机郎肯循环的联合发电站,并与一个 6 MW 的木质燃烧炉一起成为中央供热站,预计 CO_2 减排约 55%。汉诺威规划安装了德国最大的太阳能装置,而威勒巴赫则建设了 2.5 MW 的太阳能电站,居民住宅的太阳能电板可产能 1 MW (Concetro,2012)。

在奥地利,萨尔茨堡的雷亨新区规划了占地 2 000 m^2 的大规模太阳能热电厂。通过光热设备产能将会与新旧建筑中的太阳能板产能结合。除了提供照明和空调能源,太阳能还融入城市的区域供热网络,基于太阳能网络建设一个热泵,可实现更多的热转换,增加该太阳能厂的效能。太阳能策略还结合了大范围的能源高效措施,如低能耗住宅设计以及交通管理、绿地规划等。奥地利瓦兹和格来斯多夫两个镇拥有奥地利最高密度的太阳能光热和光电系统,规划以此降低温室气体的排放量。规划在 70 户住宅安装太阳能集热器,并建设一个燃烧木质燃料的区域供热系统,许多家庭通过采用了太阳能和生物质能结合的方式实现了 100% 使用可再生能源资源。而图尔恩政府则鼓励并支持私人安装太阳能集热器(Concetro,2012)。

德国弗莱堡的沃邦新区是一个高效节能社区,其整体电力和加热/冷却消耗是 65 kW·h/(m²·a),住宅的平均电能及加热/冷却消耗是 120 kWh/(m²·a)。沃邦大量设计了被动式太阳能建筑,采用光伏发电和太阳能供暖系统,以及智能通风和热捕获设备,并充分利用阳光和自然风。建筑安装太阳能集热器用于提供温水和供热,利用光伏电池和太阳能集热器的盈余产生 36 kWh/(m²·a),光伏技术产生 115 kWh/(m²·a)。沃邦光伏发电的经济效益为 0.4 EUR/[kWh/(m²·a)],可用于补贴整个光伏技术的成本。此外,社区中的太阳能车库也是许多住宅用电的来源(Concetro,2012)。

在法国,南特规划广泛采用太阳能光热、光电及热泵系统,结合停车场及购物中心建设法国最大的太阳能光电站,而阿雅克修的住宅通过利用太阳能供应热水和通风系统,节约了 20% 的能耗。西班牙案例城市建设了大量的太阳能设备,巴塞罗那的萨达纽拉新区建设了一个 2 000 m² 的太阳能集热场,而在图德拉则安装了 4 000 m² 的太阳能光电设备、2 000 m² 的太阳能集热器。而在意大利托里诺,在 11 个社会住宅街区屋顶安装的太阳能光电集热器总容量为 170 kW,是意大利城市地区最大规模的太阳能利用区之一。丹麦希勒勒也大量投资太阳能,3 000 m² 的太阳热能站将与区域供热网络连接(Concetro,2012)。

赫尔辛基的生态维基社区通过采用太阳能集热器供暖,能够满足每年三分之一的家用热水能源需求。瑞典哈马碧新城对燃料电池、太阳能电池以及太阳能电池板等的太阳能利用新技术进行了实验,在多处建筑外墙和屋顶安装了太阳能电池板。在马尔默的 Bo 01 新区,建筑中同样大量采用了太阳能集热器和太阳能电池(Concetro,2012)。

6.4.3 利用多种生物质能源技术

在欧盟协奏曲项目中,采用生物质能源技术的项目数量超过了总量的 2/3,采用的具体燃料包括多种类型,除生活有机垃圾之外,城市可利用的生物质原料还包括木质燃料、沼气、农业及城市园林废料等。德国汉诺威对 8 个不同的能源投资和运营模式的比较结果显示,木质颗粒式燃烧锅炉是最高效且环保的利用模式,在供暖高峰期,木质颗粒锅炉与其他供能模式的结合使用可减少投资成本,同时可保证技术和经济可靠性,并能极大地减少温室气体的排放量。而燃烧沼气、农业和城市废料的主要优势在于能够同时降低剩余营养物释放到土地和地表水中,特别是磷和氮。合理且环保地燃烧固体废料能够大量削减成本,解决垃圾填埋场日益不足的问题,成为处理不可再利用垃圾的主要方式(Concetro,2012)。

1.燃烧木质燃料

汉诺威在城市四个地区进行可再生能源系统的高效能示范,实现目标包括:全年 80% 的供暖与热水需求由燃烧木质颗粒满足;250 kW 的新燃油锅炉作为后备,满足高峰期与夏季的需求(能源需求多 20%);通过实施更有效的供暖系统,降低 6.5% 的能源成本;实现

CO_2 排放量减少 245 万吨/年；安装控制系统进行监控，预计节能每年可达 950 兆瓦时。在 2005 年，汉诺威的可再生能源供暖约 9 740 MW·h，其中木材燃料大概占据约 3/4，太阳能占大约 1/4。之后还规划替换了五个效率较低的大型燃油锅炉，在 2007 年开始使用新木质燃料供暖锅炉后，石油消费量显著减少，每年有超过 50% 的石油消耗被木质颗粒弥补，年供暖成本降低约 10%，CO_2 的排放量每年相应减少约 100 吨。此外，规划还积极改造公共建筑的供暖系统并将其连接到现有的区域供热网络中，由专门的木材能源中心供应木材燃料。在德国威勒巴赫，规划建设的 2.2 MW 生物质能联产站与风能、太阳能结合，一个当地公司将在区域中收集木片及废弃植物油作为该联产站的燃料。在斯图加特的东芬得恩新区，木材热电厂输出为 6 MW，为新区提供主要的能源供应，该厂每年可满足容纳一万人口的住宅区 80% 的供暖需求和约 50% 的电力需求(Concetro,2012)。

赫尔辛基的生态维基社区采用木质颗粒燃烧锅炉和地热能源供暖。社区位于森林山区，可从木工厂获得原料。此外还有两种供热系统可供选择：一种是中央生物质能供热站，与区域供热管网连接；另一种是分季节的供应方式，夏天通过中央燃气热电联产站，在冬天则通过被动式房屋的分散式供热系统供应(City of Helsinki,2005)。

2.燃烧沼气

有机废物或生物质加以有效利用后，可以提供丰富的能量来源，生产多达 450 MW 的电力，或相当于一个中等规模的电厂。如处理不当，将产生大量沼气显著增加温室气体排放，因为甲烷是比 CO_2 强劲 21 倍的温室气体。

在荷兰，阿珀尔多伦规划的查德布克新区的目标是将在 2020 年实现碳中和，其主要的可再生能源是利用污水处理中的污泥产生沼气，从而为一个 1.5 MW 电力输出的热电联产站供能，为区域供热系统提供电力和热能。该生物质能与 1 000 个太阳能光电集热器一起，将显著减少由社区化石能源使用产生的 CO_2。阿姆斯特丹西部新区规划建设的一个新沼气站，把废物转变成能源，通过连接区域供热系统，使废物的能源转换效率从 50% 增加到 90%，并将减少甲烷的排放量。而阿尔梅勒建设的基于生物质能和太阳能的热电联产设备将为 1 000 栋住宅供应 100% 的电力和 80% 的热能(Concetro,2012)。

丹麦的马布里尔规划建成世界最大的生物能源站，燃烧农业废料，并将此用于热电联产站，供热输出应足够为 1.05 万栋建筑供能。每年的沼气产量将接近 1 800 万 m³ 或 128 500 MW·h。该项目的主要优势在于能够避免剩余营养物释放到土地和地表水中，特别是磷和氮。通过切断这些释放，并利用农业废品产生能源，将使项目周边地区变得更可持续。奥地利图尔恩安装使用生物油的废热发电装置，通过利用周边农业资源，区域产生的生物燃料用于拖拉机和农用车，也将用于生产热力和电力(Concetro,2012)。

捷克的兹林在公共废物站建立了沼气联产厂，有机废物将有约 3.2 kW·h/kg 的热价值，通过燃烧，该沼气厂每年将产能 2.88 GW·h。规划还广泛进行了能源检查计划及能源高效示范活动。卢森堡雷当恩进行了区域生物质能的总体规划，建设四个沼气热电联产站，采用农业废料、家庭废物和能源作物，之后还将尝试采用木屑。法国南特采用垃圾焚烧的区域供热，为 16 500 户住宅提供能源，并以生物质能站功能的区域网络供应新建筑建设的供热及热水(Concetro,2012)。

奥地利林茨太阳城在 20 世纪 90 年代初被规划作为一个生态友好型的城市新住宅区，以沼气和植物油为燃料的可再生能源热电厂为其提供电力供给，而区域供热网络则提供了所有建筑物的供热需求。规划强调闭合循环系统,将有机废物和污水产生的沼气重新用于发电。林茨太阳城热电联产式的区域供热每年可提供区域能源消耗量的约 17%,且能实现供热材料利用率超过 85%(Linz,2009)。

3.燃烧固体废料

20 世纪 70 年代,随着西方城市中的现代固体废弃物危机开始显现,城市管理者开始期待将焚烧变为"收集填埋"的低成本替代方法。简单的垃圾焚烧,其燃烧废弃物以气体和固体的形态会产生具有潜在危险的自身残留物,虽然目前对垃圾焚烧存在不同认识,但数据表明垃圾焚烧发电仍然是当今世界上生活垃圾处理的最主要方式。数据显示,在日本、新加坡、瑞士等人口密度高的国家,垃圾焚烧的比例高达 75%~85%(姜华等,2008)。即使没有任何能源收益,焚烧仍然能够大量削减成本,相对于填埋制气方式而言,其占地更少且污染相对可控,可解决垃圾填埋场日益不足的问题,是人多地少地区城市垃圾处理的方向和趋势。

如果能够有效地掌控垃圾燃烧的能源潜力,焚化处理的经济性将得到提高。自 2005 年起,德国逐渐利用垃圾焚烧的方式处理城市垃圾并以此产生电力。汉诺威的垃圾焚化厂于 2005 年投入使用,其最大荷载为每年 28 万吨(约为汉诺威地区产生的废物量),可产生高达 200 亿 kW·h/a 的电力,其中 2005 年约 33 亿千瓦时输送到汉诺威(Concetro,2012)。

6.5　总结

本章介绍了国际生态城市案例在能源系统方面的主流实践经验,主要观点归纳如下:

1.应设定国家层面的能源发展战略目标,并构建能源法律体系。从供电、供热、可再生能源、建筑节能、工业节能等角度制定详细的政策引导,为能源战略目标的实现提供有效的法律保障及实施途径。应制定城市应对气候变化的综合行动计划,确定城市气候应对及减排目标,应包括以下方面:建筑和能源;城市格局和交通;消费和固体废物;城市林业和自然生态系统;粮食和农业;社区参与气候变化的准备;当地政府管理。实施措施包括:减少空气污染;提高建筑物能源效率;提高城市发电效率;经济化推广太阳能,采用生物燃料发动机、风力发电和燃料电池车辆;采用节能电器设备;扩大资源回收;改善交通,防止城市扩张和交通堵塞等。同时,应注重政府政策与市场机制的有机结合。

2.应分析评估城市的能源供给现状和未来的能源消耗增长需求。研究城市各子系统的能源消耗状况和比例,调整城市中不合理的能源消耗并逐步引入可再生能源,重构城市能源结构体系,实现城市的可持续循环代谢平衡,实现减少温室气体排放、节约能源并提高能效以及促进可再生能源应用的核心目标。成立由包括政府部门、开发商、能源机构和高校在内的多方人员共同组成的城市能源机构,负责协调能源项目的实施,促进优化能源使用及可持续能源生产。在实施中应引入多元化的讨论和反馈机制,对减排进程进行监控和评估,并制定具体的实施计划。

3.应重点优化工业生产及交通运输的能源结构,逐步以可再生能源替代传统化石能源。通过推广清洁汽车和车辆可再生燃料的使用及提供经济补贴、建设清洁燃料站及电动汽车的充电基础设施等措施,减少化石燃料使用、温室气体及污染物的排放。在建筑中安装智能电表及实施用电高峰定价措施,稳定城市高峰时期的用电需求,减少城市能源的供给峰值量并减轻电力输送网的负担。与此同时,实行城市综合能源监控系统管理。通过建立基于长期能源数据监测、分析的能耗数据库,整合不同节能技术及区域能源生产网络,为管理街区能耗提供解决方案。通过定期发布能源消耗水平报告,为居民提供能源消耗信息并促使其改善能源使用习惯。

4.应采用分布式冷热电联产的区域能源供应网络,替换传统燃煤发电设备,提高能源转换效率,高效地实现能源的梯级利用,降低污染物排放,保障稳定的能源供应。该能源供应网络适用于密集建成区、社区、工业和综合公共建筑体中。采用分布式综合可再生能源系统,应对区域可利用的可再生能源资源进行评估,并与区域建筑能源需求进行匹配,选用最具成本效益的可再生能源利用模式。其中,太阳能及生物质能普遍适用性较广,还可融入城市的区域供热网络,并结合其他能源高效措施应用在多个领域,因此应推动社区及建筑广泛利用太阳能及生物质能。同时,应促进采用智能能源负荷管理技术提高系统的整体效能。

5.应积极发展城市静脉产业,实现垃圾的源头减量化、本地无害化处理和精细化、资源化分类再利用。应利用有机垃圾为区域热电联产站提供生物质原料,促进利用生物质能,并提高转换效率。此外,还可利用生物质原料如木质燃料、沼气、农业及城市园林废料等。据研究,木质颗粒式燃烧锅炉最高效且环保,而燃烧沼气、农业和城市废料则能够减少剩余营养物释放到土地和地表水中。

6.应引导新建建筑进行绿色建筑设计,满足高节能标准,并基于自然生态条件建设低能耗社区。在规划阶段,应融入节能理念对建筑物进行规划设计;在设计阶段,利用各种被动的节能技术营造适宜的室内环境,降低建筑对不可再生能源的需求,同时,采用主动式节能设计方法,扩大可再生能源在建筑中的适用范围,并进一步降低建筑能耗。在建筑设计及施工阶段进行科学监管、工序验收和材料预算,对建筑材料的选取和使用进行审查控制。

7.应积极进行既有建筑及社区的节能改造。应对不同建筑节能改造技术在当地所产生的不同能效进行评估,实施最具成本效益的节能改造措施。通过改善建筑外形及优化隔热处理,改进建筑隔热水平;通过采用高效节能设备及能耗计量等技术,控制建筑的最高用电量、供热及制冷能耗量;通过使用太阳能及生物质能,优化能源使用结构,同时实现本地式垃圾处理及本地式可再生能源供应。除此以外,政府部门和能源机构应相互合作,为家庭、商业和工业的建筑节能提供相关信息、技术支持以及咨询和培训服务。

第 **7** 章

国际实践启示及基于中外对比的
中国实践导引

7.1 国际生态城市案例研究对中国的启示

近年来,在中国生态城市规划建设中也开始逐渐重视对国际案例的经验借鉴,但大量文献研究的国际案例重复转引率较高,而中国各地的生态城市建设也大多借鉴了相同的少数案例,总体而言都在特定的范围内,存在普遍的片面性和盲目性。而实际上,国际案例数量远远超过中国研究普遍认知的范围,并各具特点。

7.1.1 不同规模案例的实施策略不同

综合研究国际案例的类型分类及其规划实践的策略运用可以看出,不同规模的实践案例所实施的规划目的及实施策略各有不同。

100万人以上的案例,以对既有城市的改造居多,主要着重于大尺度城市形态格局的形成,重视城市与区域生态网络的构建,控制城市蔓延,完善城市综合公共交通的布线与换乘系统,建设城市综合轨道枢纽,进行旧城更新,复兴城市中心并进行城市内部棕地的再利用,制定城市供水战略、气候变化行动计划及综合能源规划,控制城市交通及工业引起的大气污染等。

10万~100万人的案例,既有对现有城市的改造,也常见于城郊新区的扩建,主要着重于规划形成依托公交的紧凑组团,实现建成区与自然区域的融合,建立改善城市微气候的城市格局,基于公交易达性分布城市功能,实现职住平衡及土地混合利用,形成小网格的城市结构,规划高覆盖的慢行交通网络,实现城市综合水循环及能源管理,形成分布式冷热电联产区域功能网络等。

　　1 万～10 万人的案例,以城郊新区的扩建居多,也有对城市内部社区的改造,主要着重于控制开发强度和建设密度,进行旧工业用地的治理和重建,围绕公交枢纽的混合利用,实现社会人口结构的平衡,公共交通与慢行交通的融合,步行尺度的城市街道空间营造,设计城市自然化的开放空间,完善城市生态功能,进行城市雨洪改造,进行本地式可持续能源的生产及利用,实现本地式有机废料的生物质能利用,进行绿色建筑及低能耗社区设计等。

　　而 1 万人以下的案例,主要为针对城市社区的改造及建设,也有对城市内部混合用地的综合再开发,主要关注于多类型住宅及步行可达的社区服务设施设计,注重慢行交通网络、小型办公空间设计,优化机动交通的组织及慢行交通系统,进行城市场所空间设计,建设生态基础设施及社区农业,进行综合雨洪景观设计,控制水资源及能源消耗,进行绿色建筑设计及既有建筑的节能改造等。

7.1.2 不同类型案例的实施策略不同

　　综合研究国际案例的类型分类及其规划实践的策略运用,结果表明,不同类型的实践案例所运用规划的目的及实施策略也各有不同。

　　城市改造项目,主要关注于城市生态网络的修复,城市发展边界的增长控制,城市棕地的治理及再开发,公共交通系统的完善,城市机动道路系统及机动交通控制措施的优化,开放空间系统及其生态功能的改造,城市能源结构及水资源利用的优化,城市既有建筑的节能改造等。

　　而新区扩建项目和新城建设项目,则主要关注于控制发展规模,依托公交枢纽的复合性混合利用开发,城市功能的合理构建及分布,综合公交网络的一体化设计,城市慢行交通及慢行空间网络的整体设计,城市农业景观的营造,综合可再生能源规划,进行绿色建筑及低能耗社区设计等。

7.1.3 对国际案例经验借鉴的解析

　　研究发现,国际生态城市案例经验对中国生态城市实践具有很强的推动作用,然而中国在对国际实践经验的借鉴研究中存在一定的偏差。国际案例中最常被引用的是库里蒂巴、弗莱堡、伯克利、克利夫兰、阿德莱德、怀塔克尔、怀阿拉、哈利法克斯等(邹涛,2009)。然而,这些常用案例多见于 20 世纪 90 年代最早被引入和认知的部分,引用率高大多是由于中文文献之间的相互参考,因此叙述内容相近,而对于具体案例在规划实施中的进展如何则并未进行跟踪研究和论述。

　　通过对这些案例的规划进展进行深入研究,并与其他案例进行比较发现,这些最经常被国内研究和实践所借鉴的案例并不能代表最主流的生态城市规划理念及规划策略的运用。相反地,有些案例甚至在案例库中属于不建议借鉴的非典型案例。例如,伯克利、阿德莱德、怀塔克尔、怀阿拉、哈利法克斯这些案例,均为概念规划,并未曾进行规划实践,不具有实践策略上的借鉴意义。而同样被广泛引用的马斯达尔则属于高技高耗资项目,虽然进行了大量高技能技术的应用并投入了大量资金,但在规划实践中发现并无法实现预期的"零碳"目标,而有些环境可持续项目也已被取消,实际资金投入远大于预期,而其预计完成时间也推迟了 5～10 年。

由于国际经验特点各异,借鉴时需系统地考虑案例的规模及类型特征,如熟知的哈马碧新城、埃朗根等案例的规模才不足 10 万人,因此其所采用的部分规划技术并不适用于某些大规模的中国实践中。与此同时,在借鉴国际实践经验时,不应只借鉴所采用的技术层面经验,而是应全面地借鉴社会及实施层面的经验,具体包括:生态城市规划目标的制定;城市规划与生态城市理念的整合策略;具体生态城市规划措施的选取及实施;城市配套管理政策的制定;城市经济政策的辅助;对城市居民等社会行为的引导等。

总而言之,不同规模及不同类型的案例所采用的实施策略均各有差别,不应盲目地借鉴。与此同时,国际案例中的非典型案例在发展目的、技术运用等方面具有很强的特殊性,其规划策略也不适合推广。中国实践在借鉴国际案例经验时应基于调查比较,结合国情实际,借鉴主流、有针对性的国际实践经验。

7.2 对比研究下中国生态城市实践概述

据研究,中国到 2050 年的城镇化水平将从现在的 45% 提高到 70%～75%,争取到 2035 年实现温室气体排放的"零增长",到 2040 年实现能源消耗的"零增长"(李迅等,2010)。当前,越来越多的中国城市加入到低碳生态城市建设的实践中,民众的认知、规划建设模式的形成、示范建设的引领、实践探索的深入等都推动着中国低碳生态城市的发展。因此,如何将国际实践经验的关键策略用以指导中国实践,中外实践在探索中存在什么共同点和差距,是本章想要阐述及回答的核心问题,也是本书研究成果的主要体现。

7.2.1 以中国权威研究报告作为对比源

在住房和城乡建设部及"中国可持续能源项目"的支持下,中国城市科学研究会于 2007 年开始组织国内多家权威研究机构及高校共同进行"中国低碳生态城市发展战略"课题研究,于 2009 年出版了《中国低碳生态城市发展战略》[①],详细全面总结了中国低碳生态城市规划及建设的各方面研究进展,代表了中国学术界的研究前沿水准(中国城市科学研究会,2009)。

此后,中国城市科学研究会生态城市研究专业委员会联合相关领域的专家学者,开展了

---

① 课题包括主报告《中国低碳生态城市发展战略》和十个分报告,分报告包括中国城市化战略的低碳之路、基于主题功能区的中国区域和城市发展战略研究、可持续城市的规划策略研究、中国城市化发展中的公共治理与政府职能转变研究、生态城市规划原则与国际经验、中国城市化进程中的环境问题及环境管理研究、中国绿色建筑发展战略研究、中国城市可持续发展背景下的工业发展道路研究、中国公共交通引导城市发展策略研究、BRT 规划设计导则(中国城市科学研究会,2009)。

多项低碳生态城市相关课题研究,并通过专家约稿、专家访谈、问卷调查、学术交流等形式,自 2010 年起至今连续组织编写出版了年度权威性研究报告——《中国低碳生态城市发展报告 2010》以及 2011 至 2015 版。每版报告均对上一年度的中国低碳生态城市发展的理论、技术、实践等进行了较全面的梳理和阐述,总结了中国低碳生态城市在政策指引、学术支持、技术发展和实践探索四个层面的发展情况,提出低碳城市的实施挑战与发展趋势。报告基于对中国低碳生态城市的基础理论和发展未来的系统梳理和思考,对指导中国实践的方法与技术进行了深入探讨,从方法论的角度提出低碳生态城市规划和建设中的应用技术体系,并介绍了中国典型城市低碳生态专项实践,对全国 287 个地级市的城市生态宜居发展指数进行每年度的评估及分析(中国城市科学研究会,2010—2015)。

由于中国城市科学研究会及所联合的机构、专家学者组成的编写组代表了中国学术界的权威,并且积累了最全面的中国低碳生态城市实践数据,对中国实践具有切实的指导意义,可以说其研究报告最好地代表了中国研究的前沿水平。因此,本章中外对比的中国部分研究主要参考了中国城市科学研究会自 2009 年以来组织编写的"中国低碳生态城市发展战略"课题成果及《中国低碳生态城市发展报告》的 2010 年至 2015 年六版年度报告。

7.2.2 中国生态城市研究进展概述

中国城市科学研究会(2009)指出,中国低碳生态城市的发展应该在适应中国快速城镇化趋势要求的同时,将实现可持续发展最大化。研究指出,在国家战略层面,应从生态环境条件和容量出发,按照四类主体功能区的分类,即优化开发区、重点开发区、限制开发区和禁止开发区,制定区域和城市的基本发展原则;在区域规划层面,以主体功能区分类为基础,完善区域政策并以此确定城市发展方向;在城市规划层面,进行合理的开发选址,并采取不同政策引导不同的分区建设;在社区和个体层面,逐步开展低碳城市发展试点推广。

根据住房和城乡建设部 2011 年发布的《住房和城乡建设部低碳生态试点城(镇)申报管理暂行办法》及中国城市科学研究会(2009—2015)研究提出的试点建设及生态城市规划的原则和策略,主要包括:(1)新建城镇(新区)规划建设控制范围原则上应在 3 km² 以上,不占用或少占用耕地。与中心城区距离不宜大于 30 km,在 100 km 范围内应有可依托的大城市,同时靠近高速公路、铁路或轨道交通站点,已有或已规划的对外交通应符合绿色交通原则。(2)紧凑的用地模式,建成区人口密度必须大于 1 万人/km²。(3)以短路径出行为目标的有效土地混合使用,减少长距离的工作出行。(4)适合行人与自行车使用的地块尺度。(5)以公共交通的可达性水平来确定开发强度。(6)通过绿环或绿带边界调整城市增长方式,控制城市的无序扩张。(7)优化城市规模,规模较大城市的运行效率更高,更有利于节约土地资源及集约利用水资源,还可发展城市群,促进中小城市提升功能。(8)鼓励旧区改造及旧建筑利用,延长现有建筑材料的使用周期,对拆除后的废弃物进行资源化处理和再利用。(9)绿色交通优先,市民出行中步行、自行车与公共交通的使用比例大于 65%。(10)整治受环境污染影响的废弃场地,对场地上不良地表状况进行生态化改造,提高城市土地利用效率。(11)通过城市生态廊道及绿地开放空间设计,保护生物多样性和城市的生物栖息地。(12)绿色建筑所占比例不少于 80%。(13)可再生能源利用所占比例不少于 20%。(14)拒绝高能耗水耗、高温室气体及污染排放的工业项目。(15)形成健全的领导与组织协调机构,有资金与制度的支持,改变以 GDP 为核心的政绩考核指标体系,引入资源、能源节约和生态环境保护的指标,使对城市政府的政治激励转向节约资源、保护环境、促进社会和谐方面。

7.3 中外实践对比的生态城市规划导引

以下以生态城市规划及政策导引表的形式(表7.1～表7.33),对土地利用、交通系统、景观生态与水系统、能源系统四部分规划内容提出指导中国生态城市实践的规划及政策导引,包括基于国际实践经验总结出的生态城市可达成的规划目的以及对应的具体规划技术导引、城市管理政策、经济辅助政策和社会行为引导要素分析。然而,由于中国规划实施体系具有空间分层的特性,因此为了能实现对中国生态建设的切实引导,又将规划目的进一步进行"本土化"的空间分层分类,根据空间尺度从大到小共分为四类:区域及多组团大型城市、中小型城市及单个组团、街区及地块,以此对应中国规划体系中的城市总体规划、详细规划及土地开发的不同规划尺度及实施时序。

规划技术框架下的生态城市规划目的,是将生态城市实践原则及目标体系在规划语境下进行的具体解析,而不同空间层面的规划目的将可能共同复合体现出相同的一个或多个生态城市目标,例如在交通规划导引中(表7.13),区域层面的"优先公交投资并实现区域层面的 TOD 规划"及中小型城市层面的"规划高覆盖、层次清晰的城市公交网络",这两个规划目的共同体现了目标体系中的"F1.公共交通导向型发展、J1.实现良好的空间可达性、L1.倡导可持续的生活方式"这三个目标。导引表中按照不同规划目的对此也进行了总结分析。

基于权威研究报告的中国生态城市实践研究进展,与国际实践经验总结作比照研究,可以更清晰地了解中外生态城市研究之间的差距,从而能够更好地理解和进行中国实践的引导,在导引表中以标识区分表示研究的异同点。而造成中外差异的原因主要可以概括为以下两个方面:一是中外国情存在差异,中外经济发展及城市化水平的不同,导致城市发展的推动力及用地开发需求有所区别;二是中国仍缺乏部分理念认识,而影响某些生态城市规划目的的实现及具体规划技术策略和相关政策措施的运用。

7.3.1 土地利用规划的实践导引

表 7.1　生态城市土地利用的规划及政策导引 12-1[①]

土地利用-1	空间尺度			
	区域及多组团大型城市	中小型城市及单个组团	街区	地块
可达成的规划目的	★形成"集中分散化"的多组团城市结构	—	—	—
实践中的生态城市目标复合运用	A1.城市与自然取得平衡,成为自然的一部分。M1.形成明确的本地支柱产业及大量小型创新产业。M2.促进环保经济			
具体规划技术导引	依托快速稳定的公共交通系统连接,以融合自然的多中心城镇体系,替代单中心无限增长的城市发展模式,形成更紧凑的城市组团形态,改善集中化城市的内部环境,并缓解对区域生态环境造成的压力。实现各中心之间的协调发展与紧密联系。但应控制组团规模及用地布局,避免形成大范围的单一功能产业园			
城市管理政策	适度分散过度集中的中心城区资源,将大型企业等新兴的增长型产业引导到选址于城市周边的组团中,形成具有必需关键性城市功能块、高度专业化的服务及大规模的专业市场的多中心组团的支柱产业网络。鼓励环保型产业、小型创新产业的发展			
相应经济政策	给予环保型产业、小型创新产业以经济补助等优惠政策			
社会行为引导的要素	鼓励小型企业的形成及发展。			

中外对比解析-01:城市多组团发展模式在中国尚未广泛采用,具有两方面原因:一是长期经济发展形成的大城市,在早期经济膨胀先于规划,已形成集中式的单核心模式;二是经济发展尚未形成足够规模的地区,大多仍遵循将资源集中化以提升城市竞争力的发展观念,以中心城区的建设规模、人口集聚程度作为衡量城市发展的标准,而当地经济资源和人口资源也尚未达到组团分散的迫切需求。中国城市之间尚未实现区域层面整体的土地规划和产业发展的协调,因此缺乏城市产业间的相互整合和促进。

---

①　表格说明:a.在"可达成的规划目的"一栏中,★代表"缺失",即国际生态城市实践中已广泛落实的主流规划理念及策略,在中国生态城市实践中并未体现;*代表该理念在中国规划专项的可持续研究中有所体现(多见于对国际案例经验介绍的文献),但生态城市实践引导中缺项;无标识代表"同",即中外生态城市规划研究的共同点。b.在"具体规划技术导引""城市管理政策""相应经济政策"及"社会行为引导的要素"中,下画线表示在国际生态城市实践中已广泛采用的主流策略,而在中国生态城市实践中并未体现,或存在差异;无标识表示中外研究的共同点。

表 7.2 生态城市土地利用的规划及政策导引 12-2[①]

土地利用-2	空间尺度			
	区域及多组团大型城市	中小型城市及单个组团	街区	地块
可达成的规划目的	★制定多组团空间发展的生态边界*	制定单组团发展的增长边界*	—	—
实践中的生态城市目标复合运用	B2.保护生物栖息地的生态功能及生物多样性。K2.社会、政治及商业活动与开发都受生态环境现状的制约			
具体规划技术导引	以绿楔作为城市发展用地的空间边界与发展限制,避免城市蔓延。通过综合的土地利用政策,将城、乡二者的可持续发展进行协调综合考虑,在城市和农村之间设置明确的物理空间边界,并非将城市和农村的发展问题分开看待,相反地是对农村地区重要性的充分重视。将新的城市发展引导到现有建成区范围内进行土地重建和再开发,以用地的生态适宜性和敏感性为规划控制基础,重视对自然生物区生物栖息地的保护,实现城市空间扩张对自然的最小侵扰			
城市管理政策	严格界定城市增长边界并实施边界地区的增长管理。立法保护和管理城市周边的农村及自然地区			
相应经济政策	—			
社会行为引导的要素	倡导对区域生态系统及生物多样性以及农田和自然地区的保护			

中外对比解析-02:虽然中国研究提出应基于生态容量进行城市发展的理念,也已在 2015 年提出需对大城市发展进行空间边界控制,但与欧洲城市普遍强有力的城市边界控制的规划立法和规划管理仍存在一定的实践差距。这是因为中国现有的城市化发展程度及城市的建成区范围仍无法满足经济发展和城市建设的需求,不得不占用部分城市周边的自然用地。但国际经验值得借鉴的是,应重视对区域生态格局及农田和农村土地的保护,以此为前提合理选定城市建设发展的区域及范围,防止城市蔓延及城市各组团间的合并趋势,逐步改变城市"摊大饼"的空间结构。

表 7.3 生态城市土地利用的规划及政策导引 12-3[②]

土地利用-3	空间尺度			
	区域及多组团大型城市	中小型城市及单个组团	街区	地块
可达成的规划目的	★形成绿楔结合公交的紧凑多组团格局*	组团内实现绿地与建成区的融合	—	—
实践中的生态城市目标复合运用	D4.实现城市空间紧凑与分散的平衡			
具体规划技术导引	由大型绿楔及快速公共交通系统相结合的城市发展格局,将城市各组团分离成指状分布,构建城市高密度紧凑建成区和低密度自然绿地交替组合的城市结构体系,促进大面积的绿楔渗入密集的城市结构中心,使城市居民通过步行或公共交通网络快速便捷地到达自然开放空间。城市群之间以大型农场和自然开放缓冲区域连接,为持续的城市发展提供健康的基底,实现市区与周边乡村地区的紧密联系			

---

① 标识说明同表 7.1。

② 标识说明同表 7.1。

续表

土地利用-3	空间尺度			
	区域及多组团大型城市	中小型城市及单个组团	街区	地块
城市管理政策	促进公共交通与城市土地利用的紧密融合,采取 TOD 发展模式。保护绿楔及城市周边自然地区			
相应经济政策	经济支持 TOD 模式及快速轨道交通的发展			
社会行为引导的要素	倡导居民公交出行,提倡多接触大自然及参加户外活动			

中外对比解析-03:中国研究已经普遍认识到 TOD 模式的发展优势,并已将该理念融入城市建设中。然而,中国城市的绿楔规划尚未被广泛采用,而既有城市建成区也没有预留出有效的生态绿地,因此由城市外围自然地区深入城市中心的生态绿地系统在规划实施中难以实现。体现出中国城市发展缺乏"区域"思维,缺乏把自然地区作为城市规划基本构架的理念,同时也体现了政府对城市内部用地建设控制及绿地保护力度的不足。国际经验值得借鉴的是,要强调"城市发展融合自然,而不能孤立于自然"的理念,并需要注意:在区域层面实现 TOD 的发展模式,而不仅仅在城市局部地区或在新区发展中才采用,有助于预留未来发展用地及规划保护自然绿地系统;同时,重视城市内部绿地系统与区域自然的连接。

表 7.4 生态城市土地利用的规划及政策导引 12-4[①]

土地利用-4	空间尺度			
	区域及多组团大型城市	中小型城市及单个组团	街区	地块
可达成的规划目的	—	★根据生态环境容量及合理出行范围来控制组团规模*	★控制开发强度和建设密度的上限及下限*	—
实践中的生态城市目标复合运用	A1.城市与自然取得平衡,成为自然的一部分。D3.拥有合适的城市密度。D5.实现高效的混合土地利用。F4.职住平衡,实现半小时内的通勤出行			
具体规划技术导引	需要从资源与生态环境条件出发,以土地、水等区域资源的生态支撑能力作为生态容量,以城市人为活动产生的污染物在本地区的自净能力作为环境容量,以此作为确定城市规模的约束条件。据人类行为学研究,城市中半小时的出行半径最为合适,应以此合理分布城市居住、就业、服务及娱乐等功能,控制人均建设用地和人均居住面积。研究认为城市综合组团具有 25 万~30 万左右的人口规模比较恰当			
城市管理政策	控制开发强度和建设密度的上限,保护城市内部及与区域连接的自然空间,保证人居环境舒适性;同时控制开发强度和建设密度的下限,如规定最低容积率等指标,以促进空间紧凑发展,节约城市土地			
相应经济政策	—			
社会行为引导的要素	—			

---

① 标识说明同表 7.1。

中外对比解析-04：从生态角度来看，当前中国研究仅为被动应对（城市往往通过预测经济或人口发展目标等途径来确定城市人口规模及用地规模，而环境影响评价也仅对规划项目之后所产生的环境影响进行评估），尚未广泛地进行积极的生态回应，表现在对城市所在区域的生态和环境容量的评估预测研究不足，因而无法以此作为城市增长控制的前提要素。据国际经验研究，基于对生态容量和人类经济、社会行为的考量，合理的生态组团规模不应过大，而大型城市则可由多个组团组合而成。此外，适度紧凑的高城市密度有利于集约发展，但不可以牺牲城市生态空间为代价。

表 7.5　生态城市土地利用的规划及政策导引 12-5[①]

土地利用-5	空间尺度			
	区域及多组团大型城市	中小型城市及单个组团	街区	地块
可达成的规划目的	—	★优先"填充式"的内城加密建设*	—	★在内城中加入多类型的居住功能
实践中的生态城市目标复合运用	D1.在适合地段进行紧凑开发			
具体规划技术导引	在发展用地选址时，最大限度地利用土地资源，应强化城市内部现有土地的功能整合，将城市中心地区的填充式发展放在首位，鼓励采取渐进式的二次开发或对局部地段插建的城市更新发展模式，针对城市中心旧的、退化地区进行重建和适应性的再利用。促进城市旧城生活空间的重建，在城市中心加入多种形式的居住功能，例如在沿街商业和办公建筑中进行配套。保留城市中心区的混合功能，并采取严格的古迹保护法规，在旧城更新规划中重视在保护前提下进行旧建筑的改造再利用，尽可能不拆除建筑物及驱赶居民			
城市管理政策	通过经济补贴等措施将城市新的发展需求，如住房、商业、办公空间等的拓展引导到已建成区，将主要资源用以支持城市中心地区的填充式再开发，特别是城市重要地段。以保护式改建为主，保留旧有城市风格，避免大拆大建。对旧建筑改造式的开发项目进行一定的经济补贴。保护旧城历史风貌，提高老城区的居住吸引力及宜居性			
相应经济政策	经济支持旧城居住单元的建设及旧城生活空间的重建			
社会行为引导的要素	倡导旧城历史风貌保护，提高旧城活力及吸引力			

中外对比解析-05：中国城市尚未严格落实土地及资源的集约发展理念，体现在：一是城市发展用地选址较少选择城市中心地区的填充式二次开发，多采取一次开发；二是旧城更新规划容易忽视城市中心地区的居住功能及旧建筑的利用价值，而是以新替旧的商业开发。从国际经验来看，重建城市旧城与将城市功能"分散化"并不矛盾，前者具有区位优势和历史价值，应以混合功能保持其风貌及活力，而后者则更具有多功能的发展灵活性。

---

① 标识说明同表 7.1。

表 7.6　生态城市土地利用的规划及政策导引 12-6[①]

土地利用-6	空间尺度			
	区域及多组团大型城市	中小型城市及单个组团	街区	地块
可达成的规划目的	—	★对城市棕地进行治理及再开发*	进行旧工业用地重建*	—
实践中的生态城市目标复合运用	D2.进行棕地治理及重建。H3.治理环境污染			
具体规划技术导引	合理有效地对拥有大量棕地的城市地区进行再规划,并进行旧工业用地的再开发,在棕地空间中充分挖掘更多居住、工作及多种城市功能的潜力。减少城市建成区大量可用土地的闲置及对城市边缘耕地的占用。深入治理及修复城市内部未被充分利用的空闲地或棕地,解决棕地污染、安全隐患及活力丧失等的城市生态环境及社会问题			
城市管理政策	应充分调动城市各部门的共同合作,对城市棕地进行全面评估,制定长远的棕地改造和再利用规划,并基于棕地地段的重要性及其治理难度,确定城市未来发展的土地空间储备。应在城市棕地开发中加入更多的社区视角,注重公众的需求并促进其参与规划,优先满足更多的公共活动空间、社区服务及社会性住房等社会基本需求,为健康的公共空间、社区中心及经济适用房等设施的建设提供保障。但由于受棕地区位和公共交通设施的便利性所限,并非每个棕地再开发项目都经济可行,在规划中需针对当地具体条件和需求进行设计			
相应经济政策	为棕地改造中的环境治理、再规划及社会性建设提供财政支持			
社会行为引导的要素	理念倡导:充分治理的棕地也是城市宝贵的土地资源			

中外对比解析-06:由于棕地治理改造的周期较长、费用较高、涉及部门和社会人员较广,中国尚未形成相应的政策规定与引导,无法在规划中广泛地实施,也并未成为中国生态城市土地利用研究的核心。而从国际经验研究来看,城市棕地是十分重要的城市发展用地储备,特别是当内城中心的填充式发展空间不足,或在较大规模的开发建设时,可以利用城市棕地空间优先满足社会功能需求。

表 7.7　生态城市土地利用的规划及政策导引 12-7[②]

土地利用-7	空间尺度			
	区域及多组团大型城市	中小型城市及单个组团	街区	地块
可达成的规划目的	—	★合理建设具有特色的生态新区	—	—
实践中的生态城市目标复合运用	D1.在适合地段进行紧凑开发。I2.具有文化识别性及社会多样性。M1.形成明确的本地支柱产业及大量小型创新产业。M2.促进环保经济			
具体规划技术导引	当内城在满足生态容量及绿地空间需求的前提下,达到建设密度饱和时,可优选对与城市紧密相邻的城郊已建成区进行新区再发展及重建,特别是城郊棕地地区,并以密集的公交及非机动交通连接为规划基础。不同新区发展中,通过特有的公共设施配套等措施融合多样的城市功能,增加新区的识别性及吸引力			

---

① 标识说明同表 7.1。

② 标识说明同表 7.1。

续表

土地利用-7	空间尺度			
	区域及多组团大型城市	中小型城市及单个组团	街区	地块
城市管理政策	应对城郊新区建设的必要性及规模进行评估,并严格限制对未建成区的开发。引导新兴产业及大型特色公共服务设施选址于紧凑新区中,增强新区的经济活力。应全面、合理地规划城市的产业布局,平衡不同新区之间的开发资源,控制各新区具有 1~2 个突出的关键特色,避免资源过分集中及重复建设的浪费现象			
相应经济政策	给予入驻新区的环保型产业、小型创新产业以及大型特色公共服务设施以经济补助等优惠政策。应避免不同新区在规划建设中,过分以经济利益为主导,通过大量的经济补贴及放松开发控制要求的手段进行项目的恶性竞争,杜绝财政浪费及规划失控的现象出现			
社会行为引导的要素	理念倡导:新区建设要在形成可识别吸引力及合理开发中进行平衡			

中外对比解析-07:城市中的新城建设虽然在国际案例中所占比例不大,并采取了多种政策以限制未建成区的开发建设,但在中国却是最广泛的实践形式。中国生态新城实践普遍建设规模较大,但在对规划定位、建设需求和产业聚集前景上的预测仍不够成熟,具有明确定位、发展次序和规模评估考量的案例不多。与此同时,城市各新区之间,甚至区域的各新区之间缺乏资源整合观念,形成较多缺乏功能依托的单纯住宅开发性新区。

表 7.8　生态城市土地利用的规划及政策导引 12-8[①]

土地利用-8	空间尺度			
	区域及多组团大型城市	中小型城市及单个组团	街区	地块
可达成的规划目的	—	★基于交通易达性分布城市社会功能	进行城市重要公交节点的复合性混合利用	—
实践中的生态城市目标复合运用	F3.通过公共交通及短距离步行即可到达公共服务设施			
具体规划技术导引	进行城市公共设施的规划选址研究:利用交通模式的速度及其灵活性和容量这两方面特性,在交通和土地利用之间进行最优化协调,以此决定城市活动的最佳选址。大型公共设施,以及办公、休闲、购物等功能集中、人流量大的活动应选址于公共交通节点周围,一定程度地限制机动车的使用。在公共交通枢纽周边和邻近地段规划综合社区,并与绿化空间、大型办公、商业、服务等混合城市功能相结合			
城市管理政策	协调市级公共服务设施设置及选址,提倡组团间共享,避免重复建设。在居住区规划中严格进行社区内便民公共服务设施的配套要求			
相应经济政策	可对公交社区建设共享型公共服务设施进行一定的经济补贴			
社会行为引导的要素	鼓励通过建设公交型邻里社区,形成低碳、紧凑的步行便利生活圈			

中外对比解析-08:中国传统规划中各专项之间缺乏相互整合,而在国际实践经验中,利用城市活动的空间可达性及使用强度这两个因素,整合土地利用分布与交通系统规划的设计模式则十分普遍。二者的整合可以最大限度地引导大型机构、商业办公和公共服务设施

---

① 　标识说明同表 7.1。

选址于公交站点周边,能有效促进公交枢纽的复合利用及公交社区的规划建设。

表 7.9　生态城市土地利用的规划及政策导引 12-9[①]

土地利用-9	空间尺度			
	区域及多组团大型城市	中小型城市及单个组团	街区	地块
可达成的规划目的	—	实现用地的适度混合及职住的合理分布	为发展创新型产业提供灵活空间	★规划住宅社区内的混合小型办公空间
实践中的生态城市目标复合运用	D5.实现高效的混合土地利用。F4.职住平衡,实现半小时内的通勤出行。M1.形成明确的本地支柱产业及大量小型创新产业。M2.促进环保经济			
具体规划技术导引	实现城市居住区与公共设施、办公场所的合理混合布局,建议办公区、住宅区与公共设施区域中,混合商业功能所占比例≤40%;应为创新型产业提供灵活的中小型办公空间,建议产业用地的中小型办公场所的比例应≥20%;应在社区内规划一定比例的中小型办公场所,实现职住平衡。据研究,在以居住为主的混合新区中,建议职住比例为 0.5~1.5(职位数量/住宅户数),而在综合新区中,建议职住比例为 6~10。同时可通过挖掘高层建筑和地下空间的潜力创造更多空间			
城市管理政策	引导形成组团内部的短距离通勤(据研究,5 km 内的通勤最有助于提高非机动交通的使用),应实现城市大部分的单程通勤距离小于 20 km,时间少于半小时。避免大规模、长距离的钟摆式机动交通给城市带来负担。鼓励中小型创新产业的发展,并为其提供良好的服务配套设施			
相应经济政策	对住宅区中的办公空间及公共设施建设、小型企业办公空间的租用等提供一定的经济补贴或税收减免。			
社会行为引导的要素	倡导职住平衡,鼓励在居住地工作,或在工作地周边居住。倡导创新型产业并鼓励中小型企业发展			

中外对比解析-09:城市的混合土地利用及职住平衡是中外研究共同认识到的城市规划要点,然而中国对这两方面的研究仅停留在理论层面,并未对如何实现进行切实的规划引导,因此城市的钟摆式通勤交通仍是城市的核心问题之一,而在大部分新区规划中,也无法提供合理的就业机会。根据对国际经验的总结来看,提供一定比例的就业岗位是城市新区非常重要的规划指标,而鼓励中小型企业发展并在规划中提供适当空间,则是促进实现混合利用及职住平衡的最佳措施。

表 7.10　生态城市土地利用的规划及政策导引 12-10[②]

土地利用-10	空间尺度			
	区域及多组团大型城市	中小型城市及单个组团	街区	地块
可达成的规划目的	—	—	★实现社会分层及人口结构的平衡	规划多类型住宅及步行可达的社区设施
实践中的生态城市目标复合运用	G3.具有良好的社区公共设施服务。I1.拥有健康、安全和幸福感。I2.具有文化识别性及社会多样性。I3.居民参与社区决策,具有高度认同感与主人翁意识			

---

① 标识说明同表 7.1。

② 标识说明同表 7.1。

续表

土地利用-10	空间尺度			
	区域及多组团大型城市	中小型城市及单个组团	街区	地块
具体规划技术导引	规划易于管理的合理社区规模,考虑不同年龄层家庭的需求,规划时应在步行易达范围内配套相应所需的公共服务设施(如为年轻社区提供社区托儿所、幼儿园等,为年长社区提供社区老年活动中心、健康中心等),以及便利商店等的生活服务设施,创造有吸引力的社区休闲活动场地和社交场所。在住宅设计时满足老年人及特殊群体的无障碍需求。实现 50 m 内有绿化空间,200 m 内有基本便民设施(如幼儿园、便利店),300 m 内有公共服务设施(如小学、社区服务设施)及开放活动空间(如社区公园、休闲运动场地),800 m 内有大型公共场所设施(如中学、城市公园、城市公共服务设施)			
城市管理政策	保障商业居住区具有一定比例的社会性住房,并提供不同住房类型(租、售)、大小和价格的选择。根据住宅区区位资源、现有年龄结构等,分析未来居民的人口组成,实现可持续的社会结构管理及对特殊群体的关注。在社区管理中实现居民的参与及自主决策			
相应经济政策	对社会性住房及特殊群体住房建设采取一定的政策优惠及经济补贴			
社会行为引导的要素	促进对社会性住房的认识,关注老年人等特殊群体的需求			

中外对比解析-10:中国研究已逐渐关注社会性住房建设,但在商业居住区开发中充分融合社会性住房仍较难实现。其原因在于,中国规划研究中尚未认识到对社会分层平衡及人口结构平衡进行引导的重要性。而除了缺乏社会融合意识之外,也体现在社区规划缺乏对将逐渐形成的人口结构进行预测及研究,并没有以此作为户型设计、公共设施配套、无障碍性设计等一系列满足社会性需求的前提。同时,还体现了规划、建设与运营的分离,缺乏对居民使用及社区管理的关注。

表 7.11　生态城市土地利用的规划及政策导引 12-11[①]

土地利用-11	空间尺度			
	区域及多组团大型城市	中小型城市及单个组团	街区	地块
可达成的规划目的	—	★建立改善城市微气候环境的组团格局*	★进行符合地域气候条件的公共空间设计*	—
实践中的生态城市目标复合运用	A3.构建基于本地气候及地理环境的城市布局。H1.具有生物气候舒适性			
具体规划技术导引	应对不同的地域特征及当地生物气候条件进行评估,以此作为城市街道布局、建筑形态及城市公共空间等的规划设计依据,不同地区应建立改善当地气候环境的城市格局,削弱气候条件对城市建成环境的不利影响。湿热地区城市格局应促进通风,干热地区城市格局应实现建筑的互相遮蔽,冬冷夏热地区城市格局应促进冬季防风和夏季通风,而炎热地区总体均应通过采用建筑骑楼、连廊等形式,优化室外公共空间的通风遮阴;寒冷地区城市格局则应促进防风和增加日照,通过街道布局及建筑物的选址及体型设计,缓解强风环境对公共空间的负面影响。此外,应通过大量种植行道树及进行具有生态功能的景观设计,优化局部微气候的热环境并为行人提供气候庇护。优先规划绿化型公共空间,避免设计大面积采用硬质铺地的城市广场,建设时应采用透水性铺地材料,并尽量以植草性铺砖替代			

① 标识说明同表 7.1。

续表

土地利用-11	空间尺度			
	区域及多组团大型城市	中小型城市及单个组团	街区	地块
城市管理政策	鼓励选择适应气候条件的建筑类型，限制广场及停车场建设大面积采用硬质铺地，对建设必要性、建设规模及铺地材料进行评估。			
相应经济政策	—			
社会行为引导的要素	鼓励植树			

中外对比解析-11：在城市规划中关注生物气候条件与地域特征，中国已有学者以国际经验借鉴在可持续研究中提出，但尚未在生态城市研究中受到广泛的关注与实施。从国际经验来看，这作为生态城市格局重要的规划前提而受到极大的重视，是实现城市生态格局的最低成本和高效的规划措施，而良好的城市形态则奠定了城市建成环境的生态基调，并紧密地关系到交通、能源及资源的组织。

表7.12　生态城市土地利用的规划及政策导引 12-12[①]

土地利用-12	空间尺度			
	区域及多组团大型城市	中小型城市及单个组团	街区	地块
可达成的规划目的	—	形成小网格的城市结构形态*	营造人性化的尺度、方便步行的城市空间*	★营造富有场所品质和特色的城市环境*
实践中的生态城市目标复合运用	F2.小网格城市形态。G1.拥有宜人的尺度及城市风格。G4.拥有大量社会日常交往空间。I2.具有文化识别性及社会多样性。I3.居民参与社区决策，具有高度认同感与主人翁意识			
具体规划技术导引	在城市中心及重要人口聚集节点规划形成不规则小网格的城市格局，实现紧凑、短出行的混合发展，构建有利于人与人交往及组织市民活动的适宜尺度的空间。组团中心的建筑应采用紧凑的小体量设计，体积较大的建筑体块应分成多个较小的建筑群，营造出人性化尺度的城市空间，并应在规划设计时，与在多个街区甚至更大范围的连续慢行交通系统进行紧密结合。在城市中心应设计立面连续、界定清晰的城市街道及广场，利用具有秩序感的沿街建筑及醒目的公共建筑作为天然边界，形成良好的围合感以及明确的方向感。增加景观丰富的休憩场所，设计公共雕塑等艺术装饰，实现城市场所环境的多样性及独特的风格感，并为行人提供无障碍的慢行交通网络			
城市管理政策	避免城市中心形成大规模单一功能用地开发，减少对小网格城市格局和慢行交通网络的破坏。鼓励城市社区及开发项目建设区域共享型的慢行交通系统。在规划时与当地社区相关部门及周边居民一起，共同商讨广场选址及设计内容，以更好地体现不同广场的独特性。充分利用城市公共空间，经常性地组织各种丰富的市民活动			

---

① 标识说明同表7.1。

续表

土地利用-12	空间尺度			
	区域及多组团大型城市	中小型城市及单个组团	街区	地块
相应经济政策	对建设共享型慢行交通系统,并实现与城市非机动交通网络连接的城市社区及开发项目进行一定程度的经济补贴。对社区的共享型开放公共空间建设进行经济补贴。而在城市主导的公共空间建设中,可要求周边享受共享服务的社区进行经济协助			
社会行为引导的要素	倡导形成低碳、紧凑的步行便利生活圈,并以慢行视角体验城市空间。鼓励参与城市空间的设计决策,鼓励参与城市组织的各种市民活动及活跃的街头生活			

中外对比解析-12:中国研究对人行空间的规划考虑仍不够完善,缺乏以人的视角进行城市空间形态、交通和城市生活的有机结合与组织。

7.3.2 交通系统规划的实践导引

表 7.13　生态城市交通系统的规划及政策导引 6-1[①]

交通系统-1	空间尺度			
	区域及多组团大型城市	中小型城市及单个组团	街区	地块
可达成的规划目的	★优先公交投资并实现区域层面的 TOD 规划	★统一规划高覆盖、层次清晰的城市公交网络*	—	—
实践中的生态城市目标复合运用	F1.公共交通导向型发展。J1.实现良好的空间可达性。L1.倡导可持续的生活方式			
具体规划技术导引	利用 TOD 发展模式促进城市与区域自然之间,以及城乡之间关系的良性互动。根据各公交模式的功能特征,扩大和改善公共交通系统服务的多样选择性及便捷性,充分利用其综合互补优势,形成适用于不同的城市类型、经济发展水平和交通需求的高密度、高覆盖的公交网络。应形成三个层次互补的密布公交网络,提高城市公交系统的整体运输效率			
城市管理政策	实施公交优先发展战略,提高公交服务水平和运营效率。对不同交通方式的出行比例及交通耗时进行统计监控,促进规划设计及交通管理的整合。缩小小汽车通勤及公交与慢行交通的结合通勤二者之间的出行时间差距,二者之比≤1.5时将有效提高绿色交通的出行率			
相应经济政策	持续投资以新建及扩展各种公交模式的线路及运营量,完善城市公共交通系统。实施公交一票制,并针对不同乘坐人群提供多种票型及优惠价格,为公交出行提供更大便利			
社会行为引导的要素	倡导公共交通出行			

中外对比解析-13:中国研究中 TOD 模式主要采用于城市局部地区开发中,未在区域层面实施,同时也缺乏对城市整体形态的引导,而城市规划缺乏公交相关部门的参与,尚未形

---

① 标识说明同表 7.1。

成一体化、高覆盖且高效的城市内部公交网络。

表 7.14　生态城市交通系统的规划及政策导引 6-2[①]

交通系统-2	空间尺度			
	区域及多组团大型城市	中小型城市及单个组团	街区	地块
可达成的规划目的	—	★实现不同公交模式间线路及站点设计的整合与互补*	设计慢行易达的密布公交站点	合理设置 P＋R、B＋R 停车换乘设施
实践中的生态城市目标复合运用	E2.实现步行、骑自行车和公共交通的最优化。I3.居民参与社区决策,具有高度认同感与主人翁意识。L1.倡导可持续的生活方式			
具体规划技术导引	整合不同公交模式间线路及站点设计,形成小服务半径的密布型公交站点网络,并结合非机动交通网络规划,使公交站点具有慢易达性。在城市内部及紧凑建成区,应针对不同公交模式规划提供高效服务的站点分布:本地常规公交巴士站点覆盖半径 300 m,电车及快速公交站点覆盖半径 600 m,轨道站点覆盖半径 1 000m。在城市内部应实现 W＋R(walk and ride)及 B＋R(bike and ride)的交通转换(慢行交通与公交结合),在城郊公交站点较不密集地区,可在站点周边合理设置 P＋R(park and ride)停车换乘设施(机动车与公交结合)			
城市管理政策	应优化公交配套设施:在交叉口给予公交优先信号,提高公共交通运行的高效稳定性;提供公共交通的运行时刻表及实时到站信息服务,引导人们有计划地出行;提高公交设施的容量、购票便利性、上下车的无障碍性。在住宅区中应通过问卷调查等形式,让当地居民参与到公交路线的设计、站点选址及配套设施建设决策中。可给予当地社区对公交站点的设计权,使其具有艺术性,可体现社区的独特风格			
相应经济政策	应投资优化公共交通的配套设施。可要求社区对共享服务的公交站点建设提供一定的经济协助			
社会行为引导的要素	倡导公共交通出行及减少小汽车使用			

中外对比解析-14:中国研究中缺乏不同公交模式间线路与站点的整合规划,不同公交模式尚未形成层次清晰、"无缝"衔接的互补关系。而在站点设计时,仍缺乏不同公交站点间,以及与慢行交通间的高效连接设计,同时也尚未实现公众参与,还未优化配套满足社会服务需求的设施。

表 7.15　生态城市交通系统的规划及政策导引 6-3[②]

交通系统-3	空间尺度			
	区域及多组团大型城市	中小型城市及单个组团	街区	地块
可达成的规划目的	—	—	★实现多种公交模式的多点短距离换乘*	进行城市综合轨道枢纽的立体换乘设计
实践中的生态城市目标复合运用	E2.实现步行、骑自行车和公共交通的最优化。J1.实现良好的空间可达性			

①　标识说明同表 7.1。
②　标识说明同表 7.1。

续表

交通系统-3	空间尺度			
	区域及多组团大型城市	中小型城市及单个组团	街区	地块
具体规划技术导引	在轨道交通线路及站点规划时,特别是在城市中心及主要人流聚集站点,应有效分散换乘人流,避免单站点拥堵,增加公交运营及出行效率。每两条轨道线路可在两个以上的站点换乘;城郊快轨线路在城市中心路段的多个站点重合;大运量轨道线路可采取同站台的"无缝"换乘衔接;设计轨道交通换乘其他公交工具的短距离便捷路径等。结合城市火车站、步行广场及建筑综合体设计地下综合轨道枢纽,实现与其他交通的垂直组织与衔接,缓和地面道路交通的压力			
城市管理政策	通过增加公交服务密度、精密设计不同公交站点换乘的衔接时间等措施,提高公交效率。通过梯级容积率奖励,鼓励公交枢纽周边地段的混合高密度社区及地下商业空间的综合开发			
相应经济政策	应将轨道交通系统的建设和运营与沿线的土地开发相结合,实现二者的相互促进,并可用土地开发效益平衡公交的建设及运营成本			
社会行为引导的要素	倡导公共交通出行			

中外对比解析-15:在中国大城市,新建的轨道枢纽已逐步开始采取综合立体换乘设计,常见于新建火车站点规划中。而对城市其他地区不同公交模式之间换乘设计的深入研究仍然较不足,除火车站之外的多公交模式的综合换乘枢纽设计也尚未广泛采用。其原因在于,传统的不同公交模式规划并未整合、同步进行,因此无法实现充分的沟通与衔接,容易造成客流拥堵、换乘距离长、换乘效率低等不理想效果。国际经验中对此已进行了较前沿的研究,并且经过了实践验证,可以在对中国城市新建轨道交通系统及改善现有公交系统时提供借鉴。

表 7.16　生态城市交通系统的规划及政策导引 6-4[1]

交通系统-4	空间尺度			
	区域及多组团大型城市	中小型城市及单个组团	街区	地块
可达成的规划目的	治理城市机动交通拥堵	优化城市机动交通路网结构*	—	★优化社区的机动交通组织*
实践中的生态城市目标复合运用	H2.减少机动交通。L1.倡导可持续的生活方式			
具体规划技术导引	应将贯穿城市的快速路、城市环路等城市内部机动车快速道设置在地下,把地面层还给人性化的慢行生活,避免城市快速路对周边地区造成阻隔及空气污染。在地面层规划多种城市功能,如开放空间、生态廊道、公共设施、交通配套设施等,促进区域的整体发展。在城市机动路网结构及道路断面设计中,应设计公共交通及慢行交通专用道(自行车道和人行道),并实现其安全性及连贯性。在社区中,可采取两种规划措施减少机动车的负面影响。一是将停车位集中在社区四周,结合外围环状机动车道及内部放射状慢行交通网络设计,并通过规划布局设计,使居民从住宅到公交站点及到停车场的步行距离相似或更短。二是紧邻公交站点周边设计"不停车"街区,无车居民优先居住,可通过为其提供更好的公交可达性,影响社区有车居民改变出行习惯。而社区停车位在不用时应变成行人空间的一部分			

---

[1]　标识说明同表 7.1。

续表

交通系统-4	空间尺度			
	区域及多组团大型城市	中小型城市及单个组团	街区	地块
城市管理政策	应通过弱化城市机动交通、强化公共交通和慢行交通,实现减少机动车使用量及治理交通拥堵的目的。限制城市机动交通的路权、停车及使用的便捷度,通过停车调控,限制停车位数量并提高使用成本,从而控制进入城市中心区等拥挤路段的小汽车流量			
相应经济政策	可根据特定城市的社会经济条件,在城市中心区等拥挤路段内,对进入的小汽车收取交通拥堵税,根据小汽车进入次数和时长计费。非高峰时间收取费用相应较低,并应在城市中心等办公密集区,及住宅社区中收取较高的停车费			
社会行为引导的要素	引导合理使用小汽车,减少对小汽车的依赖			

中外对比解析-16:中国城市已意识到应控制机动交通增长,但尚未从规划设计角度提出有效的解决方案,在此可借鉴国际的成熟规划策略。

表 7.17 生态城市交通系统的规划及政策导引 6-5①

交通系统-5	空间尺度			
	区域及多组团大型城市	中小型城市及单个组团	街区	地块
可达成的规划目的	—	★鼓励绿色出行并规划城市"无车"区域*	★进行城市生活街道的交通稳静化设计*	★优化街道的慢行安全性*
实践中的生态城市目标复合运用	H2.减少机动交通。I1.拥有健康、安全和幸福感。K1.公众参与城市建设和管理。L1.倡导可持续的生活方式			
具体规划技术导引	规划"少车街道"及"无车社区",在城市生活街道中应以慢行交通及公共交通为主,不限制机动车通行,但通过路障设计限制机动车的道路使用权限,主要包括限制机动车的通行速度以及控制社区和城市中心的停车位;进行混合利用规划,增加商业区域的步行交通;在街道设计时考虑人的心理感受,通过景观处理来提高步行和骑自行车的安全性,例如把建筑物靠近车行道边缘,或在安全范围内,在机动交通两侧种植高大的树木,使街道产生狭窄感;应针对当地的实际交通环境及社区特色进行生活街道设计。具体设计措施包括:路障设计,设计曲线道路,降低车道宽度,减少车道数量,放大路口车道的转弯半径及缩短道路的连续直线段长度等。通过不同色彩或纹理的区隔,清晰地区分人行道、自行车道与机动车道,使司机更清楚地了解及遵守机动车道的行驶范围			
城市管理政策	鼓励公众参与城市无车区域的选定决策,并对城市交通管制政策进行投票,可有效提高居民的配合度,提高政策的执行效果。应倡导汽车共享活动,可满足居民少量的小汽车使用需求,同时有效减少汽车拥有率。应鼓励社区为居民提供汽车共享服务,可根据出租时间、行驶距离和汽车类型差异进行一定的收费			
相应经济政策	为社区提供汽车共享服务提供经济补助			
社会行为引导的要素	倡导参与汽车共享活动			

中外对比解析-17:虽然中国研究中提倡绿色出行,但尚未对人流密集的城市中心、生活

---

① 标识说明同表 7.1。

区及商业聚集区等进行严格的机动交通控制,并且缺乏对相应街道规划设计策略的深入研究,因而难以实现绿色出行的安全环境。

表 7.18　生态城市交通系统的规划及政策导引 6-6[①]

交通系统-6	空间尺度			
	区域及多组团大型城市	中小型城市及单个组团	街区	地块
可达成的规划目的	—	形成覆盖城市中心区及重要节点的慢行交通网络	—	优化慢行交通系统设计
实践中的生态城市目标复合运用	E2.实现步行、骑自行车和公共交通的最优化。J3.基于完整非机动交通网络的邻里连接。L1.倡导可持续的生活方式			
具体规划技术导引	应规划高连接度、与机动车道分离的慢行交通网络,并提供连接城市重要节点、主要的公共服务设施及居住社区的便捷路线系统,通过交通稳静化设计减少其与机动车道的交接,如通过路口设计及专属道路交通灯让骑自行车者具有优先通过权,设计合理间隔的人行道(研究认为约 150 m 的间隔可营造一种更传统而人性化的城市街道感觉)、行人安全岛、设计避让标识等,使现有的城市环境更适于慢行交通。此外,还应加强城市中心和远郊区之间、城市与城市之间的自行车道连接,使自行车在长距离出行中也成为理想的选择。而且,应采用一系列积极的规划策略以及城市设计方案促进慢行交通,包括:设计在步行速度下感受的极具特征、场所感的城市空间,有意识地设计建筑物、色彩、植被等,创造高质量环境的慢行系统			
城市管理政策	为慢行交通提供良好的公共交通服务、足够的住房密度和社会活动,鼓励以高覆盖的自行车道和步行网络辅助城市公共交通,形成便捷、高效的绿色交通网络。通过公共政策引导,推广城市自行车共享计划,除了休闲功能外,可将自行车共享用以辅助高流量的日常公交通勤:在城市内部可缩短住宅与公交站点之间的路程时间;在城郊地区可用以延长公交站点的服务半径,扩大公交服务的辐射范围			
相应经济政策	投资建设非机动交通基础设施。为城市自行车共享计划及相关自行车出租站点的建设提供经济支持			
社会行为引导的要素	倡导采用慢行交通及公共交通的结合出行,摆脱对小汽车的依赖			

中外对比解析-18:中国研究提出的自行车道设计及公共自行车计划普遍作为休闲用途,尚未与城市功能组织、生活出行等需求相融合。

---

① 标识说明同表 7.1。

7.3.3 景观生态与水系统规划的实践导引

表 7.19　生态城市景观生态与水系统的规划及政策导引 8-1[①]

景观生态与水系统-1	空间尺度			
	区域及多组团大型城市	中小型城市及单个组团	街区	地块
可达成的规划目的	★整合区域景观斑块并构建生态网络*	★构建城市与区域间生态连接及城市内部的生态廊道*	—	—
实践中的生态城市目标复合运用	A2.城市空间与自然区域融合,构建城市生态网络。B2.保护生物栖息地的生态功能及生物多样性。E1.城市与区域自然环境要素紧密连接			
具体规划技术导引	实施覆盖全国并细分至区域和城市层面的自然景观保护及修复战略,保护区域景观斑块,并将区域中的剩余景观碎片通过生态网络进行整合和连接;保护区域生物栖息地及生物多样性,构建以空间连接度为基础的生态网络。应建立城市与区域间的生态廊道连接,加强城市和区域之间生态系统的连通。将自然引入城市中心,通过生态水道、树木走廊以及公园和开放空间的连接系统,构建城市内部密布的生态廊道。同时,在生态廊道中规划与城市慢行交通系统紧密连接的慢步道及自行车道,并以公共交通网络辅助,使人们可以通过绿色出行,从城市各地区便捷地到达自然开放空间,甚至城市周边的自然地区			
城市管理政策	应将城市的生态廊道保护及构建与休闲、娱乐功能充分结合,鼓励定期组织多种户外活动,为居民提供完整的自然体验			
相应经济政策	对恢复区域间的生态系统连通性、建设城市内部的生态网络系统进行经济支持,并对连接城区与自然地区,以及区域自然生态地区中的慢行交通系统及小型环保基础设施进行投资			
社会行为引导的要素	倡导对区域生态系统及生物多样性的保护,及对农田和自然地区的保护。倡导居民多接触大自然,多参加户外活动			

　　中外对比解析-19:中国研究对城市的区域自然生态基底的保护与修复普遍关注不足,缺乏对构建区域高连接度的生态网络、城市与区域间生态连接以及城市内部生态廊道的重要性的认识。从国际经验来看,保护城市与区域之间的生态连接是城市规划的重要前提,也是构建城市健康生态格局及良好人居环境的保障。

表 7.20　生态城市景观生态与水系统的规划及政策导引 8-2[②]

景观生态与水系统-2	空间尺度			
	区域及多组团大型城市	中小型城市及单个组团	街区	地块
可达成的规划目的	★对区域生态系统及交通规划进行评估*	★进行城市交通发展的生态补偿建设*	—	—
实践中的生态城市目标复合运用	B2.保护生物栖息地的生态功能及生物多样性。B3.实现城市生态系统的修复与重建。E1.城市与区域自然环境要素紧密连接。K2.社会、政治及商业活动与开发都受生态环境现状的制约			

---

① 标识说明同表 7.1。
② 标识说明同表 7.1。

续表

景观生态与水系统-2	空间尺度			
	区域及多组团大型城市	中小型城市及单个组团	街区	地块
具体规划技术导引	应基于区域生态网络基底,通过生态补偿机制,整合城市交通廊道建设与区域生态网络的保护。应建立跨越城市快速路两侧的生态廊道联系,如生态隧道或高架生态桥等,以此连接区域各生物栖息地,实现区域生物及生态系统要素的自由迁徙和流通,降低城市交通发展对区域生态环境的干扰程度。特别是在重要的生态斑块地区,还可结合设计慢行交通系统,实现人行的连接需求			
城市管理政策	强调城市用地的生态适宜性和敏感性,使城市规划和发展的决定适应并融入区域的生态网络。在区域和城市道路规划建设之前,应对区域中各种生物、物质、能源及自然过程进行调查,并对当地生态廊道及生物栖息地的空间分布进行评估,以此作为城市交通发展及道路选线的规划基础			
相应经济政策	为交通廊道的生态补偿建设提供经济支持			
社会行为引导的要素	倡导对区域生态系统及生物多样性的保护			

　　中外对比解析-20:城市交通发展对区域及城市生态格局破坏最为严重,因此在道路选线规划前,应基于区域生态系统评估,将负面影响最小化,并通过生态基础设施的建设进行补偿。中国研究中缺乏对该理念的认识和重视,因而容易因地面道路系统规划而造成对区域生态网络的分割,其中轨道交通线路及高速路对此影响最大。从国际实践经验来看,该规划策略是对构建区域生态格局理念的具体体现和重要实现措施,应受到中国实践的研究借鉴。

表 7.21　生态城市景观生态与水系统的规划及政策导引 8-3[①]

景观生态与水系统-3	空间尺度			
	区域及多组团大型城市	中小型城市及单个组团	街区	地块
可达成的规划目的	构建城市水生态安全格局	进行城市综合水循环管理	★对城市交通用地进行雨洪改造*	—
实践中的生态城市目标复合运用	B3.实现城市生态系统的修复与重建。B5.形成自净闭合的城市水循环			
具体规划技术导引	通过对城市雨洪、地表径流等过程的分析和空间模拟,构建维护雨洪安全的关键性空间格局,保护地表饮用水源及地下水补给的城市水生态安全。进行城市综合水循环战略规划,利用模拟调控技术,建立连续完整的水系网络和多层次的滞洪湿地系统,恢复水系的调洪蓄涝能力,最大限度地维持水系统的自然生态平衡。进行城市雨水管理系统设计,实现源头径流削减及过程控制,常见技术如低冲击开发(美国)、最佳管理实践(美国)、可持续城市排水系统(英国)、水敏感性城市设计(澳大利亚)等。建设城市雨水管网,通过雨污分离、地面渗透等技术管理地表水、地下水及当地的水道,以地表自然排水系统代替地下排水管道,分散设置雨水收集系统、雨水回用系统及雨水储存设施,将大部分径流留在原地补充地下水。在街区尺度上,应减少城市交通用地,如街道及停车场的热辐射及地表径流,以透水砖或透水铺装材料完全取代大面积硬质不透水铺地。在城市停车场应种植具有较大树冠遮蔽的树木,在道路两侧应大量栽植行道树,结合植被浅沟设计改良道路绿化隔离带和树坑,增加雨水的就地收集净化、植被储存及回馈下渗率			

① 标识说明同表 7.1。

续表

景观生态与水系统-3	空间尺度			
	区域及多组团大型城市	中小型城市及单个组团	街区	地块
城市管理政策	应基于城市综合水循环战略,资源化管理城市多种水资源,提高城市水质量,并应规定严格采用透水铺路材料			
相应经济政策	对城市雨水管理设施的替换建设,透水铺路材料等道路设施的优化及对树木种植进行经济支持			
社会行为引导的要素	倡导对城市水资源的管理及保护。倡导有效植树			

中外对比解析-21:中国研究已通过海绵城市理念阐述了城市水生态格局及雨洪管理系统的规划理念,国际实践主要将相关技术落实运用于交通用地中。

表 7.22　生态城市景观生态与水系统的规划及政策导引 8-4[①]

景观生态与水系统-4	空间尺度			
	区域及多组团大型城市	中小型城市及单个组团	街区	地块
可达成的规划目的	—	进行城市河流廊道的生态修复	—	建设城市生态水景绿色基础设施
实践中的生态城市目标复合运用	B2.保护生物栖息地的生态功能及生物多样性。B4.修复河道湿地,恢复城市的自然水文功能。H3.治理环境污染			
具体规划技术导引	进行城市河道的环境治理,将人工硬质护岸改为自然生态河岸带,使绿带具有雨洪调节和水质净化功能。在河流生态廊道内建设慢行系统,并与城市慢行交通网络有机结合,向沿途社区开放。在河岸绿带及湿地中,采用贴近自然、生态的模式,选择引入当地树种并充分保留现有植被,营造生物栖息地,恢复河流廊道和湿地的生态功能,维护河流生物多样性及生态系统的连续性,最终形成有机生长的城市开放空间系统。此外,还应通过建设绿色基础设施,如生态雨水设施、雨洪公园、人工湿地公园,以及具有生态水质净化和防洪功能的梯田式景观设计等,进行水敏感场地的生态设计和生态水处理			
城市管理政策	加强实施对淡水湿地的法律保护,应成立相关保护组织对湿地周边等城市流域的建设和景观结构进行评估和优化,并提出自然保护的指导建议。设立河流廊道中的生物保护区,建设干扰性小的休闲娱乐场地,营造丰富的城市综合景观。建设水体净化的绿色基础设施,可结合参观、教育等文教功能,提高市民的环保相关知识			
相应经济政策	为恢复城市河流廊道及湿地水系提供经济支持,并支持绿色基础设施建设			
社会行为引导的要素	倡导保护城市河流水系,保护水资源,杜绝水质污染行为			

中外对比解析-22:中国研究中已广泛提出对城市流域进行基于生态基础设施建设的生态修复理念和相应的规划设计技术。从国际实践经验上看,除此之外,应加强制定相关自然水资源的保护法案,并提供相应的流域保护指导及进行社会宣传教育,从源头上减少对城市自然水域的破坏。

---

① 标识说明同表 7.1。

表 7.23 生态城市景观生态与水系统的规划及政策导引 8-5①

景观生态与水系统-5	空间尺度			
	区域及多组团大型城市	中小型城市及单个组团	街区	地块
可达成的规划目的	—	★制定城市供水规划战略	★加强再生水的处理及利用	★控制家庭清洁水的消耗量
实践中的生态城市目标复合运用	C4.合理使用中水及雨水资源。C5.减少能耗及水耗,提高使用效率			
具体规划技术导引	采用分质供水系统,优化水资源配置,提出多水源组合方案,减少城市对清洁饮用水的消耗需求。以可饮用水系统作为城市主体供水系统,在城市局部地区另设非饮用水管网系统作为补充。应在源头上实现城市污水的分流及治理,将生活黑水与中水分离并资源化,将污染程度低的废水与雨水分散资源化。建设本地化分散式的小型污水处理厂等再生水处理设施,进行城市阶梯级的水循环利用设计,城市市政、社区及建筑的低用水需求可由经净化处理的雨水、污水及建筑中水满足,取代对清洁水的消耗。在住宅中可采用每户单独用水计量,应用能耗水耗监控系统、家庭节水设备等措施			
城市管理政策	进行长期的城市供水规划战略设计,应将再生水作为城市稳定的淡水资源,将再生水利用作为解决城市水资源不足的战略性对策。支持再生水处理设施的建设,并规定市政、社区及建筑对再生水的利用,同时应限制城市的新发展对用水的影响			
相应经济政策	投资再生水处理设施,对社区及建筑的再生水设施进行经济补助。对所有可选水源进行整体评估,包括雨水、多种城市再生水、海水淡化和调水项目等多元化水资源供应的可能性及成本效益。对节水电器进行经济补助,采用奖励节约用水的定价机制			
社会行为引导的要素	倡导节约使用清洁水,鼓励再生水的使用			

中外对比解析-23:中国研究中已明确再生水利用和节水的目标,但由于缺乏城市层面的整体供水战略研究,没有将分质供水作为水供应的关键策略,而城市的再生水的收集、分离及处理设施的规划建设尚不足,因此在整体城市范围内实现再生水的利用仍难以实现,仅在部分市政用水及少数社区中采用。

表 7.24 生态城市景观生态与水系统的规划及政策导引 8-6②

景观生态与水系统-6	空间尺度			
	区域及多组团大型城市	中小型城市及单个组团	街区	地块
可达成的规划目的	—	规划大规模的城市自然绿色空间	★提供满足居民使用需求、可达性良好的自然开放空间	—
实践中的生态城市目标复合运用	G2.拥有近距离的大规模自然绿色空间。I1.拥有健康、安全和幸福感。K1.公众参与城市建设和管理			

---

① 标识说明同表 7.1。

② 标识说明同表 7.1。

续表

景观生态与水系统-6	空间尺度			
	区域及多组团大型城市	中小型城市及单个组团	街区	地块
具体规划技术导引	城市应具有能为市民提供与自然短距离便捷接触机会的、一定比例的有效绿化覆盖面积(45％)，并满足阔叶乔木覆盖面积≥50％，才能较好地发挥缓解城市热岛效应的作用。同时，应形成步行可达性良好的绿化空间分布：50 m 内有邻里级绿地，200 m 内有街区级绿地，500 m 内有城市级生态绿地及公共空间。在城市开放空间规划中，应满足居民对场地规模、功能、可达性及使用时间的要求，建设适宜所有年龄段人群，满足不同休闲、娱乐、健身需求的城市户外开放空间及公共文体设施。除了新建场地和设施之外，应通过对既有公共设施进行扩容更新改造、改善既有公园的绿化活动场地、增加场地的夜晚照明等措施，提高现有开放空间的质量。应实现公园内铺地面积与总面积的比例≤20％，避免建设不必要的大面积硬质广场。此外，应增加城市绿化物种的丰富性，营造多样化的城市景观感受			
城市管理政策	对城市自然绿化空间的规模、可达性及绿化质量进行控制，并对户外休闲场地及运动设施的服务质量、服务容量及服务时间进行规定并优化。通过公众调查，了解市民的使用需求，鼓励市民参与到城市自然开放空间的规划及设计中。鼓励拥有文体设施资源的学校、社区及私人机构等组织对城市开放共享，使社会资源实现最大化			
相应经济政策	对城市的林木保护及种植、开放空间及公共文体设施的建设及优化进行投资，并对共享资源的组织提供设施改造的经济补助。			
社会行为引导的要素	倡导有效植树，保护城市绿地。倡导居民多参加户外活动			

中外对比解析-24：中国研究中缺乏对绿地及开放空间质量的具体要求，包括植被类型、覆盖程度、服务内容及范围等，并缺乏对市民需求的调查研究。

表 7.25　生态城市景观生态与水系统的规划及政策导引 8-7[①]

景观生态与水系统-7	空间尺度			
	区域及多组团大型城市	中小型城市及单个组团	街区	地块
可达成的规划目的	—	★营建城市生产性农业景观*	—	★设计社区农业花园*
实践中的生态城市目标复合运用	C1.实现自给型的城市农业生产，保障食品安全。I1.拥有健康、安全和幸福感。M2.促进环保经济			
具体规划技术导引	将城市农业融入城市生态廊道及城市景观，并在社区中为居民规划种植鲜花和食用性果蔬的社区分配农园。利用城市闲置和未充分利用的土地如屋顶绿化、阳台、路旁空地等，或者结合城市的公共绿地进行设计，如社区庭院、城市公园等。可采取的措施包括：将城市居民作为主要的农业生产者；强调物质的闭合循环，在生产中尽量利用雨水、净化的再生水和有机生活垃圾堆肥。同时充分整合生产和消费，注重发挥农业基础设施的综合生态功能，构建农业生物栖息地，并可赋予如娱乐、教育功能等更多综合社会功能			

---

① 标识说明同表 7.1。

续表

景观生态与水系统-7	空间尺度			
	区域及多组团大型城市	中小型城市及单个组团	街区	地块
城市管理政策	进行城市农业发展规划,将农业作为城市绿带的重要组成元素,并可进一步将农业区营造为生物栖息地和自然保护区。同时可探索城市生态管理和农户之间生产合作方式的可能性			
相应经济政策	对城市农场进行资金支持,并对社区分配花园的建设提供经济补助。而同时要求农场本身通过销售农业产品和农业副产品来维持自身的正常运作			
社会行为引导的要素	倡导居民保护农田,参与农业生产,并以此获取新鲜环保的农业产品			

中外对比解析-25:中国研究中对城市农业的重要性认识不足,大部分城市缺乏自有农业用地,因而严重依赖外来食物供应,极大地增加了运输成本及折损浪费,同时也不利于形成可持续的自给自足式城市物质供应模式。从国际实践经验来看,在严格保护城市周边农业用地的同时,积极促进城市内部生产性农业景观及社区中农业花园的建设,并充分挖掘城市农业中的综合资源,如食物供应、有机能源、城乡合作以及多种社会功能。

表 7.26　生态城市景观生态与水系统的规划及政策导引 8-8[①]

景观生态与水系统-8	空间尺度			
	区域及多组团大型城市	中小型城市及单个组团	街区	地块
可达成的规划目的	—	—	★构建社区的自然生境及生态功能	进行社区综合雨洪景观设计
实践中的生态城市目标复合运用	B2.保护生物栖息地的生态功能及生物多样性。B5.形成自净闭合的城市水循环			
具体规划技术导引	在城市内部设计有利于生物多样性的自然型社区生态花园,使城市中融入丰富的自然植被及生物栖息地。在住宅区庭院中种植大量多种类植被,形成充满自然野趣的开放绿色空间,并通过与溪流、池塘及各种植被等景观及场地设计,加强社区自然雨水收集系统与景观的结合。同时,应设计纳入建筑结构的自然垂直绿化,如具有自然特性的绿色屋顶和攀缘植物,缓解城市热岛效应并丰富社区的生物栖息环境。运用蓄水池、植被浅沟、雨水花园等雨洪管理措施,模拟雨水的自然循环过程,减缓地表水流速度从而减少径流量。可设计池塘和洪水台地,在河床及河岸种植本地湿地植物,使其在流动过程中得到净化过滤,并逐渐蒸发、被植物吸收或自然下渗			
城市管理政策	规定社区应将雨水管理系统融合景观设计			
相应经济政策	对区域共享型的社区公园建设、社区雨水管理设施以及屋顶绿化工程的建设进行经济补助,或者通过税收减免来抵消部分建造费用			
社会行为引导的要素	倡导融入自然的城市生活			

---

① 标识说明同表 7.1。

中外对比解析-26：中国研究中缺乏对通过城市及社区景观营造生物栖息地理念的认识，大多城市景观以观赏性为主，缺乏生态功能，不利于保护城市的生物群落结构。从国际实践经验来看，城市景观普遍在满足观赏性的同时具有很强的生态功能，包括提供生物群落的栖息地、实现雨洪管理、优化城市热环境以及提供气候庇护等，充分体现了城市的生态补偿。

7.3.4 能源系统规划的实践导引

表 7.27　生态城市能源系统的规划及政策导引 7-1[①]

能源系统-1	空间尺度			
	区域及多组团大型城市	中小型城市及单个组团	街区	地块
可达成的规划目的	制定国家层面的能源发展战略*	★制定城市气候变化行动计划	—	—
实践中的生态城市目标复合运用	B1.减少温室气体排放。C2.化石能源消耗最小化。M2.促进环保经济。N1.减少城市生态足迹			
具体规划技术导引	制定国家层面的能源发展战略及城市应对气候变化的综合行动计划,确定城市气候应对及减排目标。应包括以下方面:建筑和能源;城市格局和交通;消费和固体废物;城市林业和自然生态系统;粮食和农业;社区参与气候变化的准备;当地政府管理。实施措施包括:减少空气污染;提高建筑物能源效率;提高城市发电效率;经济化推广太阳能,采用生物燃料发动机、风力发电和燃料电池车辆;采用节能电器设备;扩大资源回收;改善交通,防止城市扩张和交通堵塞等			
城市管理政策	设定国家层面的能源发展战略目标,并构建能源法律体系。从供电、供热、可再生能源、建筑节能、工业节能等角度制定详细的政策引导,为能源战略目标的实现提供有效的法律保障及实施途径			
相应经济政策	应注重政府政策与市场机制的有机结合。在国家层面,可实行碳排放权的交易制度、碳足迹制度和企业分类管理制度等。在城市层面,可要求企业和政府部门自主选择最符合成本效益的气候应对措施,例如避免或减少能耗及提高能效等。政府将在温室气体排放反馈和减排目标的基础上,对这些行动的成本效益进行分析及执行			
社会行为引导的要素	倡导关注能源消耗对气候的影响			

中外对比解析-27：中国研究已提出要制定城市应对气候变化规划,但尚未广泛实施。而研究提出的规划具体内容,包括减缓和适应气候变化、土地利用、绿色植被、缓解热岛效应、建筑物色调涂层、开发低碳的应用技术、城乡协调规划等,相比国际实践而言,不够全面和系统化,并且缺乏政策层面的有效支持。

---

① 标识说明同表 7.1。

表 7.28　生态城市能源系统的规划及政策导引 7-2①

能源系统-2	空间尺度			
	区域及多组团大型城市	中小型城市及单个组团	街区	地块
可达成的规划目的	—	制定和实施城市综合能源规划	—	—
实践中的生态城市目标复合运用	B1.减少温室气体排放。C2.化石能源消耗最小化。M2.促进环保经济。N1.减少城市生态足迹			
具体规划技术导引	应分析评估城市的能源供给现状和未来的能源增长需求,研究城市各子系统的能源消耗状况和比例,调整城市中不合理的能源消耗并逐步引入可再生能源,减少城市对化石能源的依赖,重构城市能源结构体系,实现城市的可持续循环代谢平衡,并实现三个主要目标:减少温室气体排放、节约能源并提高能效以及促进可再生能源应用			
城市管理政策	成立城市能源机构,促进实现能源使用的合理化及可持续能源生产,应由包括政府部门、开发商、能源机构和高校在内的多方人员共同组成,负责协调能源项目的实施。在实施中应引入多元化的讨论和反馈机制,对减排进程进行监控和评估,并制定具体的实施计划:1.每年完成一份包括社会库存和地方排放趋势、化石燃料的使用以及实施行动进展情况的报告;2.每隔三年进行计划的修订和下一个三年计划的制定;3.在远期时间节点进行评估并实施新的计划			
相应经济政策	应鼓励私有资本对低碳科技研发的投资			
社会行为引导的要素	倡导节约能源及使用节能产品。鼓励低碳科技发展			

中外对比解析-28:中国研究提出要制定城市能源规划,规划核心为控制和降低煤炭的消费总量。相比而言,国际实践经验中城市能源规划的内容制定、实施步骤设定、相关政策管理更为成熟完善。其原因在于,国际研究起步较早,国际发达城市对煤炭等化石能源的依赖性普遍比中国低,而各行业的能耗、温室气体排放等相关数据的统计和记录更为透明和精细化,因此,城市能源规划及实施计划也能够更准确地制定和更有效地实施。

表 7.29　生态城市能源系统的规划及政策导引 7-3②

能源系统-3	空间尺度			
	区域及多组团大型城市	中小型城市及单个组团	街区	地块
可达成的规划目的	—	优化城市能源结构以减少大气污染	★实施城市建筑能源使用管理*	—
实践中的生态城市目标复合运用	C5.减少能耗及水耗,提高使用效率。H3.治理环境污染。M2.促进环保经济。N1.减少城市生态足迹			
具体规划技术导引	重点优化工业生产及交通运输的能源结构,逐步以可再生能源替代传统化石能源,建设清洁燃料站及电动汽车的充电基础设施等,减少化石燃料使用、温室气体及污染物的排放。在建筑中安装智能电表及进行用电高峰的实施定价措施,稳定城市高峰时期的用电需求,减少城市能源的供给量并减轻电力输送网的负担			

① 标识说明同表 7.1。
② 标识说明同表 7.1。

续表

能源系统-3	空间尺度			
	区域及多组团大型城市	中小型城市及单个组团	街区	地块
城市管理政策	推广清洁汽车市场和车辆可再生燃料的使用。可采用城市综合能源监控系统管理，对建筑能源数据进行详细监测，重点密切监视耗能较大建筑物的热、电、水消耗率的关键数据。通过建立基于长期数据分析的能源消耗数据库，将不同节能技术及区域能源生产网络进行整合，为管理街区能耗提供解决方案。通过定期能源消耗水平报告，分析用户能源消费的最佳行为，为居民提供能源消耗信息，通过开展广泛的教育和培训进行生活节能引导，促使其改善能源使用习惯			
相应经济政策	对使用清洁能源及可再生能源的企业和车辆提供经济补贴。对汽车燃油使用征收附加税，税款用于补贴公共交通。对大量使用化石能源的企业征收高额的环境处理税。在居住区中，实施分户计量收费方式，对超过用电及耗能限额部分实施阶梯价格			
社会行为引导的要素	发布空气监测报告，进行清洁能源的科普宣传。倡导节约能源，鼓励居民进行行为节能，例如空调温度控制，及时关闭不用电器等			

中外对比解析-29：中国研究中已将通过优化工业生产及交通的能源结构控制大气污染作为重要的城市议题，积极推广清洁能源的使用及相关基础设施的建设。但由于城市智能能源控制系统尚未普及，因此中国研究仍缺乏对城市能源使用的精细化管理，具体包括能源监控及节能技术的区域整合，同时也缺乏对行业节能的技术支持及对社会行为节能的有效引导。

表 7.30　生态城市能源系统的规划及政策导引 7-4[①]

能源系统-4	空间尺度			
	区域及多组团大型城市	中小型城市及单个组团	街区	地块
可达成的规划目的	—	★形成区域分布式的冷热电联产的可再生能源供应网络	在社区中推广可持续能源利用	在建筑中利用太阳能
实践中的生态城市目标复合运用	C3.依赖清洁的可持续能源。N1.减少城市生态足迹。N2.鼓励回收再利用，实现城市资源循环利用及能源管理			
具体规划技术导引	应采用分布式冷热电联产的区域能源供应网络，提高能源转换效率，高效地实现能源的梯级利用，降低污染物排放，有稳定的能源供应保障。该能源供应网络适用于密集建成区、社区、工业和综合公共建筑体中。可采用的分布式可再生能源包括太阳能光伏、小型风电、小水电、地热能、分布式储能、生物质能锅炉等，可多重采用形成综合可再生能源系统。其中，太阳能及生物质能普遍适用性较广，还可融入城市的区域供热网络，并结合其他能源高效措施应用在多个领域；风电、水电及地热取决于地区的自然资源，较大型的风力发电适用于城市郊区；还可充分采用垃圾焚烧、工业余热等资源进行循环利用。可在建筑上安装太阳能板，提供建筑照明、生活热水和空调能源			

① 标识说明同表 7.1。

续表

能源系统-4	空间尺度			
	区域及多组团大型城市	中小型城市及单个组团	街区	地块
城市管理政策	应对区域可利用的可再生能源资源进行评估,并与区域建筑能源需求进行匹配,选用最具成本效益的可再生能源利用模式。以高效能源转换的多联产设备替换传统燃煤发电设备,采用智能能源负荷管理技术提高系统的整体效能。推动社区及建筑广泛利用太阳能			
相应经济政策	对分布式热电联产设备及区域供热网络建设进行投资。对可再生能源利用进行经济补贴			
社会行为引导的要素	倡导能源高效使用及可再生能源利用			

中外对比解析-30:中国研究中已提出要采用分布式冷热电联产技术及区域可再生能源规划研究,但尚未形成成熟的技术体系和具体的利用引导,因而未得到实施推广。在可再生能源利用方面,在建筑单体或少数示范社区中较好地推广了太阳能利用,但由于技术所限尚未将具体的可再生能源融入区域能源供应网络中。

表 7.31　生态城市能源系统的规划及政策导引 7-5[①]

能源系统-5	空间尺度			
	区域及多组团大型城市	中小型城市及单个组团	街区	地块
可达成的规划目的	—	★推广多种类生物质能源技术的利用	★在社区中利用本地生物质原料供能	进行垃圾的分类收集和再利用
实践中的生态城市目标复合运用	C3.依赖清洁的可持续能源。H4.收集并处理有毒气体、污水及固体废弃物。L1.倡导可持续的生活方式。M2.促进环保经济。N1.减少城市生态足迹。N2.鼓励回收再利用,实现城市资源循环利用及能源管理			
具体规划技术导引	应从源头上实现垃圾减量及精细化、资源化分类,除了废纸、废塑料等可回收物之外,应对有机垃圾和危险垃圾进行重点分离。危险垃圾应进行无害化处理,而生活有机垃圾应在当地进行生物处理降解产生沼气或干燥化后焚烧,为区域热电联产站提供生物质原料。除生活有机垃圾之外,城市可利用的生物质原料还包括木质燃料、沼气、农业及城市园林废料等。据研究,木质颗粒式燃烧锅炉是最高效且环保的利用模式,在供暖高峰期,木质颗粒炉与其他供能模式的结合使用可减少投资成本,同时可保证技术和经济可靠性,并能极大地减少温室气体的排放量。而燃烧沼气、农业和城市园林废料的主要优势在于同时能够降低剩余营养物释放到土地和地表水中,特别是磷和氮。合理且环保地燃烧固体废料能够大力削减成本,解决垃圾填埋场日益不足的问题,成为处理不可再利用垃圾的主要方式			
城市管理政策	发展城市静脉产业,实现垃圾的源头减量化、本地无害化处理和资源化回收利用。促进利用生物质能,并提高转换效率,可有效降低化石燃料的消耗			
相应经济政策	投资建设生物质能热电联产设备。对社区建设本地垃圾分类、处理设施进行经济补助。对企业超过一定排放标准的垃圾收取处理费			
社会行为引导的要素	倡导生活垃圾的源头减量及资源化分类收集			

① 标识说明同表 7.1。

中外对比解析-31:中国研究中已提出城市生物质固废处理技术的应用,但主要针对垃圾处理,并未充分重视其中的生物质能利用潜力。从国际实践经验来看,多类型的生物质能利用已成为普遍且重要的城市可持续能源来源,并且可以与城市农业、垃圾处理等多种城市有机资源充分整合,实现资源的有效循环利用。

表7.32 生态城市能源系统的规划及政策导引7-6①

能源系统-6	空间尺度			
	区域及多组团大型城市	中小型城市及单个组团	街区	地块
可达成的规划目的	—	—	进行绿色建筑及低能耗社区设计	控制建筑垃圾产生量
实践中的生态城市目标复合运用	C6.建设绿色建筑。L1.倡导可持续的生活方式。N1.减少城市生态足迹。N2.鼓励回收再利用,实现城市资源循环利用及能源管理			
具体规划技术导引	在规划阶段,应融入节能理念对建筑物进行规划设计,合理设置建筑整体体量和建筑朝向,最大限度地利用日照和自然风,降低建筑对能源的消耗;在设计阶段,应从大量消耗能源、依靠机械系统营造室内环境向更多融合自然,充分利用各种被动的节能技术营造适宜的室内环境转变,降低建筑对不可再生能源的需求。采用主动式节能设计方法,通过合理设计扩大太阳能、风能、生物质能等可再生能源在建筑中的适用范围,将可再生能源转换为建筑物所需的电、热和燃料,减少建筑对不可再生能源的需求,并进一步降低建筑能耗。在建筑设计施工时应采用尽可能少产生建筑垃圾及有利于提高建筑物质量和抗力的结构设计;采用绿色环保、可再生和可循环再利用的建材;尽可能延长建筑物的寿命;强化建筑工程的施工管理。在施工回收阶段将建筑垃圾分类处理,并将其中可再利用、可再循环材料回收和再利用			
城市管理政策	规定所有新建建筑均应为绿色建筑,并达到较高的建筑节能标准。基于自然生态条件,建设绿色节能社区。在建筑设计及施工阶段进行科学监管、工序验收和材料预算,对建筑材料的选取和使用进行审查控制,有效避免建筑材料的浪费,并促进循环利用,减少施工废物量			
相应经济政策	对示范社区及示范建筑的建设进行经济补助。对本土建筑材料及环保材料进行一定的经济补助。对建筑垃圾收取环保处理费			
社会行为引导的要素	倡导地域性建筑设计,鼓励资源高效利用,减少对建筑机械系统的依赖			

中外对比解析-32:中国研究中对绿色建筑及相关的低能耗设计已相对系统、完善和成熟,与国际实践的理念认识和技术应用均具有较大的共同性。

---

① 标识说明同表7.1。

表 7.33　生态城市能源系统的规划及政策导引 7-7[①]

能源系统-7	空间尺度			
	区域及多组团大型城市	中小型城市及单个组团	街区	地块
可达成的规划目的	—	—	—	进行既有建筑及社区的节能改造
实践中的生态城市目标复合运用	C5.减少能耗及水耗,提高使用效率。N1.减少城市生态足迹			
具体规划技术导引	减少热损耗是建筑节能中的重点,据研究只比其常规的建设投资成本增加不到3%,却可减少采暖能耗的 50%～60%,因此应通过执行严格的建筑外形改善和隔热处理,改进建筑隔热水平。此外,其他具体改造措施还包括:采用低能耗窗户提高气密性,进行通风系统热回收和温度控制;采用低温供热系统、高效能的节能设备和可视化的能耗计量等技术减少能源消耗;升级热水供应系统,使用太阳能等绿色电能;将既有建筑连接到区域供热网络中,建设社区生物质能站,将社区有机废物转变成能源,优化能源使用结构的同时实现本地式的垃圾处理及可再生能源供应			
城市管理政策	控制建筑的最高用电量、供热及制冷能耗量,制定建筑节能比例。对不同建筑节能改造技术在当地所产生的不同能效进行评估,实施最具成本效益的节能改造措施。政府部门和能源机构应相互合作,为家庭、商业和工业的建筑节能提供相关信息、技术支持以及咨询和培训服务			
相应经济政策	对既有建筑及社区的节能改造进行经济补助。实施分户计量收费方式,对超过用电及耗能限额的部分实施阶梯价格			
社会行为引导的要素	倡导节约能源,鼓励居民进行行为节能,例如空调温度控制,及时关闭不用电器等			

中外对比解析-33:中国研究中已广泛进行既有建筑的节能改造研究和实施推广,与国际实践相比而言,应用技术尚不够成熟和完善,主要体现在建筑的能量回收、能耗管理系统的应用及可再生能源的有机融合上。而中国研究也仍缺乏对于节能改造技术的选取、组合等综合方案的具体技术支持及对使用过程中相关节能知识的培训引导。

7.4 思考与展望

7.4.1 对生态城市实践的思考

1.生态城市规划实践应当具有持续性

进行生态城市规划实践是实现城市生态优化及可持续发展的途径,并将引导城市最终转变为"自然-社会-经济"复合生态系统良好运作的"生态城市"。要实现好的生态城市实践并非仅仅是进行完善的规划,而更重要的是在规划之后的实施以及不断地检验再改善的过

---

①　标识说明同表 7.1。

程,具有很强的长期性和持续性。

对于既有的在工业化下形成的现代城市来说,在短时间内把几十年甚至更长时间中已经发展成为不可持续的结构改造变为可持续化,是很难甚至可以说是几乎无法实现的。相反地,规划需要持之以恒地关注于城市的整体系统,包括土地利用、交通系统、能源系统、城市生态系统等,其中包含着大量的具体细节及对应的规划策略,需要经过一个长期的持续改造过程。相对而言,另外一种规划实践类型则简单得多,即以生态城市为目标的新城建设或新区建设,这也是中国普遍所采用的生态城市实践模式。相比城市改造来说,这种模式可以在城市形成之初就构建出一个生态的基础,例如构建基于公共交通的城市组织结构,更好实现自然区域的预留和保护,规划完善的公共交通系统,采用步行优先的城市小网格形态等。然而存在的问题就是,基于城市空间构架下的城市生态环境、社会、人文、经济等的城市"软结构"方面,也同样需要经历一段较长的时间才能构建并趋于稳定。其间城市规划需要对城市运转过程进行持续评估,并针对出现的问题进行改善及进一步检验。

因此,在生态城市规划实践中,不论是城市改造还是新区、新城的建设,都需要当地政府和学界投入长期的关注并切实地实施。中国目前的生态城市实践由于处在起步阶段,这方面尚未体现出来,但是从中国广泛的实践类型——新城建设来看,不少地方政府对于生态城市建设多少抱着急于求成的心态,常常在规划阶段做了大量工作,然而后续对实践检验过程的研究则显得虎头蛇尾。希望各界能对"后规划"阶段投入更多的关注和重视。与此同时,虽然对既有城市改造的实践难度较大,但由于已聚集了大量人口及各种资源,因此加强城市改造类型的生态城市实践也显得十分必要,能够最大限度地改善更多城市人口的居住、生活环境,并实现对既有各种资源的充分利用。

2.生态城市规划实践应当具有普遍性

这里所讨论的普遍性,并不是指生态城市规划具有万用的实践范本,而是指相对个别项目示范或被广泛谈论的基础条件而言,生态城市规划实践应当是在城市规划中的一种广泛、普及性规划方法的应用。

由国际实践案例库研究可见,不同案例的经济、社会及环境背景均存在差异性,例如欧洲发达国家的建设,与非洲或亚洲等发展中国家的建设相比,各自的生态环境基础和可能的经济投入程度参差不齐,均能在可持续理念及优化城市生态的理念基础下进行生态城市实践。所以说,生态城市规划实践并没有一定的经济、社会或生态环境的"门槛"标准。

此外,在对规划技术的选用方面,国际案例也给了我们思考的空间。通过一个规划即系统完善地覆盖生态城市规划中的方方面面内容的案例并不多,基本集中在西方发达国家,特别是欧洲,而其成功的社会背景是,同一个规划能够在十年甚至几十年内持续实施并逐步改善。与此同时,通过实施先进、创新的规划技术而实现较好实践的案例也占少数,属于非典型性案例,大部分案例仍是以传统的规划技术来体现生态城市理念。例如欧洲的高效能源技术示范案例,这些案例中规划技术的成熟度、理念的完善性均可以称得上是国际可持续能源实践中的示范。然而,这些案例也并非通过盲目采用高新技术,相反地,更看重提高既有城市、既有建筑的能源使用效率,优化既有能源使用结构,甚至从改善建筑外保温、更换双层窗户等这些小型措施入手即实现了很好的能效改善作用。

因此,在社会经济发展到一定程度后,通过大量财政、资源等的投入,尽可能综合地进行各专项规划设计,采用领先的高新技术,并不是进行一个好的生态城市规划实践的必要条件。虽然这在中国的生态城市建设中十分常见,在政府所引导的示范项目中更是普遍现象,但经过国际实践研究后,我们可以逐步矫正这些认识上的误区,从而引导更多普适性的生态城市实践。

7.4.2 对传统规划实践变革的思考

国内规划学科也已逐渐对生态城市的发展导向及实践提出了引导,其共同点是,仍延续了城市规划长期以来形成的将城市问题简单划分为传统规划专项的模式,并主要关注于专项中的具体技术应用,没有进行规划学科中跨专项的综合问题评估及系统解决。然而,现在的生态规划设计研究已上升到需要能够面对城市化发展所引发的生态环境危机及其结构性课题的高度(杨沛儒,2010),因此,在研究过程中,笔者认为仍保持学科传统的设计形式,仅依靠原有各专项设置及新增的生态专项已无法彻底解决复杂的城市问题,需跳脱传统的专项划分框架,对城市规划学科中的各个专项内容进行系统整合及变革。

首先,城市规划要更充分关注并融合对生态环境的保护。应把"城市融合自然"的理念充分落实在城市规划中,应以区域的生态格局为基础,对区域的生态容量、地理条件、资源分布、气候环境、生态格局等内容进行评估,应对人口与用地发展可能产生的城市生态问题进行有效预测,并在土地利用、交通系统规划中充分考虑生态保护及生态补偿,构建完整的城市景观生态格局,实现自然资源的循环流通与有效利用。

其次,城市规划要更多地关注于"人"的需求,具体措施包括关注居民需求、加强社会人文和促进公共管理三个方面。中国的城市发展长期较多地遵循于城市建设与发展的政策指令性计划目标,而规划较多地受到国家宏观政策和地方政府关于经济和社会发展的要求。生态城市规划应该在满足经济和社会发展的同时,更多地重视城市居民对良好的居住环境、便捷的可达性、有益于健康的自然环境等的基于生态人居上的需求。在城市规划的制定及实施中应加强不同城市群体的参与,更广泛地了解能够切实感受规划成效的市民的意见及反馈。

总而言之,城市规划学科在解决生态城市实践引导的难题上,既要通过学科整合,系统地融合改善城市与自然之间生态环境内涵的"生态",将其落实并体现在对城市空间的组织及控制中;也要充分结合人文社科背景,构建可持续的城市社会结构,倾听城市居民的心声并实现其对安全、健康、幸福感等人性的基本需求,提供社会管理政策、经济政策等公共管理制度上的引导及支撑,实现社会层面的"生态"。同时结合"绿色化"及"低碳化"城市产业的经济"生态",形成生态城市的"自然生态-社会文化-经济"三个层面的综合可持续发展。

7.4.3 研究的创新点

1.构建包括全球范围的 195 个国际生态城市实践的案例库

本书通过广泛调查全球生态城市建设案例,构建案例库,实现对目前国际生态城市实践的规划规模、发展类型及其多样性的全面认识。按照案例规模和发展类型分类,以及对主流案例及非典型性案例的归类分析,总结得出生态城市实践的主流共性特征、规划进程及规划策略。与此同时,针对土地利用、交通系统、景观生态与水系统、能源系统四部分核心规划内容,对国际实践中所采用的规划建设技术措施以及相关创新的辅助政策等方面的经验策略进行了系统归纳。

2.结合理论认识与实践总结,构建出指导实践的原则体系

本书通过全面梳理中外生态城市理论发展的历史脉络,形成对生态城市理论的系统认识。同时,通过借鉴国际生态城市案例中的理论应用经验,总结出能与实践对接,并最终能指导实践的生态城市共性实践原则及目标体系,归纳提出了包括自然-生态、社会-文化以及经济三个层面的共14项原则、47项规划目标。

3.提出指导中国实践的规划及政策导引并与中国现状比照研究

本书基于理论体系的构架,将规划中四部分主要内容的国际实践策略,依照中国规划实践进程的空间分层特点进行系统梳理,形成用以指导中国生态城市实践的规划及政策导引。具体包括可达成的规划目的,以及对应目的的具体规划技术导引、城市管理政策、经济辅助政策和社会行为引导,并对所体现的理论体系中的复合目标进行分析。同时,基于中国权威研究机构对中国实践的全面研究,比照中外实践导引中的异同点,共提出了33条中外对比解析,清晰地体现出中国生态城市实践研究中的缺失项及其中的差异原因,更有针对性地供中国生态城市实践借鉴。

7.4.4 不足与展望

由于在生态城市理论梳理以及对广泛资料搜集、汇总及分析的过程中,外文资料翻译和整理研究的工作量都十分巨大,受到外文水平以及研究阶段的时间、精力和研究水平所限,本书仍存在大量不足之处,需要在后续研究中逐步完善:

1.案例库的构建虽然尽可能地全面和系统,但肯定有所遗漏,其中部分案例资料搜集难度较大,如小语种国家、新兴案例以及尚未被国际所广泛认知的案例,这部分的案例资料仍无法很好地搜集。同时,有些小语种国家的案例大部分资料非英语,给翻译及研究工作带来巨大的挑战和工作量,这部分案例资料无法在全文中充分体现,只能在后续研究中继续进行。

2.为了最真实地获得第一手资料,并了解国际实践的最新进展,本书的研究基础绝大部分为非中文的文献及网络资料,由于翻译水平有限,肯定存在理解偏差和翻译语句不顺的问题,虽然已进行过多遍修改,但仍存在不足。

3.在研究及写作过程中,对国内生态城市近期的研究成果进行了深入的学习,但在中外比照研究中,中国研究部分主要借鉴的是具有权威性的研究机构所组织的专业领军型学者及研究设计机构的研究成果,因为其代表了中国生态城市实践的主流。而除此之外,其他学者的研究也有许多值得借鉴之处,并潜移默化地在本书的写作中起到了有力的推动作用,与我们的研究具有共识之处则在正文中进行了规范引用。

总而言之,本书浓缩了本人博士阶段对生态城市命题的主要研究工作及思考。虽然由篇幅及精力所限,未能充分地将195个国际案例在文中进行详细阐述并将资料中的宝贵内容一一呈现,而文中的若干观点或研究方法或许也显得不够成熟,但将作为本人日后深入生态城市研究的新起点。

参考文献

[1]Africa-Southern DFID.UN-HABITAT.Best Practices and Local Leadership.[2012-02-07].http://www.bestpractices.org/cgi-bin/bp98.cgi? cmd=detail&id=21080&key=Eppyfgjbkdfdag.

[2]Alberti M.Advances in urban ecology,integrating humans and ecological processes in urban ecosystems[M].Berlin:Springer,2008.

[3]Alewife.A Plan for sustainable development.[2012-11-28].http://www.cambridgema.gov/CDD/Projects/Planning/concordalewife.aspx.

[4]Barucq C,Guillot J,Michel F.Analysis of drinking water and wastewater services in eight European capitals:the sustainable development perspective[M].Issy-les-Moulineaux:Issy-les-Moulineaux Cedex,2006.

[5]Beatley T.Green urbanism,learning from European cities[M].Washington,DC:Island Press,2000.

[6]Behm K,Meghan D.Goes neighborhood solar energy and geothermal technology fact sheet,2008.

[7]BioRegional Development Group.One planet communities.[2012-03-25].http://www.oneplanetcommunities.org/.

[8]Brebbia C,Ferrant A,Rodriguez M,et al.The sustainable city,urban regeneration and sustainability[M].Southampton:WIT Press,2000.

[9]Brian S.Spatial planning for a sustainable Singapore[J].Book Review(2009),173-174.

[10]Carbon Disclosure Project.Cities program.[2013-01-05].https://www.cdproject.net/en-US/Programmes/Pages/CDP-Cities.aspx.

[11]City of Austin.Transit-oriented development (TOD) guidebook[M].Austin:Neighborhood Planning and Zoning Department,2006.

[12]City of Copenhagen.The policy of bicycle traffic in Copenhagen.[2012-03-25].http://www.cycling-embassy.org.uk/sites/cycling-embassy.org.uk/files/documents/413_cykelpolitik_uk.pdf.

[13]City of Helsinki.Eco-Viikki[M].Vantaa:City of Helsinki Ministry of the Environment,2005.

[14]City of Melbourne.Eco-city Melbourne-Building alow carbon future.Sustainable Melbourne,the city is re-inventing itself.[2009-02-20].http://www.sustainablemelbourne.com/events/eco-city-melbourne-building-a-low-carbon-future/.

[15]City of Stockholm. Vision 2030, a guide to the future[M]. Stockholm: City of Stockholm Executive Office,2007.

[16]City of Stockholm. Stockholm climate pact annual report 2009[M]. Stockholm: City of Stockholm,2009.

[17]City Planning Commission of Cleveland. Connecting Cleveland 2020 citywide plan. [2012-05-08]. http://planning.city.cleveland.oh.us/cwp/planIntro.php.

[18]Communication and Local Government London. Planning policy statement: Eco-towns, a supplement to planning policy statement 1[M]. London: Communication and Local Government Publications,2009.

[19]Concerto. Act 2. [2012-09-21]. http://concerto.eu/concerto/concerto-sites-a-projects/sites-con-projects/sites-con-projects-search-by-name/sites-con-sites-search-by-name-act2.html.

[20]Concerto. Cities demonstrate energy and climate change policy. 2008. http://concerto.eu/concerto.

[21]Couch C, Leontidou L, Petschel G. Urban sprawl in Europe, landscape, land-use change & policy[M]. Hoboken, New Jersey: Blackwell Publishing,2007.

[22]Cullingworth B. Planning in the USA, policies, issues, and processes[M]. New York: Taylor & Francis e-Library,2002.

[23]Danish Association of Sustainable Cities & Building. Green solar cities: Best practice for low energy building. (2012-09-10)[2012-10-23]. http://www.europeangreencities.com/pdf/publications/3577_ENG.pdf.

[24]Design University Graduate School of Harvard. Ecological urbanism[M]. Zurich: Lars Mueller Publishers,2008.

[25]Downton P. Ecopolis: architecture and cities for a changing climate[M]. Berlin: Sripnger,2008.

[26]EU Ecocity. Ecocity: Urban development towards appropriate structures for sustainable transport(2002—2005). Ecocity, Book I, A better place to live[M]. Hamburg, Utrecht, Vienna: Hamburg University of Technology,2005.

[27]EU Ecocity. Ecocity: Urban development towards appropriate structures for sustainable transport(2002—2005). Ecocity, Book II, How to make it happen[M]. Hamburg, Utrecht, Vienna: Hamburg University of Technology,2008.

[28]Ecocity Builders. Ecocity Builders. [2012-01-08]. http://www.ecocitybuilders.org.

[29]Energy in Minds Project. The energy efficient city[M]. Falkenberg, Neckarsulm, Gleisdorf, Zlin,2005.

[30]European Green Cities. Green solar cities contract[R]. No. TREN07/FP6EN/S07. 70775/038573.2008.

[31]Federal Environmental Agency. Sustainability in Germany creating a lasting environmentally compatible future[M]. Berlin: Erich Schmidt Verlag,2002.

[32]Foletta N, Field S. Europe's vibrant new low carbon communities[M]. New

York:ITDP,2011.

[33]Gilmour T.Hierarchy or network? Transforming social housing in metropolitan Melbourne[C].Housing Researchers Conference,Sydney,2009.

[34]Global Network Planning Education Association.Dialogues in urban & regional planning,Volume 2[M].London and New York:Routledge,2007.

[35]Graz-Team of Eco.Eco-City 2000-Evaluation[R].Graz,2000.

[36]Hall T.Stockholm:the making of a metropolis[M].London and New York:Routledge,2009.

[37]Harvard University Graduate School of Design.Trans-urban case study 4:Eco-ciudad Valdespartera[R].Cambridge:Harvard University Graduate School of Design.

[38]Haughton G.Searching for the sustainable city:competing philosophical rationales and processes of ideological capture' in adelaide,South Australia[J].Urban Studies,1999, 36(11):1891-1906.

[39]Haughton G,Counsell D.Regions,spatial strategies and sustainable Development [M].New York:Routledge,2004.

[40]Hensher D,Button K.Handbook of transport and the environment.Amsterdam: Elsevier.

[41]Johnston C,Murfin I.The built environment and the architecture of a performance:Arcosanti,Chicago,and the making of theoretical isolation:a post-atomic experiment. (2012-09-06)[2012-11-23].http://muse.jhu.edu/login? auth=0&type=summary&url =/journals/theatre_topics/v020/20.2.johnston.pdf.

[42]Joss S.Eco-Cities-A Global Survey 2009[M].Westminster:WIT,2010.

[43]Joss S,Tomozeiu D,Cowley R.Eco-cities—A global Survey 2011[M].Westminster:University of Westminster International Eco-cities Initiative,2011.

[44]Kenworthy J.A key to urban sustainability:overcoming automobile dependence. Keynote address presented to urban growth without sprawl—Way towards sustainable urbanization[C].44th ISOCARP Congress.Dalian,China.2008.

[45]Kim K.Towards sustainable neighborhood design:A sustainability evaluation framework and a case study of the Greenwich Millennium Village project[J].Journal of Architectural and Planning Research.2005,22(3):181—203.

[46]Kulshrestha S.Vrindavan eco-city in making:working together for sustainable development[C].43th ISOCARP Congress.New Delhi,2007.

[47]Laituri M.Cross-cultural Dynamics in the Eco-city:Waitakere City,New Zealand [J].Cities,1996,13(5):329-337.

[48]Lauren C,Heberle M,Opp S.Local sustainable urban development in a globalized world[M].London:Ashgate Publishing Limited,2008.

[49]Linz.Linz 2009 application for European capital of culture[R].Linz,2009.

[50]Lister N,Amborski D.An eco-tech village for Milton:Considerations for policy [R].Toronto,2002.

[51]London South Bank University.Building greener communities:An integrated approach to a sustainable future.Summary of project[R].London:London South Bank University,2010.

[52]Macedo J.Curitiba[J].Cities,2004,21(6):537—549.

[53]Marco A.Urban green belts in the twenty-first century[M].Hampshire and Burlington:Ashgate Publishing,2008.

[54]Matthew K.Green cities,urban growth and the environment[M].Washington,DC:Brookings Institutions Press,2006.

[55]Mega V.Sustainable development,energy and the city,a civilisation of visions and actions[M].Berlin:Springer,2005.

[56]New York Bicycling Coalition.Traffic calming.New York Bicycling Coalition improving bicycling and pedestrian safety[M].New York:New York Bicycling Coalition,2009.

[57]Newman P.The environmental impact of cities[R].Environment and urbanization,2006.

[58]Nijkamp P,Perrels A.Sustainable cities in Europe,A comparative analysis of urban energy-environmental policies[M].London:Earthscan Publications Ltd,1994.

[59]PlaNYC.PlaNYC.（2012-06-16）[2012-09-09].http://www.nyc.gov/html/planyc2030/html/home/home.shtml.

[60]Portland Development Commission.LLoyd crossing sustainable urban design plan &catalyst project[M].Portland:Portland Development Commission,2004.

[61]Portland Development Commission.Lloyd district development strategy[M].Portland:Portland Development Commission,2001.

[62]Project:CRRESCENDO.2007.http://concerto.eu/concerto.

[63]Reichl A,Fredericksen E.Eco City[R].2001.

[64]Robert R.Sustainable urban planning,Tipping the balance[M].Oxford,UK:Blackwell Publishing,2004.

[65]Salzburg Institutfuer Raumordnung & Wohnen.Salzburg II Green solar cities[M].Salzburg:Concerto II,2008.

[66]Salzburg Institutfuer Raumordung & Wohnen.Local design report on the green quality building process preparation in Salzburg[M].Salzburg:Concerto II,2008.

[67]Stockholm City.Action plan for climate and energy.(2012-07-11)[2012-09-30].http://international.stockholm.se/PageFiles/179205/stockholm_seap_english.pdf.

[68]Stockholm City.Stockholm Water Program 2006—2015[R].Stockholm,2006.

[69]Stockholm City.Stockholm—The first European green capital[R].Stockholm,2010.

[70]Technology University of Slovak.Planning sustainable settlements[M].Bratislava:Technology University of Slovak,2003.

[71]The City of Cleveland.Citywide plan 2020[R].Cleveland,2011.

[72]The City of New York.Plan YC brownfield cleanup program[R].New York, 2010.

[73]The City of New York.New York city wetlands:Regulatory gaps and other threats[R].New York,2009.

[74]The City of New York.PlaNYC Inventory of New York City greenhouse gas e- missions[R].New York,2008.

[75]The city of New York.PlaNYC sustainable stormwater management plan[R]. New York,2010.

[76]The general insurance association of Japan.GIAJ.2012.http://www.sonpo.or.jp/ e/about_us/pdf/eco_brochure.pdf.

[77]Thompson G,Steiner F.Ecological design and planning[M].New York:John Wi- ley & Sons,INC,1997.

[78]Tolley R.Sustainable transport:Planning for walking and cycling in urban envi- ronments[M].Boca Raton:Crc Pr Inc,2003.

[79]Weinberg A,Pellow D,Schnaiberg A.Urban recycling and the search for sustain- able community development[M].Princeton:Princeton University Press,2000.

[80]White R.Building the ecological city[M].New York:CRC Press,2002.

[81]Williams D.Sustainable design:Ecology,architecture,and planning[M].Hobo- ken,New Jersey:John Wiley & Sons,Inc,2007.

[82]Wong T,Goldblum C,Yuen B.Spatial planning for a sustainable Singapore[M]. Berlin:Springer,2008.

[83]Yeang K,Yeang D,Llewelyn.Eco design[M].London:Wiley-Academy,2006.

[84]北京师范大学环境学院组.城市生态规划学[M].北京:北京师范大学出版社,2008.

[85]布莱恩.未来的城市交通[M].潘海啸,译.上海:同济大学出版社,2006.

[86]陈军飞.城市生态系统诊断预警研究[D].南京:河海大学,2005.

[87]陈柳钦.低碳城市发展的国外实践[J].环境经济,2010(09):31-37.

[88]陈涛.城市形态演变中的人文与自然因素研究[D].北京:清华大学,2005.

[89]陈天鹏.生态城市建设与评价研究[D].哈尔滨:哈尔滨工业大学,2009.

[90]陈薇.基于交通模式下的城市用地研究[D].西安:西安建筑科技大学,2007.

[91]陈勇.生态城市——可持续发展的人居模式[J].重庆建筑大学学报,1998(06): 31-36.

[92]鲁敏,李英杰,李萍.城市生态学研究进展[J].山东建筑工程学院学报,2002(04): 42-48.

[93]鲁敏,张月华,胡彦成,等.城市生态学与城市生态环境研究进展[J].沈阳农业大学 学报,2002(01):76-81.

[94]戴德胜,姚迪.全球步行化语境下的步行交通策略研究——以苏黎世市为例[J].城 市规划,2010,08:48-55.

[95]杜雷,潘海啸.城市交通方式和多模式间的转换[M].上海:同济大学出版社,2003.

[96]费移山.城市形态与城市交通相关性研究[D].南京:东南大学,2003.

[97]付林,郑忠海,江亿,等.基于动态和空间分布的城市能源规划方法[J].城市发展研究,2008(S1):146-149.

[98]江亿,付林.城市天然气采暖的新途径[J].中国能源,2001(06):7-11.

[99]高德红,赵长生.浅谈我国城市水资源利用[J].中国新技术新产品,2008(12):137.

[100]格特比科尔.文明的街道——交通稳静化指南[M].郭志锋,陈秀娟,译.北京:中国建筑工业出版社,2008.

[101]耿宏兵.紧凑但不拥挤——对紧凑城市理论在我国应用的思考[J].城市规划,2008(06):48-54.

[102]顾凤霞.生态城市用地格局的时空演化规律研究[D].青岛:山东科技大学,2011.

[103]顾倩.基于低碳理念的生态社区规划研究[D].杭州:浙江大学,2009.

[104]关海玲.低碳生态城市发展的理论与实证研究[M].北京:经济科学出版社,2012.

[105]国家环境保护总局.生态县、生态市、生态省建设指标(修订稿)[S].国家环境保护总局,2007.

[106]国家环境保护总局.生态县、生态市建设规划编制大纲(试行)[S].国家环境保护总局,2004.

[107]何玉宏.城市绿色交通论[D].南京:南京林业大学,2009.

[108]胡兵.可持续发展的城市客运交通系统结构的研究[D].西安:长安大学,2006.

[109]胡健颖,冯泰.实用统计学[M].北京:北京大学出版社,1996.

[110]华虹,王晓鸣.城市应对气候变化规划初探[J].城市问题,2011(07):16-19.

[111]黄光宇,陈勇.生态城市概念及其规划设计方法研究[J].城市规划,1997(06):17-20.

[112]黄献明.绿色建筑的生态经济优化问题研究[D].北京:清华大学,2006.

[113]黄肇义,杨东援.国内外生态城市理论研究综述[J].城市规划,2001(01):59-66.

[114]江亿.控制建设规模建设资源节约型社会[J].中华建设,2006(06):12-15.

[115]姜华,吴波.城市生活垃圾处理现状、趋势及对策建议[J].电力环境保护,2008(01):50-52.

[116]鞠美庭,王勇,孟伟庆,等.生态城市建设的理论与实践[M].北京:化学工业出版社,2007.

[117]李保奇.基于紧凑城市理念的城市新区规划策略研究[D].哈尔滨:哈尔滨工业大学,2007.

[118]李景源,孙伟平,刘举科.中国生态城市建设发展报告[M].北京:社会科学文献出版社,2012.

[119]李倞.现代城市景观基础设施的设计思想和实践研究[D].北京:北京林业大学,2011.

[120]李琳.欧盟国家的"紧凑"策略:以英国和荷兰为例[J].国际城市规划,2008(06):106-116.

[121]李文婷,舒廷飞,施凤英,等.生态城市及其规划的研究进展与问题[J].上海师范大学学报(自然科学版),2007(02):99-103.

[122]肖荣波,艾勇军,刘云亚,等.欧洲城市低碳发展的节能规划与启示[J].现代城市研

究,2009,11:27-31.

[123]曹伟,李晓伟.城市能源规划及其发展战略研究[J].中外建筑,2010(10):79-81.

[124]李晓燕.基于交通环境承载力的城市生态交通规划的理论研究[D].西安:长安大学,2003.

[125]李晓燕,陈红.城市生态交通规划的理论框架[J].长安大学学报(自然科学版),2006(01):79-82.

[126]李迅.低碳生态引领城市发展新方向[J].环境保护与循环经济,2010(06):4-6.

[127]李迅,曹广忠,徐文珍,等.中国低碳生态城市发展战略[J].城市发展研究,2010(01):32-39,45.

[128]周强,朱喜钢,李杨帆.城市规划中的能源研究范式新探[J].华中科技大学学报(城市科学版),2005(01):81-84,89.

[129]李英姿.生态经济与循环经济[J].求索,2007(5):71-73.

[130]李颖.城市土地利用与交通系统的协同发展研究[D].大连:大连海事大学,2011.

[131]林敬松.城市客运交通发展模式选择[J].综合交通,2003(2):46-47.

[132]林燕.建筑综合体与城市交通的整合研究[D].广州:华南理工大学,2008.

[133]林忠航.考虑能源的城市规划研究[D].上海:同济大学,2007.

[134]刘涟涟.德国城市中心步行区规划策略与绿色交通研究[D].大连:大连理工大学,2010.

[135]刘涟涟,陆伟.公共交通在德国城市中心步行区发展中的作用——以斯图加特市为例[J].城市规划,2010(04):54-59.

[136]刘涟涟,陆伟.迈向绿色交通的德国城市交通规划演进[J].城市规划,2011(05):82-87.

[137]刘涟涟,孙亦民,陆伟.德国城市中心步行区的兴起与发展[J].国际城市规划,2009(06):118-125.

[138]刘兴泰.基于联合开发的城市快速轨道交通线网规划评价指标体系[D].天津:天津大学,2005.

[139]刘则渊,王贤文,姜照华,等.生态城市前沿探索:可持续发展的大连模式[M].北京:科学出版社,2011.

[140]柳海鹰,成文连,高吉喜,等.生态城市研究进展[J].四川环境,2005,24(2):57-59,80.

[141]罗杰斯.小小地球上的城市[M].北京:中国建筑工业出版社,2004.

[142]路德林,尼古拉斯.营造21世纪的家园[M].王建,单燕华,译.北京:中国建筑工业出版社,2005.

[143]芦原义信.街道的美学[M].尹培桐,译.北京:百花文艺出版社,2007.

[144]芦原义信.外部空间设计[M].北京:中国建筑工业出版社,1985.

[145]陆化普.城市土地利用与交通系统的一体化规划[J].清华大学学报(自然科学版),2006(09):1499-1504.

[146]陆化普,毛其智,李政,等.城市可持续交通:问题、挑战和研究方向[J].城市发展研究,2006(05):91-96.

[147]陆化普,石冶,王继峰.城市可持续交通:演化机理与实现途径[J].综合运输,2007(03):5-10.

[148]陆建.城市交通系统可持续发展规划理论与方法[D].东南大学,2003.

[149]吕晶.绿色慢行交通系统的城市设计方法研究[D].天津大学,2010.

[150]马道明.城市的理性——生态城市调控[M].南京:东南大学出版社,2008.

[151]马光,胡仁禄.城市规划中应用环境容量模型的研究[J].东南大学学报,1999(01):84-88.

[152]马交国,杨永春.生态城市理论研究综述[J].兰州大学学报(社会科学版),2004,32(5):108-117.

[153]马强.近年来北美关于"TOD"的研究进展[J].国外城市规划,2003(05):45-50.

[154]马祖琦.伦敦中心区"交通拥挤收费政策"——背景、经验与启示[J].国外城市规划,2004,19(1):42-45.

[155]芒福汀.绿色尺度[M].陈贞,高文艳,译.北京:中国建筑工业出版社,2004.

[156]明士军.多元化公共交通模式研究[D].西南交通大学,2008.

[157]牟振华."紧凑城市"下的城市中心区共享停车策略研究[D].华中科技大学,2007.

[158]潘海啸.大都市地区快速交通和城镇发展[M].上海:同济大学出版社,2002.

[159]彭特.美国城市设计指南[M].庞玥,译.北京:中国建筑工业出版社,2006.

[160]秦波,张思宁.国际城市低碳发展规划与启示[J].北京规划建设,2011(5):37-40.

[161]仇保兴.城市生态化改造的必由之路——重建微循环[J].城市观察,2012(06):5-20.

[162]仇保兴.城市转型与重构进程中的规划调控纲要[J].城市规划,2012,01:13-21.

[163]权亚玲,王新跃.基于可持续交通体系的城市空间发展策略[J].建筑与文化,2010(05):98-100.

[164]瑞吉斯特.生态城市:建设与自然平衡的人居环境[M].北京:社会科学文献出版社,2002.

[165]沈建国,宁登.城市指标与城市管理——联合国人居署"城市指标项目"回顾与展望[J].城市发展研究,2004(03):42-46,52.

[166]沈清基.中国城市能源可持续发展研究:一种城市规划的视角[J].城市规划学刊,2005(06):41-47.

[167]沈清基,安超,刘昌寿.低碳生态城市理论与实践[M].北京:中国城市出版社,2012.

[168]盛学良,彭补拙,王华,等.生态城市建设的基本思路及其指标体系的评价标准[J].环境导报,2001(01):5-8.

[169]宋荣兴.城市生态系统可持续发展指标体系与实证研究[D].中国海洋大学,2007.

[170]宿晨鹏.城市地下空间集约化设计策略研究[D].哈尔滨工业大学,2008.

[171]索斯沃斯,约瑟夫.街道与城镇的形成[M].李凌虹,译.北京:中国建筑工业出版社,2006.

[172]谭春华.生态城市规划理论回溯[J].城市问题,2007(11):84-90.

[173]汪毅.生态设计理论与实践[D].同济大学,2006.

[174]王海燕.基于紧凑型的多中心组团式城市发展策略研究[D].中南大学,2009.

[175]王建国.生态原则与绿色城市设计[J].建筑学报,1997(07):8-12,66-67.

[176]王建龙,车伍,易红星.基于低影响开发的城市雨洪控制与利用方法[J].中国给水排水,2009,14:6-9,16.

[177]王晶.基于绿色换乘的高铁枢纽交通接驳规划理论研究[D].天津大学,2011.

[178]王效琴,王启山,胡晓亮.我国城市污水回用途径分析[J].海河水利,2007(01):13-15.

[179]王彦鑫.生态城市建设:理论与实证[M].北京:中国致公出版社,2011.

[180]吴颖.基于"紧凑城市"的城市街区空间优化研究[D].华中科技大学,2010.

[181]吴正红,冯长春,杨子江.紧凑城市发展中的土地利用理念[J].城市问题,2012(01):9-14.

[182]吴志强,蔚芳,等.可持续发展——中国人居环境评价体系[M].北京:科学出版社,2004.

[183]小泽.生态城市前沿:美国波特兰成长的挑战和经验[M].南京:东南大学出版社,2010.

[184]肖亮.城市街区尺度研究[D].同济大学,2006.

[185]肖荣波,艾勇军,刘云亚,等.欧洲城市低碳发展的节能规划与启示[J].现代城市研究,2009,11:27-31.

[186]肖艳.轨道交通枢纽换乘衔接空间视觉环境设计研究[D].北京工业大学,2006.

[187]辛雯.规范低碳生态试点城(镇)申报管理[N].中国建设报,2011-07-14(1).

[188]熊文.城市慢行交通规划:基于人的空间研究[D].同济大学交通运输工程学院,2008.

[189]熊文,陈小鸿.城市交通模式比较与启示[J].城市规划,2009(03):56-66.

[190]徐犇.环境与发展——论发达国家与发展中国家之间的公平[J].世界经济与政治论坛,2005(04):25-30.

[191]徐强.城市交通与城市形态相互影响研究[D].浙江大学,2005.

[192]徐小东.基于生物气候条件的绿色城市设计生态策略研究[D].东南大学,2005.

[193]徐小东,徐宁.基于可持续准则的欧洲紧凑发展的城市实践——来自《绿色城市主义》的启示[J].建筑学报,2009(S1):79-82.

[194]徐小东,王建国.绿色城市设计:基于生物气候条件的生态策略[M].南京:东南大学出版社,2009.

[195]许文峰.建筑中水回用及其发展趋势[J].广东化工,2010(08):275-276.

[196]雅各布斯.美国大城市的死与生[M].金衡山,译.南京:译林出版社,2006.

[197]阳文锐.国内外城市低碳发展规划的经验与启示[J].北京规划建设,2011(02):79-82.

[198]杨保军,董珂.中国城市规划发展报告 2008—2009[M].北京:中国建筑工业出版社,2009.

[199]杨沛儒.生态城市主义——尺度、流动与设计[M].北京:中国建筑工业出版社,2010.

[200]杨晓立.大城市组团间交通联系方式选择的研究[D].西安建筑科技大学,2001.

[201]姚美康.建筑中节水问题及措施的思考[J].中国住宅设施,2009(02):24-25.

[202]雍怡.短距城市的理论及综合评价方法研究[D].复旦大学,2006.

[203]余威,Roberto Pagani.城市能量规划研究——以节能减排为目标的欧洲城市可再生能源策略[J].规划师,2009,03:90-94.

[204]詹克斯.紧缩城市——一种可持续发展的城市形态[M].北京:中国建筑工业出版社,2004.

[205]张昌娟,金广君.论紧凑城市概念下城市设计的作为[J].国际城市规划,2009(06):108-117.

[206]张坤民,温宗国,杜斌,宋国君,等.生态城市评估与指标体系[M].北京:化学工业出版社,2003.

[207]张莉.一种基于恢复生态学的城市工业废弃地更新改造的设计方法[D].华南理工大学,2010.

[208]张瑜.生态城市规划中的用地评定方法与途径[D].苏州科技学院,2007.

[209]赵清,张珞平,陈宗团,等.生态城市理论研究述评[J].生态经济,2007(05):155-159.

[210]中国21世纪议程管理中心,中国科学院地理科学与资源研究所.可持续发展指标体系的理论与实践[M].北京:社会科学文献出版社,2004.

[211]中国城市科学研究会.中国低碳生态城市发展战略[M].北京:中国城市出版社,2009.

[212]中国城市科学研究会.中国低碳生态城市发展报告2010[M].北京:中国建筑工业出版社,2010.

[213]钟海燕.论新城市主义与城市的和谐发展[J].经济纵横,2006(05):66-68.

[214]周春山.城市空间结构与形态[M].北京:科学出版社,2007.

[215]周江评,廖宇航.新制度主义和规划理论的结合——前沿研究及其讨论[J].城市规划学刊,2009(02):56-62.

[216]周岚,于春.低碳时代生态导向的城市规划变革[J].国际城市规划,2011(01):5-11.

[217]周岚,张京祥.低碳时代的生态城市规划与建设[M].北京:中国建筑工业出版社,2010.

[218]朱杰.抑制城市蔓延的可持续发展路径及对中国的启示[J].国际城市规划,2009(06):89-94.

[219]邹涛.生态城市视野下的协同减熵动态模型与增维规划方法[D].清华大学,2009.

[220]温娟,孙贻超,张涛等.新型生态城市系统构建技术[M].北京:化学工业出版社,2013.

[221]关海玲.低碳生态城市发展的理论与实证研究[M].北京:经济科学出版社,2012.

[222]王伟光,刘举科,孙伟平,胡文臻.中国生态城市建设发展报告[M].北京:社会科学文献出版社,2015.

[223]刘举科,孙伟平,胡文臻.中国生态城市建设发展报告[M].北京:社会科学文献出

版社,2014.

[224]孙伟平,刘举科.中国生态城市建设发展报告[M].北京:社会科学文献出版社,2013.

[225]陈吉宁.国务院关于2015年度环境状况和环境保护目标完成情况的报告[R].2016.http.//www.npc.gov.cn/npc/xinwen/2016-04/25/content_1987688.htm

[226]国务院.国家新型城镇化规划(2014—2020)[R].2014.http.//www.gov.cn/gong-bao/content/2014/content_2644805.htm.